Die völkerrechtliche Vertragspraxis der EG und die Haftung der Mitgliedstaaten am Beispiel der Fischereipolitik

Kölner Schriften zu Recht und Staat

Herausgegeben von
Prof. Dr. Hartmut Schiedermair und
Prof. Dr. Bernhard Kempen

Band 21

PETER LANG
Frankfurt am Main · Berlin · Bern · Bruxelles · New York · Oxford · Wien

JEANETTE NOLTE

Die völkerrechtliche Vertragspraxis der EG und die Haftung der Mitgliedstaaten am Beispiel der Fischereipolitik

PETER LANG
Europäischer Verlag der Wissenschaften

Bibliografische Information Der Deutschen Bibliothek
Die Deutsche Bibliothek verzeichnet diese Publikation in der Deutschen Nationalbibliografie; detaillierte bibliografische Daten sind im Internet über <http://dnb.ddb.de> abrufbar.

Zugl.: Köln, Univ., Diss., 2003

D 38
ISSN 1433-0253
ISBN 3-631-51756-4
US-ISBN 0-8204-6525-9

www.peterlang.de

Für Boris

Vorwort

Die vorliegende Untersuchung wurde im Juni 2002 abgeschlossen. Neuere Entwicklungen wurden bis einschließlich März 2004 berücksichtigt.

Mein besonderer Dank gilt Herrn Professor Dr. Hartmut Schiedermair, der die Arbeit thematisch angeregt, betreut und wohlwollend gefördert hat. Ich möchte mich auch bei Herrn Professor Dr. Bernhard Kempen für seine stete Unterstützung und Ermutigung bedanken. Herrn Professor Dr. Hartmut Schiedermair und Herrn Professor Dr. Bernhard Kempen danke ich zudem für die Aufnahme in die vorliegende Schriftenreihe.

Bei Herrn Professor Dr. Burkhard Schöbener bedanke ich mich für die zügige Erstellung des Zweitgutachtens.

Ich danke vor allem auch den Mitarbeitern des Instituts für Völkerrecht und ausländisches öffentliches Recht der Universität zu Köln für die Unterstützung durch fachliche Kompetenz und Freundlichkeit. Mein besonderer Dank gehört hier Frau Professor Dr. Kirsten Schmalenbach für die vielen Gespräche, die mir, insbesondere in Zeiten des Zweifelns, neuen Mut gemacht haben.

Weiter möchte ich die Gelegenheit nutzen und mich bei meinen Freunden für ihren Langmut, ihr Verständnis und ihre Hilfe bedanken.

Ich danke auch meinen Eltern und meinen Geschwistern für ihre Liebe und ihren Glauben an mich. Dorothee, Uli und Leili danke ich vor allem auch für die Korrekturen.

Meinem Mann danke ich für seine breiten Schultern, seine Ruhe und Bestimmtheit in emotionalen Extremlagen, für seine Kochkünste, sein Verständnis, seine Liebe und für die Kraft, die er mir gegeben hat.

Köln, April 2004 *Jeanette Nolte*

Inhaltsübersicht

Inhaltsverzeichnis

Abkürzungsverzeichnis

a.A.	anderer Ansicht
aaO	am angegebenen Ort
ABl.	Amtsblatt
Abs.	Absatz
Abt.	Abteilung
AER	The All England Law Reports
AETR	Europäisches Übereinkommen über die Arbeit der im internationalen Straßenverkehr beschäftigten Fahrzeugbesatzungen
a.F.	alte Fassung
AFDI	Annuaire francais de droit international
AIDI	Annuaire de l'Institut de droit international
AJIL	American Journal of International Law
Anh.	Anhang
Anm.	Anmerkung
AöR	Archiv des öffentlichen Rechts
AOI	Arab Organization for Industrialization
Art.	Artikel
art.	article
AS	Amtliche Sammlung
AVR	Archiv des Völkerrechts
BA	Beitrittsakte
Bancec	Banco para el Comercio Exterior de Cuba
BG	Schweizerisches Bundesgericht
BGBl.	Bundesgesetzblatt
BGH	Bundesgerichtshof
BGHZ	Entscheidungen des Bundesgerichtshofes in Zivilsachen
BVerfGE	Entscheidungen des Bundesverfassungs-gerichts
BYIL	The British Yearbook of International Law
bzw.	beziehungsweise
c.	contre
ca.	circa
CCAMLR	Convention on the Conservation of Antarctic Marine Living Resources
chp.	chapter
Co.	Company

COPUOS	Committee on the Peaceful Uses of Outer Space
ders.	derselbe
d.h.	das heißt
dies.	dieselbe/n
Doc.	Document
DR	Décisions et Rapports
dt.	deutsch/e/er/es
DVBl.	Deutsches Verwaltungsblatt
EA	Europa-Archiv
EG	Europäische Gemeinschaft
EGKS	Europäische Gemeinschaft für Kohle und Stahl
EGV	Vertrag zur Gründung der Europäischen Gemeinschaften v. 25.3.1957 (zuletzt geändert durch den Amsterdamer Vertrag vom 2.10.1997, BGBl. 1998 II, S. 387)
EPIL	Encyclopedia of Public International Law
EU	Europäische Union
EuGH	Europäischer Gerichtshof
EuGHE	Europäischer Gerichtshof, Sammlung der Rechtsprechung des Gerichtshofes
EuR	Europarecht
EuZW	Europäische Zeitschrift für Wirtschaftsrecht
EWG	Europäische Wirtschaftsgemeinschaft
EWGV	Vertrag zur Gründung der Europäischen Wirtschaftsgemeinschaft vom 25.3.1957
f.	folgende
FAO	Food and Agriculture Organization of the UN (Ernährungs- und Landwirtschaftsorganisation der VN)
FAZ	Frankfurter Allgemeine Zeitung
ff.	fortfolgende
Fn.	Fußnote
FS	Festschrift
GA	General Assembly (Generalversammlung)
GAOR	General Assembly Official Records
GATS	General Agreement on Trade in Services
GG	Grundgesetz
GmbH	Gesellschaft mit beschränkter Haftung
G.N.M.T.	General National Transport Company
GYIL	German Yearbook of International Law

H.	Heft
HGB	Handelsgesetzbuch
Hrsg.	Herausgeber
IAO	Internationale Arbeitsorganisation
IBSFC	International Baltic Sea Fishery Commission
ICC	International Chamber of Commerce
ICCAT	International Commission for the Conservation of Atlantic Tunas
ICJ	International Court of Justice (s. IGH)
ICLQ	International and Comparative Law Quaterly
ICNAF	International Commission for the Northwest Atlantic Fisheries
IGH	Internationaler Gerichtshof
i.e.	id est
ILC	International Law Commission
ILM	International Legal Materials
ILO	International Labour Organisation (s. IAO)
ILR	International Law Reports
ITC	International Tin Council
i.V.m.	in Verbindung mit
JA	Juristische Arbeitsblätter
JZ	Juristenzeitung
Kl.	Kläger/in
LIEI	Legal Issues of European Integration
lit.	littera
LJIL	Leiden Journal of International Law
Ltd.	limited
Mitt. d. Dt. Ges. f. VR	Mitteilungen der Deutschen Gesellschaft für Völkerrecht
NAFO	Northwest Atlantic Fisheries Organization
NAFOÜ	Übereinkommen über die künftige multilaterale Zusammenarbeit auf dem Gebiet der Fischerei im Nordwestatlantic
NASCO	Convention on the Conservation of Salmon in the North Atlantic Ocean
NEAFC	Convention on the Future Multilateral Cooperation in the North-East Atlantic Fisheries
n.F.	neue Fassung
NIOC	National Iranian Oil Company
NJW	Neue Juristische Wochenschrift
No.	Number

Nr.	Nummer
NRG	Nouveau Recueil Général de Traités
NZZ	Neue Zürcher Zeitung
ÖZöR	Österreichische Zeitschrift für öffentliches Recht (seit 1977: ÖZöRV)
ÖZöRV	Österreichische Zeitschrift für öffentliches Recht und Völkerrecht (seit 1996 ZöR)
oHG	offene Handelsgesellschaft
o.O.	ohne Ort
o.J.	ohne Jahr
para.	paragraph
PCIJ	Permanent Court of International Justice
RIAA	Reports of International Arbitral Awards
RdC	Recueil des Cours de l'Academie de droit international de la Haye
Res.	Resolution
RIW	Recht der Internationalen Wirtschaft
RMC	Revue du Marché Commun
Rn.	Randnummer
Rs.	Rechtssache
s.	siehe
S.	Seite/Satz
Ser.	Series
sm	Seemeilen
sog.	sogenannte/er/es
SRÜ	Seerechtsübereinkommen der Vereinten Nationen
TRIPs	Agreement on Trade-Related Aspects of Intellectual Property Rights
UN	United Nations (s. VN)
UNO	UN Organisation (Organisation der VN)
UNTS	United Nations Treaty Series
US	United States
USA	United States of America (Vereinigte Staaten von Amerika)
v.	von; vom; versus
vgl.	vergleiche
VN	Vereinte Nationen
VO	Verordnung
Vorbem.	Vorbemerkung
WHL	Westland Helicopters Gesellschaft

WoZ	Wochenzeitung
WTO	World Trade Organization (Welthandelsorganisation)
WVK I	Wiener Übereinkommen (Konvention) über das Recht der Verträge vom 23.51969
WVK II	Wiener Übereinkommen (Konvention) über das Recht der Verträge zwischen Staaten und Internationalen Organisationen oder zwischen Internationalen Organisationen
YCA	Yearbook Commercial Arbitration
YILC	Yearbook of the International Law Commission
ZaöRV	Zeitschrift für ausländisches öffentliches Recht und Völkerrecht
z.B.	zum Beispiel
ZHR	Zeitschrift für das gesamte Handelsrecht und Wirtschaftsrecht
Ziff.	Ziffer
zit.	zitiert
ZöR	Zeitschrift für öffentliches Recht

1. Kapitel: Einleitung

A. Problemstellung

Als Motor für das politische Ziel der Verträge von Rom, der immer engere Zusammenschluß der europäischen Völker und die Wahrung und Festigung von Frieden und Freiheit, wurde im Jahre 1957 die Konzentration der Kräfte auf die wirtschaftliche Integration in den Vordergrund gestellt[1]. So liegt der Schwerpunkt der Tätigkeit bei der EG (im folgenden: Gemeinschaft) im internen Bereich: in der Schaffung und Verwaltung des Gemeinsamen Marktes, in der Lösung der vielfältigen Probleme, die sich aus der integrationsbedingten Vereinheitlichung und Harmonisierung gemeinschaftsinterner Sachverhalte ergeben[2]. Die Materien, die nach den Verträgen der Integration unterliegen, weisen jedoch eine wachsende internationale Verflechtung auf, die über die Grenzen der Gemeinschaft hinausgehen. So hat etwa die Überfischung der Ressourcen und die Ausweitung der ausschließlichen Wirtschaftszonen weltweit eine Vielzahl wirtschaftlicher, sozialer und politischer Probleme bedingt, die alle Staaten zur internationalen Zusammenarbeit im Bereich der Fischerei zwingen[3]. So geht die Gemeinschaft im Bereich der Fischerei vertragliche Bindungen mit dritten Staaten ein, die wirtschaftlich und politisch von erheblicher Tragweite sind[4].

Die auswärtige Tätigkeit der Gemeinschaft ist jedoch sowohl aus gemeinschaftsrechtlicher als auch aus völkerrechtlicher Sicht nicht unproblematisch. Die im Verhältnis zu den Fortschritten der durch die Verträge vorrangig beabsichtigten Integration unverhältnismäßig starke Entwicklung der Außenbeziehungen der Gemeinschaft geht heute weit über die Vorstellungen der Väter der Römischen Verträge hinaus[5]. Der Vertrag enthält nur wenige grundsätzliche Bestimmungen für eine auswärtige Tätigkeit der Gemeinschaft, denen nicht

---

[1] BREITENMOSER, ZaöRV 55 (1995), S. 951, 976.

[2] KRÜCK, Völkerrechtliche Verträge im Recht der Europäischen Gemeinschaften, S. 21.

[3] Vgl. SCHNEIDER, Die gemeinsame Fischereipolitik der Europäischen Gemeinschaften, S. 1.

[4] Dazu näher 2. Kapitel, A.

[5] Vgl. GLAESNER, in: Glaesner, Das Recht als Gestaltungsmittel der Politik der Europäischen Gemeinschaft, S. 61.

ohne weiteres eine Rechtsgrundlage für die Außenbeziehungen der Gemeinschaft im Bereich der Fischerei zu entnehmen ist[6]. Auch aus der Sicht des Völkerrechts ist die Teilnahme der Gemeinschaft als Internationale Organisation an den nach klassischem Völkerrecht Staaten vorbehaltenen völkerrechtlichen Beziehungen keine Selbstverständlichkeit und seit jeher mit Problemen verbunden[7].

Einem weiteren Aspekt der auswärtigen Betätigung der Gemeinschaft wurde trotz des damit verbundenen praktischen Interesses erstaunlich wenig Aufmerksamkeit gewidmet. Es geht dabei um die Frage des Haftungsverhältnisses zwischen der Gemeinschaft und ihren Mitgliedstaaten gegenüber Dritten. Es mag daran liegen, daß der rasante völkerrechtliche Wandel eine zunächst unüberschaubare Fülle von juristischen Probleme im Zusammenhang mit der Teilnahme Internationaler Organisationen, wie der Gemeinschaft, am völkerrechtlichen Verkehr aufgeworfen hat, denen es an Vorbedacht mangelte und deren Lösung der Wirklichkeit hinterher hinken mußte[8]. Darüber hinaus hat die Frage des Haftungsverhältnisses zwischen Internationalen Organisationen und ihren Mitgliedstaaten auch in der bisherigen Praxis keine große Rolle gespielt. Es ist eine allgemeine Erfahrung der Völkerrechtspraxis und keine auf die Gemeinschaft zu beschränkende Beobachtung, daß ein sehr großer Teil der völkerrechtlichen Haftungsfälle auf dem Verhandlungswege bereinigt wird, ohne daß die Parteien sich der nach der Völkerrechtsordnung zur Verfügung stehenden Instanzen der Streiterledigung bedienen[9]. Im allgemeinen suchen sie nach politischen Lösungen, die den Vorteil haben, „à la fois plus simples et plus souples" zu sein[10]. Nur in Ausnahmefällen nehmen Staaten die internationalen Gerichts- oder Schiedsgerichtsbarkeit in Anspruch, und dabei scheitert die materielle Prüfung der Haftungsfrage zumeist schon an der Zuständigkeit[11].

Diese Vorgehensweise in der Praxis kann die juristische Bedeutung der Frage, wer im Verhältnis der Mitgliedstaaten und der Gemeinschaft Dritten gegenüber für die Einhaltung der völkervertraglichen Pflichten haftet, und die Tatsache, daß die Frage nach dem Haftungsverhältnis praktisch jederzeit virulent werden kann, nicht verklären. Die Notwendigkeit internationaler Zusammenarbeit beruht insbesondere auch auf der wachsenden wirtschafts- und sozialpolitischen Brisanz der Materien, wie dies etwa bei der Fischerei der Fall ist. Diesem Druck

---

[6] Dazu näher 2. Kapitel, B., I.

[7] Dazu näher 2. Kapitel, B, II.

[8] Vgl. HARTWIG, Die Haftung der Mitgliedstaaten für Internationale Organisationen, S. 3.

[9] CONZE, Die völkerrechtliche Haftung der Europäischen Gemeinschaften, S. 55.

[10] Vgl. PESCATORE, RdC 103 (1961 II), S. 1, 215.

[11] Vgl. unten 3. Kapitel, C., I., 2., a) zum Westland-Fall und 3. Kapitel, C. I., 2., b) zum Zinnratsfall.

beugen sich die einzelnen Staaten oft unter erheblichen Zugeständnissen. Die Regelung dieser Materien auf internationaler Ebene durch die Gemeinschaft beinhaltet für die Mitgliedstaaten gewissermaßen einen doppelten Kompromiß. Sie stellen ihre nationalen Interessen zugunsten eines einheitlichen Vorgehens durch die Gemeinschaft zurück, deren Durchsetzung durch die Zusammenarbeit der Gemeinschaft mit Dritten weiter beschränkt werden kann. Die internationale Zusammenarbeit bringt daher nicht nur Vorteile, sie birgt auch ein erhebliches Krisenpotential. Zum anderen beschränkt sich das Vorgehen des Verletzten, gerade wenn es um derart existentielle Materien geht, nicht nur auf die gerichtliche Geltendmachung seiner Ansprüche. Sein Haftungsanspruch kann auch Grundlage für Gegenmaßnahmen sein, deren Völkerrechtswidrigkeit nur dann entfällt, wenn sie sich gegen den richtigen Anspruchsgegner, also den Haftenden, richten[12].

Zur Veranschaulichung eignen sich die den kanadisch-spanischen Fischereistreit auslösenden Vorfälle im Jahre 1995[13]. Am 9. März 1995 hatte ein kanadisches Inspektionsschiff den unter spanischer Flagge fahrenden Fischtrawler „Estai“ 245 Seemeilen vor der Küste Neufundlands und damit außerhalb der kanadischen Hoheitsgewässer zum Anhalten gezwungen[14]. Unter Protest des spanischen Kapitäns gingen Inspekteure an Bord des Trawlers und durchsuchten ihn. Dabei stellten sie fest, daß die spanischen Fischer im Rahmen des NAFO-Übereinkommens von 1978 (NAFOÜ)[15] gesetzten Höchstfangquoten bezüglich des Schwarzen Heilbutts weit überschritten und nach dem genannten Übereinkommen unzulässige engmaschige Fangnetze verwandt hatten[16]. Die kanadischen Inspekteure übernahmen daraufhin das Kommando auf der „Estai“ und brachten sie in den kanadischen Hafen St. John[17]. Erst nach heftigen diploma-

---

[12] Vgl. IPSEN, in: Ipsen, Völkerrecht, S. 536, Rn. 7, S. 568, Rn. 53 und FISCHER, in: Ipsen, Völkerrecht, S. 954, Rn. 46.

[13] Vgl. hierzu WARBRICK/MCGOLDRICK, ICLQ 44 (1995), S. 927 ff.; REIMANN, Natur und Recht 1997, S. 16 ff.

[14] Vgl. Frankfurter Rundschau, Artikel vom 11.3.1995, Kanada kapert spanischen Trawler, S. 2; FAZ, Artikel vom 14.3.1995, Die EU sieht zunächst von Sanktionen gegen Kanada ab, S. 1; FASTENRATH, FAZ vom 15.3.1995, S. 10.

[15] Übereinkommen über die künftige multilaterale Zusammenarbeit auf dem Gebiet der Fischerei im Nordwestatlantik vom 24.10.1978, abgedruckt im Anhang zu Verordnung (EWG) Nr. 3179/78 des Rates vom 28.12.1978, EG ABl. 1978 Nr. L 378/78, S. 1 ff. Das Übereinkommen ersetzt das ICNAF-Übereinkommen aus dem Jahre 1949.

[16] Engmaschige Netze erfassen auch Jungtiere, was sich beim Schwarzen Heilbutt besonders verhängnisvoll auswirkt, da diese Fischart erst im Alter von zehn Jahren fortpflanzungsfähig ist, vgl. REIMANN, Natur und Recht 1997, S. 16.

[17] Vgl. Fn. 14.

tischen Protesten Spaniens und der Gemeinschaft wurde das Schiff wieder freigelassen[18].

Das NAFOÜ regelt die Befischung der Bestände im Gebiet des nordwestlichen Atlantiks außerhalb der kanadischen Hoheitsgewässer (200-Seemeilen-Zone). Neben 14 Vertragsstaaten vertritt die Gemeinschaft als Mitglied des Übereinkommens vor allem die Interessen der in diesem Gebiet traditionell fischenden spanischen und portugiesischen Fischer[19]. Die Vertragsparteien sind gemäß Art. XVII NAFOÜ verpflichtet, erforderliche Maßnahmen, einschließlich Sanktionen bei Verstößen, zu ergreifen, um den Bestimmungen des Abkommens Geltung zu verschaffen.

Kanada begründete sein Vorgehen gegen den spanischen Trawler mit der mangelnden Kooperationsbereitschaft der spanischen Regierung, ihre Fischer durch geeignete Maßnahmen zur Einhaltung der NAFO-Bestimmungen in Bezug auf die Fangmenge und die Netzgröße anzuhalten[20]. Spanien verklagte Kanada aufgrund der Vorkommnisse vor dem IGH[21]. Eine Entscheidung in der Sache erging jedoch nicht, da sich der IGH am 4.12.1998 wegen eines Vorbehalts Kanadas in dieser Sache für unzuständig erklärte. Kanada hat nach Auffassung des Gerichts mit seiner Erklärung vom 10.5.1994 die Zuständigkeit für die mit der Fischerei zusammenhängenden Fragen ausgeschlossen[22]. Fraglich ist daher, wie der IGH das Verhalten Kanadas beurteilt hätte, wenn es zu einer Entscheidung in der Sache gekommen wäre. Hier wäre zunächst danach zu fragen, ob Kanada mit der Verbringung des spanischen Trawlers in den kanadischen Hafen gegen das völkerrechtliche Gewaltverbot verstoßen hat[23]. Dieser Aspekt soll im Rahmen der vorliegenden Untersuchung jedoch außer Betracht bleiben. Grundlegend bei der Beurteilung des kanadischen Verhaltens ist nämlich die Frage, ob die Mitgliedstaaten der Gemeinschaft für die Nichteinhaltung im Rahmen von Gemeinschaftsabkommen begründeter Pflichten von den Vertragspartnern der Gemeinschaft überhaupt zur Verantwortung gezogen werden können[24].

---

[18] Vgl. NZZ, Artikel vom 7.4.1995, Spaniens Fischer protestieren gegen Kanada, S. 1.

[19] Vgl. GLORIA, in: Ipsen, Völkerrecht, S. 771, Rn. 11.

[20] Vgl. FAZ, Artikel vom 14.3.1995, Die EU sieht zunächst von Sanktionen gegen Kanada ab, S. 1; NZZ Artikel vom 7.4.1995, Neue Eskalation im Disput Kanadas mit der EU, S. 1; WARBRICK/MCGOLDRICK, ICLQ 44 (1995), S. 927, 935.

[21] ICJ Communiqué No. 95/8, 29. Mar. 1995.

[22] ICJ Fisheries Jurisdiction Case (Spain v. Canada), Jurisdiction of the Court, v. 4.12.1998, General List No. 96, http://www.icj-cij.org/icj/idocket/iec/iecjudgment(s)/iec_ijudgment_98 1204.htm.

[23] Dazu REIMANN, Natur und Recht 1997, S. 16 ff.

[24] Dazu näher unter 3. Kapitel.

B. Gang der Untersuchung

Zu Beginn der Ausführungen wird die Praxis der internationalen Zusammenarbeit der Gemeinschaft im Bereich der Fischerei in ihrer Entstehung und Bedeutung dargestellt, um den rechtlichen Erörterungen einen Hintergrund zu geben sowie Bewußtsein und Verständnis für die damit zusammenhängenden Probleme zu schaffen (2. Kapitel, A.). Im folgenden werden die Rechtsgrundlagen einer auswärtigen Tätigkeit der Gemeinschaft im Bereich der Fischerei untersucht (2. Kapitel, B.). In diesem Zusammenhang stellt sich die Frage nach der Berechtigung der Gemeinschaft zum Abschluß völkerrechtlicher Verträge zum einen im Verhältnis zu den Mitgliedstaaten, also nach den Außenkompetenzen der Gemeinschaft (2. Kapitel, B., I.), und zum anderen im Verhältnis zu den Vertragspartnern der Gemeinschaft, den dritten Staaten, also nach der Völkerrechtssubjektivität der Gemeinschaft (2. Kapitel, B., II.). Die Klärung dieser Fragen stellt den Hintergrund für die Untersuchung der Verantwortlichkeit der Mitgliedstaaten im Bereich der Gemeinschaftsabkommen dar, die am Beispiel des kanadisch-spanischen Fischereistreits aus dem Jahre 1995 vorgenommen wird (3. Kapitel). Die Untersuchung beginnt mit der Frage, ob Spanien den Vertragspartnern der Gemeinschaft gegenüber nach dem Grundsatz der Haftung für eigenes pflichtwidriges Verhalten dafür haftet, daß seine Fischer die NAFO-Vorschriften übertreten haben. Im folgenden wird daher untersucht, ob die Mitgliedstaaten durch den Abschluß eines Gemeinschaftsabkommens Träger der sich aus dem Abkommen ergebenden Pflichten im Verhältnis zu den Vertragspartnern werden (3. Kapitel, B., I.). Soweit der hier für einen Vertragsschluß erforderliche Konsens zwischen den Mitgliedstaaten und den NAFO-Partnern fehlt (3. Kapitel, B., I., 1., a) und b)), wird im Anschluß daran eine Bindung der Mitgliedstaaten an die Verträge der Gemeinschaft aufgrund ihrer besonderen Beziehung zu derselben in Erwägung gezogen. Mangels eindeutiger Regelung dieser Frage im Völkerrecht (WVK II) orientiert sich die Untersuchung dabei an den Grundsätzen zur Identifizierung von Staat und der von ihm geschaffenen juristischen Personen, namentlich den staatseigenen Unternehmen, über die ein Staat am internationalen Wirtschaftsverkehr teilnimmt (3. Kapitel, B., I., 1., c)). Im Anschluß hieran wird untersucht, ob die Mitgliedstaaten kraft Schutz des Vertrauens den Vertragspartnern der Gemeinschaft gegenüber zur Kooperation mit der Gemeinschaft verpflichtet sind (3. Kapitel, B., II.). In einem zweiten Schritt wird der Frage nachgegangen, ob Spanien als Mitglied der Gemeinschaft in Abweichung von dem Grundsatz der Haftung für eigenes völkerrechtswidriges Verhalten für die Nichterfüllung der Vertragspflichten durch die Gemeinschaft von den NAFO-Vertragsstaaten zur Verantwortung gezogen werden kann (3. Kapitel, C.). Auf der Suche nach einer Norm des Völkerrechts, die den Grund für eine Haftung der Mitgliedstaaten für die Pflichtverletzungen ihrer Internationalen Organisation aufzeigt, wird zunächst die völkerrechtliche Praxis untersucht, die das Haftungsverhältnis von Internationalen Organisationen und ihren Mitgliedstaaten zum Gegenstand hat (3. Kapitel, C., I.). Sofern sich hier bisher keine eindeutigen Regeln herausgebildet haben, wird anschließend versucht, die Lösung des Problems aus allgemeinen Grundsätzen des Völkerrechts herzuleiten (3. Kapitel, C., II.). Deshalb wird zunächst das Konzept der Völkerrechtspersönlichkeit Internationaler Organisationen auf seine Bedeutung für die Haftungsfrage hin überprüft (3. Kapitel, C., II., 1.). Ausgehend von dem hier vertretenen Standpunkt, daß es aufgrund der durch die Anerkennung Dritter begründeten Völkerrechtspersönlichkeit der Gemeinschaft für die Haftung der Mitgliedstaaten für die Gemeinschaft des Nachweises einer Haftungsgrundlage bedarf, werden im Anschluß hieran allgemeine Haftungsregeln des Völkerrechts, die in Abweichung von dem Grundsatz der Haftung für eigenes völkerrechtswidriges Verhalten eine Haftung für die Pflichtverletzungen eines anderen zum Gegenstand haben, zur Lösung der Frage herangezogen (3. Kapitel, C., II., 2.).

2. Kapitel: Die völkerrechtliche Vertragspraxis der Gemeinschaft im Bereich der Fischerei

Die völkerrechtliche Vertragspraxis der Gemeinschaft im Bereich der Fischerei ist Teil einer gemeinsamen Fischereipolitik der Gemeinschaft, die erst seit dem Vertrag von Maastricht in Art. 3 Abs. 1 lit. e EGV ausdrücklich neben einer gemeinsamen Agrarpolitik unter den Vertragszielen genannt wird. Die Fischerei hat für die Gemeinschaft heute eine Bedeutung erlangt, die weit über die minderen maritimen Interessen der Gründerstaaten hinausgeht[25]. Wie zu den Anfängen der Gemeinschaft richtet sich die Regelung der Fischereitätigkeit jedoch weiter nach den Vorschriften zur Durchführung einer gemeinsamen Agrarpolitik (Art. 32 ff. EGV). Die gemeinsame Fischereipolitik der Gemeinschaft hat ihre Wurzeln in einer Verordnung aus dem Jahre 1970[26], die allen Mitgliedstaaten gleichen Zugang zu den Gemeinschaftsgewässern gewährt[27] und die Möglichkeit einer Regelung der Fischereitätigkeit für den Fall allzu intensiver Ausbeutung bestimmter Fischbestände vorsah[28]. Eine schließlich durch die Beitrittsakte von 1972 vorgesehene umfassende Regelung der Fischerei konnte jedoch erst mit der Verordnung 170/83 vom 25.1.1983[29] erreicht werden, da einige Mitgliedstaaten bei der Fischerei den nationalen Interessen gegenüber den europäischen Vorrang einräumten[30]. Während sich die interne Fischereipolitik nur zögerlich umsetzen ließ, entwickelte sich die Zusammenarbeit mit dritten Staaten dagegen seit Mitte der siebziger Jahre zum Hauptbetätigungsfeld der Gemeinschaft im Bereich der Fischerei[31]. Die auswärtige Tätigkeit der Gemeinschaft im Bereich der Fischerei wird insbesondere durch zwei Faktoren bestimmt. Es handelt sich dabei zum einen um die Überfischung der lebenden Ressourcen und zum anderen um die Ausweitung der ausschließlichen Wirtschaftszonen.

---

[25] Vgl. NONNENMACHER, EuR 1989, S. 30, 31.

[26] Verordnung für eine gemeinsame Strukturpolitik für die Fischwirtschaft, VO 2141/70, EG ABl. L 236 vom 27.10.1970, S. 1.

[27] Art. 2 der Verordnung, aaO.

[28] Art. 5 der Verordnung, aaO.

[29] EG ABl. L 24 vom 27.1.1983, S. 1.

[30] SCHNEIDER, Die gemeinsame Fischereipolitik der Europäischen Gemeinschaften, S. 11

[31] Vgl. BOOß, in: Krämer, Die wirtschaftliche Nutzung der Nordsee und die Europäische Gemeinschaft, S. 35, 41.

A. Hintergründe

Internationale Beziehungen im Bereich der Fischerei waren für die Gemeinschaft wie für dritte Staaten zunächst kaum von Bedeutung. Staaten fischten in ihren Küstengewässern, die der jeweiligen staatlichen Hoheitsgewalt unterliegen[32] und sich auf höchstens 12 sm[33] von der Basislinie erstrecken[34], oder auf Hoher See, deren völkerrechtliche Ordnung durch den von GROTIUS in seinem Werk „Mare Liberum sive de jure quod Batavis Competit ad Indicana Commercio“[35] aus dem Jahre 1608 formulierten Grundsatz der Freiheit der See beherrscht wurde. Danach stand, neben den weiteren Nutzungsarten, die Fischerei auf Hoher See den Bürgern aller Staaten auf Dauer offen, und es war keinem Staat gestattet, die Fischerei in bestimmten Seegebieten seinen Staatsangehörigen vorzubehalten und fremde Fischer mit Abgaben zu belegen[36]. GROTIUS rechtfertigte seine These von der Freiheit der See im wesentlichen damit, daß die Okkupation des Meeres mangels naturbedingter effektiver Beherrschbarkeit und aufgrund der naturgegebenen Widmung zum Gemeingebrauch ausgeschlossen sei. Ihr lag jedoch die Überzeugung zugrunde, daß die Ressourcen der Meere, auch bei der uneingeschränkten Nutzung durch alle Staaten, unerschöpflich sind[37]. Noch in den sechziger Jahren konnten sich viele Experten nicht vorstellen, daß es möglich sein würde, die ozeanischen Bestände zu überfischen. Nach Berechnungen der FAO - die UN-Organisation für Ernährung und Landwirtschaft - liegt die globale Fangkapazität jedoch weit über der ökologisch vertretbaren Fischausbeute; etwa siebzig Prozent der Bestände sind heute überfischt. Verantwortlich dafür sind insbesondere eine Serie bahnbrechender Errungenschaften auf dem Gebiet der Fangtechnologie. Die Maschinen wurden stärker, synthetische Fasern haltbarer, so daß die Schleppnetze heute eine Größe von 110 mal 170 Meter erreichen. Große Trawler, die mit dem Echolot präzise die Schwärme orten, können dank ihrer Verarbeitungs- und Gefrierkapazität wochenlang auf See bleiben und damit die entferntesten Fanggründe ansteuern. Darüber hinaus subventionieren die Regierungen aller Welt die Fischerei. Neben den Arbeitsplätzen der Fischer gefährdet die Überfischung auch die Ernährung der wachsenden Weltbevölkerung. Wie die Erfahrungen zeigen, können sich überfischte Regionen in wenigen Jahren wieder regenerieren, wenn der Fischereiaufwand zumindest beschränkt wird.

[32] GLORIA, in: Ipsen, Völkerrecht, S. 745, Rn. 14.

[33] Seemeilen.

[34] Vgl. SCHMALENBACH, in: Calliess/Ruffert, Kommentar zu EU-Vertrag und EG-Vertrag, Art. 299, Rn. 2.

[35] GROTIUS, in: Brown Scott, James, The Freedom of the Sea.

[36] WOLFRUM, Die Internationalisierung staatsfreier Räume, S. 188.

[37] Vgl. WOLFRUM, Die Internationalisierung staatsfreier Räume, S. 125.

Hier liegt ein vertracktes ökonomisches Problem: Aus der Sicht des einzelnen Fischers hat es keinen Zweck, zu warten oder wenigstens weniger zu fischen, denn unterdessen kommen die Kollegen und fischen den Zuwachs weg[38].

Bedingt durch die Entwicklung neuer Techniken zur Ausbeutung der Meeresschätze entwickelte sich das moderne Seevölkerrecht im Konflikt zwischen der Inanspruchnahme durch einzelne Staaten und der Nutzung durch die Staatengemeinschaft insgesamt[39]. Spätestens in der Mitte dieses Jahrhunderts wurde deutlich, daß ein rein als Koordinationsordnung verstandenes völkerrechtliches Regelwerk für die Nutzung der See unangemessen ist. Ausgehend von dem Grundsatz des „reasonable use"[40] unternahm die 1. Seerechtskonferenz der Vereinten Nationen im Jahre 1958 in Genf den ersten Versuch, die Fischerei allgemein für den Bereich der Hohen See zu regeln[41]. Die verabschiedeten Übereinkommen ließen jedoch das Prinzip der Freiheit des Fischfangs unberührt mit der Folge, daß die Verteilung der Fischbestände weiter im Wege des Konkurrenzkampfes der verschiedenen Nutzer erfolgte[42]. 1972 begann Island einseitig eine Fischereizone von 50 sm ausschließlich für sich zu beanspruchen, um die Fangerträge vor ihren Küsten vor der Befischung bzw. Überfischung durch andere Staaten zu schützen und für sich zu reservieren[43]. Obwohl der IGH in den sogenannten Sea Fisheries Jurisdiction Cases[44] diese Breite für nationale Fischereizonen grundsätzlich als zu groß betrachtete, begannen ab 1975 Norwegen, die Färöer-Inseln, Island, die USA und Kanada einseitig 200 sm Fischereizonen bzw. ausschließliche Wirtschaftszonen auszurufen[45]. Diese Maßnahmen bedeuteten zugleich eine de-facto-Anerkennung der Ausweitung durch die jeweils anderen Staaten und trug damit dazu bei, daß sich die ausgehend von dem seit GROTIUS geltenden Grundsatz der Freiheit der Meere lange Zeit

---

38 Vgl. ZANK, Die Zeit vom 21.4.1995, S. 13; LINARD, Le Monde Diplomatique, die tageszeitung/WoZ, Juni 1995, S. 19.

39 Vgl. hierzu E.D. BROWN, EPIL III, S. 169 f.

40 Vgl. FRANCOIS, YILC 1956 II, S. 1, 10; zum „reasonable use" als wirtschafts- und konsumpolitisches Gestaltungsmittel vgl. auch FELLBUSCH, Die wirtschaftspolitischen Ansichten George Berkeley's.

41 Übereinkommen über die Hohe See, BGBl. 1972 II, 1089; Übereinkommen über die Fischerei und die Erhaltung der biologischen Reichtümer der Hohen See, UNTS Bd. 559, S. 285, dt. Übersetzung: AS 1966, S. 996.

42 WOLFRUM, Die Internationalisierung staatsfreier Räume, S. 210.

43 GLORIA, in: Ipsen, Völkerrecht, S. 741, Rn. 2.

44 IGH, Urteile vom 25.07.1974 (Fisheries Jurisdiction), ICJ Reports 1974, S. 192, abdruckt in AVR 16 (1974/75), S. 329 ff.; dazu ROJAHN, AVR 16 (1974/75), S. 37 ff.

45 BYWATER, RMC 1978, S. 111, 112; ROJAHN, GYIL 19 (1976), S. 73 ff.

kritisierte Staatenpraxis erheblich verfestigte[46]. Als Reaktion auf diese unumkehrbare seerechtliche Entwicklung einigten sich auch die Staats- und Regierungschefs der damals neun Mitgliedstaaten im Juni 1976 darüber, die europäischen Fischereiinteressen zu schützen. Am 3. November 1976 verabschiedete der Außenministerrat auf Anregung auch des Europäischen Parlaments[47] eine „Entschließung des Rats über bestimmte externe Aspekte der Schaffung einer 200-Seemeilen-Fischereizone in der Gemeinschaft ab 1. Januar 1977“ (sog. „Haager Entschließung“)[48], die „eine sofortige Aktion der Gemeinschaft für den Schutz ihrer legitimen Interessen“ festlegte und durch abgestimmte nationale Maßnahmen der Mitgliedstaaten eine Ausdehnung ihrer Fischerei- und Wirtschaftszonen auf 200 sm in Nordsee und Nordatlantik vorsah[49]. Die Ausweitung der Fischereizonen durch einseitige völkerrechtliche Erklärungen der Mitgliedstaaten selbst, die nicht in die Kompetenz der Gemeinschaft, sondern - als Ausfluß des Souveränitätsgedanken - in den Kompetenzbereich der Mitgliedstaaten fällt[50], hatte zunächst einen prinzipiellen Ausschluß von Drittstaatenfischern aus dem „EG-Meer“ zur Folge[51].

Die von der UN-Generalversammlung am 16.11.1973 einberufene III. UN-Seerechtskonferenz verabschiedete das Seerechtsübereinkommen der Vereinten Nationen (SRÜ)[52]. Es trat am 16.11.1994 in Kraft. Es legt in Art. 57 SRÜ nun eine Höchstgrenze von 200 sm für die Ausdehnung der ausschließlichen Wirtschaftszone fest, in der der Fischfang sowie die Erhaltung und Regelung der Fischbestände der küstenstaatlichen Souveränität unterliegt. Auch das Seerechtsübereinkommen hält zwar grundsätzlich an dem Prinzip des freien Rechts eines jeden Staates fest, die Hohe See zu Fischereizwecken zu benutzen. Dieses Recht wird jedoch unter den Vorbehalt der Beachtung der Rechte, Pflichten und Interessen der Küstenstaaten gestellt, wie sie unter anderem in Art. 63 Abs. 2, 64 - 67 SRÜ vorgesehen sind[53]. Darüber hinaus schränkt Art. 117 SRÜ das Recht weitergehend ein, indem den Staaten, die inzwischen wohl auch völkergewohnheitsrechtlich geltende Verpflichtung auferlegt wird, erforderliche Maßnahmen zu ergreifen, um die lebenden Ressourcen der Hohen See zu erhalten oder mit

---

[46] Vgl. SCHNEIDER, Die gemeinsame Fischereipolitik der Europäischen Gemeinschaften, S. 17, 18; BOOß, in: Krämer, Die wirtschaftliche Nutzung der Nordsee und die Europäische Gemeinschaft, S. 35, 38; MONTAG, EuR 1982, S. 63, 68.

[47] Vgl. EG ABl. C 259 vom 4.11.1976, S. 26.

[48] EG ABl. C 105 vom 7.5.1981, S. 1.

[49] NONNENMACHER, EuR 1989, S. 31, 36.

[50] SCHNEIDER, Die gemeinsame Fischereipolitik der Europäischen Gemeinschaften, S. 18.

[51] NONNENMACHER, EuR 1989, S. 31, 47.

[52] SRÜ, BGBl. 1994 II, S. 1798.

[53] Art. 116 lit. b SRÜ, aaO.

anderen Staaten zu diesem Zweck zusammenzuarbeiten[54]. Die Seerechtskonvention trug somit nicht dazu bei, die Fischerei auf Hoher See zentral und allgemeinverbindlich zu regeln. Es bleibt den Staaten überlassen, sich freiwillig an der Errichtung geeigneter regionaler bzw. internationalen Fischereiorganisationen zu beteiligen, um durch die Vereinbarung der erforderlichen Maßnahmen die Erhaltung bestimmter Fischbestände in bestimmten Gebieten auf Hoher See sicherzustellen. Neben ihren Mitgliedstaaten ist auch die Gemeinschaft Partei des SRÜ. Sie hat sich in zahlreichen Fischereiorganisationen einer Fangbeschränkung unterworfen[55]. Die Vorgehensweise innerhalb der NAFO[56] - in deren Regelungsbereich sich der obenerwähnte spanisch-kanadische Fischereistreit ereignete - ist exemplarisch für einen Schutz der Bestände auf Hoher See durch internationale Zusammenarbeit[57]. Gemeinsame Bewirtschaftungsmaßnahmen der Vertragsparteien umfassen die Festsetzung einer erlaubten Gesamtfangmenge bestimmter Fischarten für die Bestände im Gebiet des nordwestlichen Atlantiks außerhalb der ausschließlichen Wirtschaftszone[58], die Aufteilung der verfügbaren Fangmengen auf die beteiligten Vertragsparteien sowie Kontrollen, um die Einhaltung der Vorschriften zu gewährleisten[59].

Die Schaffung der ausschließlichen Wirtschaftszonen mit einer Breite von 200 sm hatte zur Folge, daß die Hohe See, der Meeresraum, der als frei von

[54] GLORIA, in: Ipsen, Völkerrecht, S. 770, Rn. 10.

[55] Die Gemeinschaft ist Mitglied in der NAFO (vgl. Fn. 15), der NEAFC (Convention on the Future Multilateral Cooperation in the North-East Atlantic Fisheries, VO 3179/78, EG ABl. L 378 v. 30.12.1978, S. 1), der IOTC (The Indian Ocean Tuna Commission, Beschluss des Rates vom 18.09.1995 - 95/399/EG -, EG ABl. L 236 v. 05.10.1995, S. 24), der CCAMLR (Convention on the Conservation of Antarctic Marine Living Resources, Beschluß des Rates vom 4.9.1981 - 81/691/EWG -, EG ABl. L 252 v. 5.9.1981), der NASCO (Convention on the Conservation of Salmon in the North Atlantic Ocean, Beschluß des Rates vom 13.12.1982 - 82/886/EWG -, EG ABl. L 378 v. 31.12.1982, S. 24), der IBSFC (International Baltic Sea Fishery Commission, Beschluß des Rates vom 25.7.1983 - 83/414/EWG -, EG ABl. L 237 v. 26.8.1983, S. 4) sowie der ICCAT (International Commission for the Conservation of Atlantic Tunas, Beschluß des Rates vom 9.6.1986, EG ABl. L 162 v. 18.6.1986, S. 33), der GFCM (General Fisheries Commission for the Mediterranean, Beschluß des Rates vom 16.06.1998 – 98/416/EG -, EG ABl. L 190 v. 04.07.1998, S. 34), der SEAFO (South East Atlantic Fisheries Organisation, Beschluß des Rates vom 22.07.2002 – 2002/738/EG -, EG ABl. L 234 v. 31.08.2002, S. 39 ff., vgl. Europäische Kommission - Generaldirektion Fischerei, Die neue gemeinsame Fischereipolitik, S. 33 f.; http://www.europa.eu.int/comm/fisheries/doc_et_publ/factsheets/facts/de/pcp4_3.htm; NONNENMACHER, EuR 1989, S. 31, 51; SCHNEIDER, in: Bleckmann, Europarecht, S. 829, Rn. 2363.

[56] Vgl. oben, Fn. 15.

[57] Vgl. GLORIA, in: Ipsen, Völkerrecht, S. 771, Rn. 11.

[58] Art. XI i.V.m. Art. I Abs. 2 NAFOÜ, aaO.

[59] Vgl. Europäische Kommission - Generaldirektion Fischerei, Die neue gemeinsame Fischereipolitik, S. 33 f.; GLORIA, in: Ipsen, Völkerrecht, S. 771, Rn. 11.

jeglicher staatlicher Hoheitsgewalt gilt, drastisch reduziert wurde. Etwa 35 % der Weltmeere unterfallen dem zusammengefaßten Gebiet ausschließlicher Wirtschaftszonen, in dem sich ca. 90 % der weltweiten Fischressourcen befinden[60]. Die Hochseefischereiflotten der Mitgliedstaaten der Gemeinschaft, insbesondere Frankreich, Großbritannien und die Bundesrepublik Deutschland, aber auch die Fischer von Drittstaaten standen vor der Situation, wichtige Fanggründe zu verlieren[61]. Es entstand die Notwendigkeit, das innerhalb der 200 sm vor den Küsten der Drittstaaten verlorene Recht des freien Fischfangs auf Hoher See durch vertragliche Fischfangrechte zu kompensieren. Neben der oben bereits erwähnten Ausweitung der Fischereizonen einigten sich die Mitgliedstaaten in der „Haager Entschließung" daher auch darauf, daß künftig die Regelung des Zugangs zu den EG-Fischereiressourcen sowie der Erhalt bestehender Fangrechte bzw. der Erwerb neuer Fangrechte der Mitgliedstaaten in Gewässern von Drittstaaten durch Abkommen zwischen der Gemeinschaft und den betreffenden Drittstaaten geregelt werden[62]. So hat die Gemeinschaft neben der Beteiligung an der internationalen Zusammenarbeit zum Schutz der Ressourcen eine Reihe bilateraler Abkommen über Fangrechte mit Drittstaaten geschlossen[63]. Hier lassen sich im wesentlichen drei Arten von Vereinbarungen unterscheiden: Gegenseitigkeitsabkommen, Handelsvergünstigungen und Zahlungen eines Finanzausgleichs[64]. Gegenleistungen für Fangrechte in Drittstaatengewässern sind dementsprechend Zugangsrechte zum EG-Meer[65], die Senkung von Einfuhrzöllen sowie der Technologietransfer[66] und schließlich Ausgleichszahlungen[67].

---

[60] GLORIA, in: Ipsen, Völkerrecht, S. 744, Rn. 10; KOERS, LIEI 1984, S. 113, 115 (Fn. 15); DUISBERG, EA 1985, S. 373, 380, Fn. 1.

[61] VIZTHUM, AöR 111 (1986), S. 33, 47; NONNENMACHER, EuR 1989, S. 31, 36; SCHNEIDER, Die gemeinsame Fischereipolitik der EG, S. 7.

[62] EG ABl. C 105 vom 7.5.1981, S. 1.

[63] Vgl. Europäische Kommission - Generaldirektion Fischerei, Die neue gemeinsame Fischereipolitik, S. 29 ff.; WOLFRUM, AVR 32 (1994), S. 315, 329; SCHNEIDER, in: Bleckmann, Europarecht, S. 828, Rn. 2361; VITZTHUM, AöR 111 (1986), S. 33, 59.

[64] Zum Inhalt im einzelnen: NITSCH, RMC 1980, S. 464 ff.; APOLLIS, AFDI XXIX (1983), S. 646, 656 ff.

[65] Gegenseitigkeitsabkommen bestehen etwa mit den Färöern (EG ABl. L 226 v. 29.8.1980, S. 11) und Norwegen (EG ABl. L 226 v. 29.8.1980, S. 47).

[66] Handelsvergünstigungen erhalten Kanada (EG ABl. L 292 v. 9.11.1984, S. 7), USA (EG ABl. L 272 v. 13.10.1984, S. 1) und Grönland (EG ABl. L 29 v. 1.2.1985, S. 8, 13).

[67] Einen Finanzausgleich erhalten etwa Senegal (EG ABl. L 226 v. 29.8.1980, S. 16), Guinea-Bissau (EG ABl. L 226 v. 29.8.1980, S. 33), Madagaskar (EG ABl. L 73 v. 18.3.1986, S. 25), Gambia (EG ABl. L 146 v. 6.6.1987, S. 1), Seychellen (EG ABl. L 160 v. 20.6.1987, S. 1), Marokko (EG ABl. L 181 v. 12.7.1988, S. 1), Mauritius (EG ABl. L 159 v. 10.6.1989), Elfenbeinküste (EG ABl. L 379 v. 31.12.1990) und Tansania (EG ABl. L 379 v. 31.12.1990, S. 32). Diese Abkommen, die ursprünglich meist nur für eine kurze Laufzeit

B. Rechtsgrundlagen der völkerrechtlichen Verträge der Gemeinschaft im Bereich der Fischerei

Im folgenden sollen die rechtlichen Grundlagen für völkerrechtliche Verträge der Gemeinschaft im Bereich der Fischerei sowohl aus der Sicht des Gemeinschaftsrechts als auch aus der Sicht des Völkerrechts erarbeitet werden.

I. Die Außenkompetenz der Gemeinschaft

Den Abschluß völkerrechtlicher Übereinkommen der Gemeinschaft regelt Art. 300 (Art. 228 a.F.) EGV. Die Absätze 1 bis 4 treffen Bestimmungen über die gemeinschaftsinterne Kompetenzverteilung zwischen Europäischem Parlament, Rat und Kommission (Organkompetenz). In Absatz 6 ist ein Kontrollverfahren vorgesehen, welches verhindern soll, daß dem EG-Vertrag widerstreitende völkerrechtliche Verpflichtungen eingegangen werden, die dann wegen der völkerrechtlichen Bindungswirkung (pacta sunt servanda) trotz ihrer Unvereinbarkeit mit dem EG-Vertrag nicht mehr rückgängig gemacht werden können[68]. Schließlich ordnet der Vertrag in Absatz 7 an, daß ein nach Absatz 1 geschlossenes Abkommen für die Organe der Gemeinschaft und die Mitgliedstaaten verbindlich ist. Diese Vorschrift allein bildet allerdings noch keine ausreichende Grundlage für ein Tätigwerden der Gemeinschaft in ihren Außenbeziehungen[69]. Art. 300 Abs. 1 EGV bestimmt, daß „soweit dieser Vertrag den Abschluß von Abkommen zwischen der Gemeinschaft und einem oder mehreren Staaten vorsieht", diese Abkommen von der Kommission ausgehandelt und vom Rat abgeschlossen werden.

1. Ausdrückliche Vertragsschlußkompetenzen

Wie die Tätigkeit der Gemeinschaft insgesamt ist auch die auswärtige Betätigung der Gemeinschaft durch das Prinzip der begrenzten Einzelzuweisung gekennzeichnet (vgl. Art. 5 EGV)[70]. Sie ist deshalb, im Gegensatz zu der

---

abgeschlossen wurden, werden laufend verlängert, ergänzt oder modifiziert, vgl. SCHNEIDER, in: Bleckmann, Europarecht, S. 828, Fn. 62 – 64.

[68] TOMUSCHAT, in: Groeben/Thiesing/Ehlermann, Kommentar zum EU-/EG-Vertrag, Band 5, zu Art. 228 Rn. 2.

[69] GEIGER, JZ 1995, S. 973, 974.

[70] Zum Prinzip der begrenzten Einzelzuweisung vgl. KRAUßER, Das Prinzip begrenzter Ermächtigung im Gemeinschaftsrecht als Strukturprinzip des EWG-Vertrages, S. 20 ff.; IPSEN, Europäisches Gemeinschaftsrecht, S. 427 ff.; OPPERMANN, Europarecht, S. 197 ff.

Betätigung der Staaten, nicht prinzipiell allumfassend[71]. Das Prinzip der begrenzten Einzelzuweisung beschränkt die Tätigkeit der Gemeinschaft sowohl inhaltlich als auch in bezug auf die Handlungsform auf die durch die Gemeinschaftsverträge begründeten Kompetenzen[72]. Erforderlich ist daher, daß sowohl der Gemeinschaft selbst als auch ihren einzelnen Organen Handlungsbefugnisse von den Mitgliedstaaten durch das Primärrecht zugewiesen werden, die den konkreten Vertrag abdecken[73]. Die Vorschrift des Art. 300 Abs. 1 EGV bringt damit zum Ausdruck, daß die Gemeinschaft nur dort zum Abschluß völkerrechtlicher Verträge befugt ist, wo die Mitgliedstaaten ihr das Recht zum Vertragsabschluß übertragen haben[74]. So herrschte in der Anfangszeit der Gemeinschaft die Auffassung vor, die Vertragsschließungsbefugnis stünde der Gemeinschaft wegen des Prinzips der Einzelzuweisung nur insoweit zu, als ihr die entsprechenden Kompetenzen ausdrücklich zugewiesen wurden[75].

a) EGV

Die Kompetenz, völkerrechtliche Verträge mit Drittstaaten zu schließen wird der Gemeinschaft in den Gründungsverträgen zunächst ausdrücklich nur für den Bereich der gemeinsamen Handelspolitik in Art. 133 EGV und für Assoziierungsabkommen in Art. 310 EGV zuerkannt. Eine ausdrückliche parallele Vertragsschlußkompetenz neben den Mitgliedstaaten besitzt die Gemeinschaft in den Bereichen Forschung (Art. 170 EGV), Umweltpolitik (Art. 174 Abs. 4 EGV), Entwicklungszusammenarbeit (Art. 181 EGV) und - seit Nizza - im Bereich der wirtschaftlichen, finanziellen und technischen Zusammenarbeit (Art. 181 a EGV)[76]. Die Fischerei und sonstige Gewinnung von lebenden Schätzen des Meeres rechnet als „Urproduktion" grundsätzlich zur Landwirtschaft im weiteren Sinne. Sie wird in Art. 32 Abs. 1 EGV den landwirtschaftlichen Erzeugnissen zugeordnet und ist nach dem Willen der Gründerstaaten (EGV) Bestandteil der Gemeinsamen Agrarpolitik[77]. Die Art. 32 ff. EGV sehen jedoch keine ausdrückliche Befugnis der Gemeinschaft zum Abschluß völkerrechtlicher Verträge zur Durchführung einer Gemeinsamen Agrarpolitik vor.

---

[71] KRÜCK, Völkerrechtliche Verträge im Recht der Europäischen Gemeinschaften, S. 22.
[72] DÖRR, EuZW 1996, S. 39, 40.
[73] GEIGER, JZ 1995, S. 973, 974.
[74] FUß, DVBl. 1972, S. 237, 239.
[75] So noch PESCATORE, RdC 103 (1961 II), S. 1, 87 ff.
[76] Vgl. SCHMALENBACH, in: Calliess/Ruffert, Kommentar zu EU-Vertrag und EG-Vertrag, zu Art. 300, Rn. 3.
[77] OPPERMANN, Europarecht, S. 575, Rn. 1399.

b) „Haager Entschließung"

Fraglich ist jedoch, ob die Mitgliedstaaten durch die „Haager Entschließung"[78] eine Rechtsgrundlage zum Abschluß völkerrechtlicher Abkommen der Gemeinschaft im Bereich der Fischerei geschaffen haben. Hier einigten sich die Vertreter der Mitgliedstaaten im Rat darauf, daß künftig die Regelung des Zugangs zu den EG-Fischereiressourcen sowie der Erhalt bestehender Fangrechte bzw. der Erwerb neuer Fangrechte der Mitgliedstaaten in Gewässern von Drittstaaten durch Abkommen zwischen der Gemeinschaft und den betreffenden Drittstaaten geregelt werden[79]. Voraussetzung für die Heranziehung der „Haager Entschließung" als Rechtsgrundlage für die Verträge der Gemeinschaft im Bereich der Fischerei ist jedoch, daß sie gemeinschaftsrechtliche Wirkung erzeugen.

Zur verbindlichen Rechtsetzung gibt Art. 249 EGV den dazu befugten Organen die Instrumente Verordnungen, Richtlinien und Entscheidungen an die Hand. Um festzustellen, ob sich hinter der Bezeichnung der „Haager Entschließung" ein verbindlicher gemeinschaftsrechtlicher Akt im Sinne des Art. 249 EGV verbirgt, ist entscheidend, ob die wesentlichen Formvorschriften des Art. 253 EGV sowie die Wirksamkeitsvoraussetzungen des Art. 254 EGV erfüllt sind. Die „Haager Entschließung" enthält jedoch weder eine Begründung im Sinne von Art. 253 EGV noch ist sie im Sinne von Art. 254 EGV veröffentlicht bzw. öffentlich bekannt gemacht worden[80]. Die Mitgliedstaaten könnten bei der „Haager Entschließung" jedoch als „im Rat vereinigte Vertreter" gehandelt haben. Als solche fassen die den Rat konstituierenden Regierungsvertreter der Mitgliedstaaten Beschlüsse[81] oder Entschließungen[82] außerhalb des EG-Vertrages, etwa wenn der Gemeinschaftsvertrag eine Handlungskompetenz des Rates nicht vorsieht[83], und handeln insoweit nicht als Mitglieder des Gemeinschaftsorgans, sondern als Vertreter ihrer Staaten[84]. Bei entsprechendem Bindungswillen, können solche Absprachen als in vereinfachter Form geschlossene Regierungsübereinkommen, die nach den allgemeinen völkerrechtlichen Regeln

[78] EG ABl. C 105 vom 7.5.1981, S. 1; vgl. 2. Kapitel, A.

[79] EG ABl. C 105 vom 7.5.1981, S. 1.

[80] Die Entschließung wurde erst nachträglich unter der Rubrik „Mitteilungen" im Amtsblatt C veröffentlicht.

[81] Vgl. OPPERMANN, Europarecht, S. 219 f., Rn. 584 f.

[82] Vgl. OPPERMANN, Europarecht, S. 220 f., Rn. 586 f.

[83] Vgl. SEIDL-HOHENVELDERN/LOIBL, Das Recht der Internationalen Organisationen einschließlich der Supranationalen Organisationen, S. 144, R. 1115.

[84] Die Mitglieder eines Organs haben eine „Zwitterstellung", vgl. SEIDL-HOHENVELDERN/ LOIBL, Das Recht der Internationalen Organisationen einschließlich der Supranationalen Organisationen, S. 143, Rn. 1112 und S. 144, Rn. 1115; OPPERMANN, Europarecht, S. 121, Rn. 285, S. 220, Rn. 584.

keinen Formvorschriften unterliegen, die Mitgliedstaaten auf völkerrechtlicher Ebene unmittelbar binden[85]. Obgleich derartige Beschlüsse oder Entschließungen der im Rat vereinigten Vertreter im engsten Zusammenhang mit dem EG-Vertrag stehen, entfalten sie als gegebenenfalls völkerrechtliche Regierungsübereinkommen unmittelbar keine gemeinschaftsrechtliche Wirkung[86]. Fraglich ist hier jedoch bereits, ob die Staatenvertreter bei der „Haager Entschließung" mit dem erforderlichen Rechtsbindungswillen gehandelt haben. Denn die Bezeichnung „Entschließung des Rates" gilt allgemein als bewußt gewählt, um eine rechtliche Fixierung des Aktes gerade zu vermeiden[87]. Teilweise wird ihr aufgrund der Tatsache, daß der Rat die Entschließung formell verabschiedet hat, die Qualität einer rechtlichen Grundlage beigemessen[88]. Auch der EuGH bezeichnet die Verbindlichkeit der Entschließung für die Mitgliedstaaten zwar als „unstreitig"[89], eine rechtliche Begründung dieser Aussage bleibt er jedoch schuldig[90]. Art. 249 EGV ist jedoch insoweit abschließend, als es sich um Akte handelt, die Rechte und Pflichten für außerhalb der Gemeinschaftsorgane stehende Personen begründen[91]. Darüber hinaus beruht dieses frühe außenorientierte Mandat der Gemeinschaft sicher nicht in allen Fällen auf einer kommunitären Gesinnung, sondern auf der realistischen Einschätzung der Lage. Kein einzelner Mitgliedstaat fühlte sich stark genug, erfolgreich mit mächtigen Fischereinationen wie etwa der Sowjetunion, über gegenseitige Fangrechte zu verhandeln. Nur die Gesamtheit der Mitgliedstaaten als Gemeinschaft konnte mit ihrem überragenden wirtschaftspolitischen Gewicht die oft schwierigen Verhandlungen erfolgreich führen[92]. Die „Haager Entschließung" ist somit mehr als politische Absprache anzusehen, die als solche keine Rechtsgrundlage für den

---

[85] Vgl. SEIDL-HOHENVELDERN/LOIBL, Das Recht der Internationalen Organisation einschließlich der Supranationalen Organisationen, S. 143, Rn. 1112 und S. 144, Rn. 1115; OPPERMANN, S. 121, Rn. 285.

[86] Vgl. OPPERMANN, Europarecht, S. 121, Rn. 285, S. 726, Rn. 1689, S. 228, Rn. 613.

[87] Vgl. BOTHE, in: FS Schlochauer, S. 761, 765.

[88] BOOß, in: Krämer, Die wirtschaftliche Nutzung der Nordsee und die Europäische Gemeinschaft, S. 35, 38; DRISCOLL/MCKELLAR, in: Mason, The Effective Management of Resources: The International Politics of the North Sea, S. 125, 147; APOLLIS, AFDI XXIX (1983), S. 646, 651.

[89] EuGH, Rs. 32/79 (Kommission ./. Vereinigtes Königreich I), Urteil vom 0.7.1980, EuGHE 1980, S. 2403, 2432.

[90] Vgl. SCHNEIDER, Die gemeinsame Fischereipolitik der Europäischen Gemeinschaften, S. 137.

[91] SCHNEIDER, Die gemeinsame Fischereipolitik der Europäischen Gemeinschaften, S. 135; das geltende Gemeinschaftsrechts im engeren Sinne ist eindeutige Grenze für jede Rechtswirkung „sonstiger" Rechtsakte, vgl. OPPERMANN, Europarecht, S. 221, Rn. 587.

[92] BOOß, in: Krämer, Die wirtschaftliche Nutzung der Nordsee und die Europäische Gemeinschaft, S. 35, 41.

Abschluß völkerrechtlicher Verträge der Gemeinschaft im Bereich der Fischerei begründet[93].

c) Beitrittsakte 1985

Als Rechtsgrundlage für Vertragsabschlüsse der Gemeinschaft im Bereich der Fischerei kommt ferner die Beitrittsakte (BA) 1985[94] in Betracht. Wegen der engen Verknüpfung mit den Gründungsverträgen stellen die Beitrittsakten als völkervertraglich, ratifizierte Rechtsakte Teile der „EG-Verfassung" und damit Primärrecht dar[95].

Abschnitt III der Kapitel „Fischerei" ist in der BA jeweils mit „Externe Ressourcen" überschrieben. Art. 167 Abs. 1 und 354 Abs. 1 BA 1985 bestimmen, daß die Verwaltung der von Spanien bzw. Portugal mit dritten Ländern geschlossenen Fischereiabkommen von der Gemeinschaft wahrgenommen wird. Neben der Verwaltung bestehender Abkommen ist es Sinn und Zweck dieser Regelung, daß die Gemeinschaft nach und nach mit Drittstaaten neue Abkommen kraft eigener Befugnis abschließt. So können die bestehenden durch den Abschluß solcher Abkommen ersetzt werden, die den Zielen der gemeinsamen Fischereipolitik der Gemeinschaft Rechnung tragen. Die Wahrnehmung einer Außenkompetenz durch die Gemeinschaft wird besonders deutlich in Art. 354 Abs. 3 BA 1985, der in den Übergangsbestimmungen für Spanien keine Entsprechung hat. Danach kann auf Vorschlag der Kommission die Aufrechterhaltung und Verlängerung bestimmter Abkommen vom Rat mit qualifizierter Mehrheit - und nicht einseitig durch Portugal - beschlossen werden. Schließlich spricht Art. 155 Abs. 2 lit. b eindeutig von „internationalen Fischereiübereinkommen, denen die Gemeinschaft als Vertragspartei angehört".

Die BA 1985 geht somit zwar vom Bestehen einer solchen Vertragschlußkompetenz aus, sie enthält jedoch nicht etwa selbst die Rechtsgrundlage für den Vertragschluß durch die Gemeinschaft[96]. Insbesondere in Anbetracht der Tatsache, daß die Gemeinschaft ihr erstes Fischereiabkommen bereits 1977 ge-

---

[93] Vgl. SCHNEIDER, Die gemeinsame Fischereipolitik der Europäischen Gemeinschaften, S. 142; OPPERMANN, Europarecht, S. 220, Rn. 586; zur Quasi-Verbindlichkeit auf völkerrechtlicher Ebene als Soft-Law und der gemeinschaftsrechtlichen Wirkung von Soft-Law, vgl. SCHNEIDER, Die gemeinsame Fischereipolitik der Europäischen Gemeinschaften, S.137 ff.

[94] EG ABl. L 302 v. 15.11.1985, S. 23.

[95] BLECKMANN, in: Bleckmann, Europarecht, S. 198, Rn. 526; SCHNEIDER, Die gemeinsame Fischereipolitik der Europäischen Gemeinschaften, S. 33; MONTAG, EuR 1982, S. 63, 65.

[96] SCHNEIDER, Die gemeinsame Fischereipolitik der Europäischen Gemeinschaften, S. 36.

schlossen hat, wird deutlich, daß die Beitrittsakte eine Vertragsschlußkompetenz der Gemeinschaft nur bestätigt.

2. Ungeschriebene Vertragsschlußkompetenzen der Gemeinschaft

Das Prinzip der begrenzten Ermächtigung steht einer Ableitung ungeschriebener Kompetenzen aus den Gemeinschaftsverträgen jedoch nicht a priori entgegen. Denn die Beschränkung der Gemeinschaftsorgane auf diejenigen Kompetenzen, die ihnen nach den vertraglichen Grundlagen zustehen, verbietet nicht die Auslegung dieser vertraglichen Kompetenznormen, um den wirklichen Umfang der zugewiesenen Kompetenzmasse zu ermitteln[97].

a) Verfassungswandel

SCHNEIDER vertritt die Ansicht, der Abschluß völkerrechtlicher Verträge mit Drittstaaten sei Regelungsinhalt einer eigenständigen, von der Agrarpolitik getrennten Fischereipolitik der Gemeinschaft, die den Besonderheiten und Anforderungen der Fischerei Rechnung trage und nur noch wenig Bezug zur Landwirtschaft aufweise[98]. Rechtsgrundlage für die Errichtung und Ausgestaltung einer gemeinsamen Fischereipolitik sei Art. 37 Abs. 2 Unterabschnitt 3 EGV (Art. 43 Abs. 2 Unterabschnitt 3 EGV a.F.), der durch eine systematisch-teleologische Auslegung im Primärrechtszusammenhang einem inhaltlichen Wandel unterworfen sei, der gemeinschaftsrechtlich als Verfassungswandel zu qualifizieren sei[99]. Der EGV sei im Zusammenhang mit den Beitrittsakten[100] zu sehen, in denen sich eine deutliche systematische und inhaltliche Trennung der Fischereipolitik von der Agrarpolitik nachweisen ließe, mit der eine organisatorische Trennung einhergehe[101]. Als dynamischer, auf fortschreitende Integration gerichteter Vertrag dürfe sich auch dessen Auslegung nicht auf die eigenen Normen beschränken, sondern müsse selbst dynamisch (bzw. evolutiv), das heißt im Bedeutungszusammenhang und nach Sinn und Zweck aller einschlägigen primärrechtlichen Bestimmungen erfolgen. Diese Auslegung bilde in einem dynamischen Prozeß Rechtsgrundlage und Regelungsinhalt einer

---

[97] DÖRR, EuZW 1996, S. 39, 40.

[98] SCHNEIDER, Die gemeinsame Fischereipolitik der Europäischen Gemeinschaften, S. 37.

[99] SCHNEIDER, Die gemeinsame Fischereipolitik der Europäischen Gemeinschaften, S. 60 ff.

[100] BA 1972, EG ABl. L 73 v. 27.3.1972, S. 1; BA 1979, EG ABl. L 291 v. 19.11.1979, S. 17; BA 1985, EG ABl. L 302 v. 15.11.1985, S. 23.

[101] SCHNEIDER, Die gemeinsame Fischereipolitik der Europäischen Gemeinschaften, S. 38 ff.

Gemeinsamen Fischereipolitik[102], die auch den Abschluß völkerrechtlicher Verträge umfasse[103].

Die Fischerei hat im Rahmen der Gemeinschaft in der Tat erst mit dem Beitritt starker Fischereinationen und aufgrund der oben dargestellten Entwicklung des Seevölkerrechts eine Bedeutung gewonnen, die weit über die Vorstellungen der Gründerstaaten hinausgeht[104]. Insoweit ist hier jedoch zu berücksichtigen, daß die Fischerei seit dem Vertrag von Maastricht in Art. 3 I lit. e EGV zwar neben der Landwirtschaft ausdrücklich unter den Vertragszielen genannt ist[105], sie wird jedoch in Art. 32 EGV nach wie vor den landwirtschaftlichen Erzeugnissen zugeordnet. Sie hat weder in den Vorschriften zu den Zielen zur Durchführung einer gemeinsamen Agrarpolitik (Art. 33 EGV) noch in der Rechtssetzungsnorm des Art. 37 II EGV eine eigenständige Behandlung erfahren, noch sind die Vorschriften zur Agrarpolitik im Hinblick auf diese Situation geändert worden[106]. Darüber hinaus läßt sich die Rechtsgrundlage für eine Vertragsschlußkompetenz der Gemeinschaft auch ohne den dogmatischen Aufwand zur Annahme eines Verfassungswandels begründen.

b) Die impliziten Außenkompetenzen der Gemeinschaft nach der Rechtsprechung des EuGH

So lehnte der EuGH in seinem bahnbrechenden AETR-Urteil[107] bereits im Jahre 1971 die - bis dahin überwiegend vertretene - These ab, die Gemeinschaft besitze eine Befugnis zum Abschluß völkerrechtlicher Verträge nur dort, wo sie ihr ausdrücklich zugewiesen sei[108]: „Eine solche Zuständigkeit ergibt sich nicht nur aus einer ausdrücklichen Verleihung durch den Vertrag wie der in den Art. 113[109] und 114[110] für die Zoll- und Handelsabkommen und in Art. 238[111] für die

---

[102] SCHNEIDER, Die gemeinsame Fischereipolitik der Europäischen Gemeinschaften, S. 47.

[103] Vgl. SCHNEIDER, Die gemeinsame Fischereipolitik der Europäischen Gemeinschaften, S. 60.

[104] Vgl. oben Fn. 25.

[105] Im Gegensatz zu Art. 3 lit. d EGV a.F., der ausschließlich die gemeinsame Politik auf dem Gebiet der Landwirtschaft nannte.

[106] Vgl. oben 2. Kapitel, B., I., 1., a).

[107] EuGH, Rs. 22/70, Urteil vom 31.3.1971, EuGHE 1971, S. 263 ff. (AETR) = EuR 1971, S. 242 ff.

[108] „Um im Einzelfall zu ermitteln, ob die Gemeinschaft zum Abschluß internationaler Abkommen zuständig ist, muß auf das System und auf die materiellen Vorschriften des Vertrages zurückgegriffen werden.“, AETR, aaO, Ziff. 15/19.

[109] Art. 133 EGV n.F.

[110] Aufgehoben durch Titel II, Ziff. 29 des Vertrages über die Europäische Union vom 7. Februar 1992.

[111] Art. 310 EGV n.F.

Assoziierungsabkommen ausgesprochenen, sondern sie kann auch aus anderen Vertragsbestimmungen und aus in ihrem Rahmen ergangenen Rechtsakten der Gemeinschaft fließen“[112]. Mit einer Erklärung in der Schlußakte des Maastrichter Vertrages, die auf die „Grundsätze des AETR-Urteils“ verweist, ist die Rechtsprechung des EuGH authentische Vertragsauslegung geworden[113].

aa) Das AETR-Urteil

Am 19.01.1962 wurde in Genf im Rahmen der Wirtschaftskommission für Europa der Vereinten Nationen von fünf der sechs Mitgliedstaaten der Gemeinschaft und einer Anzahl anderer europäischer Staaten das Europäische Übereinkommen über die Arbeit der im internationalen Straßenverkehr beschäftigten Fahrzeugbesatzungen (AETR) unterzeichnet. Es trat jedoch mangels einer ausreichenden Zahl von Ratifizierungen nicht in Kraft. Im Jahre 1967 wurden die Verhandlungen wieder aufgenommen mit dem Ziel, dieses Übereinkommen zu überarbeiten. Parallellaufende Arbeiten auf Gemeinschaftsebene zur Harmonisierung der Lenkungs- und Ruhezeiten der im Straßenverkehr beschäftigten Fahrer führten zum Erlaß der Verordnung Nr. 543/69 des Rates vom 25. März 1969 über die Harmonisierung bestimmter Sozialvorschriften im Straßenverkehr[114]. Der Rat beriet auf seiner 107. Tagung vom 20. März 1970 im Hinblick auf die für den 1. 3. April 1970 in Genf anstehenden Tagung des Unterausschusses Straßenverkehr der Wirtschaftskommission für Europa hauptsächlich über die Haltung, welche die sechs Mitgliedstaaten der Gemeinschaft in den schwebenden Verhandlungen über den Abschluß eines neuen Europäischen Übereinkommens über die Arbeit der im internationalen Straßenverkehr beschäftigten Fahrzeugbesatzungen einnehmen sollten. Die Verhandlungen wurden gemäß dem Beschluß vom 20. März 1970 von den Mitgliedstaaten zu Ende geführt[115].

Die Kommission hat den Ratsbeschluß vom 20. März 1970 mit der Begründung angefochten, für den in den europäischen Verordnungen geregelten Bereich seien nicht mehr die Mitgliedstaaten, sondern nur noch die Gemeinschaft zuständig. Zur Begründung ihrer Auffassung führte die Kommission aus, daß Art. 75 Abs. 1 lit. c EGV a.F.[116] (Art. 71 Abs. 1 lit. d EGV n.F.) die Grundlage

[112] AETR, aaO, Ziff. 15/19.

[113] Vgl. OPPERMANN, Europarecht, S. 733, Rn. 1703.

[114] EG ABl. L 77 vom 29. März 1969, S. 49.

[115] Vgl. Sachverhalt zum AETR-Urteil, EuR 1971, S. 242, 243.

[116] „Zur Durchführung des Artikel 74 wird der Rat unter Berücksichtigung der Besonderheiten des Verkehrs bis zum Ende der zweiten Stufe einstimmig, danach mit qualifizierter Mehrheit, auf Vorschlag der Kommission und nach Anhörung des Wirtschafts- und Sozialausschusses sowie der Versammlung

für die Vertragsschließungsbefugnis der Gemeinschaft bilde und eine Vertragsschließungskompetenz der Gemeinschaft immer dann anzunehmen sei, wenn, wie im vorliegenden Fall, das betroffene Rechtsgebiet durch eine gemeinschaftsrechtliche Maßnahme (die Verordnung Nr. 543/69) im Rahmen einer gemeinsamen Politik geregelt sei[117]. Der Rat berief sich demgegenüber ebenfalls auf den Wortlaut des Art. 75 EGV a.F. Im Gegensatz zur Kommission sah er jedoch in dieser Vorschrift gerade die Beschränkung auf autonomes Recht sowie auf den Grundsatz der „compétence d'attribution", der gerade für das Gebiet der auswärtigen Gewalt seine Bestätigung in Art. 228 EGV a.F. (Art. 300 EGV n.F.) finde. Wenn man aber aus Art. 75 Abs. 1 c EGV a.F. eine Vertragskompetenz entnehmen wolle, so könne diese doch keine ausschließliche sein[118].

Der EuGH entschied, daß der Erlaß von Gemeinschaftsrecht eine ungeschriebene Außenzuständigkeit der Gemeinschaft für das durch die Maßnahmen geregelte Sachgebiet zur Folge hat, soweit der Abschluß eines internationalen Abkommens durch die Mitgliedstaaten die erlassenen Regeln beeinträchtigen kann[119]: „ ...; die Inkraftsetzung der VO Nr. 543/69 des Rates über die Harmonisierung bestimmter Sozialvorschriften im Straßenverkehr (ABl. 1969 Nr. L 77) am 25.3.1969 hat jedoch zwangsläufig die Zuständigkeit der Gemeinschaft für alle Abkommen mit dritten Staaten nach sich gezogen, welche das in der Verordnung geregelte Sachgebiet betreffen."[120]

bb) Das Kramer-Urteil

Die Frage nach einer Außenkompetenz der Gemeinschaft im Bereich der Fischerei stellte sich erstmals 1975 im Rahmen eines Strafverfahrens gegen zwei niederländische Fischer. Die niederländischen Behörden erließen im Jahre 1975 Vorschriften zur Erhaltung der Zungen- und Schollenbestände im Nordostatlantik im Zuge der Erfüllung von Verpflichtungen, die die Niederlande im Rahmen des am 24.1.1959 in London unterzeichneten Übereinkommens über die Fischerei im Nordostatlantik[121] übernommen hatte. Die Kommission für die Fischerei im Nordostatlantik beschloß eine gemäß Art. 8 des Übereinkommens im November 1974 verbindlich gewordene Empfehlung über die Zungen- und Schollenfischerei in den durch das Übereinkommen erfaßten Meeresgewässern, die für 1975 Gesamtfangquoten und deren Zuteilung an die verschiedenen Vertragsstaaten festsetzte. Gemäß Art. 8 des Übereinkommens sind die Ver-

c) alle sonstigen zweckdienlichen Vorschriften erlassen."

117 Vgl. AETR, aaO, Ziff. 6/8.

118 Vgl. AETR, aaO, Ziff. 9/11.

119 Vgl. AETR, aaO, Ziff. 15/19.

120 AETR, aaO, Ziff. 23/29.

121 UNTS 1964, No. 7078.

tragsstaaten verpflichtet, derartige Empfehlungen in Kraft zu setzen. Den Fischern wurde vorgeworfen, gegen die in Ausführung dieser Empfehlung erlassenen niederländischen Regelung verstoßen zu haben. Die niederländischen Gerichte ersuchten den EuGH insbesondere zu entscheiden, ob auf völkerrechtlicher Ebene allein die Gemeinschaft zuständig ist, Verpflichtungen der genannten Art einzugehen; mit anderen Worten, ob die Niederlande überhaupt noch befugt war, diese Verpflichtungen gegenüber Dritten einzugehen oder ob die Gemeinschaft zu diesem Zeitpunkt zuständig war (sog. Kramer-Urteil)[122].

Im Unterschied zum AETR-Urteil hatte die Gemeinschaft im Fall Kramer noch keine internen Maßnahmen getroffen, die durch die in Frage stehenden völkerrechtlichen Verpflichtungen der Mitgliedstaaten im Rahmen des Übereinkommens über die Fischerei im Nordostatlantik hätten beeinträchtigt werden können. Dennoch entschied der EuGH, daß die Erhaltung der biologischen Schätze des Meeres wirksam und zugleich gerecht nur durch eine Regelung sichergestellt werden könne, die für alle interessierten Staaten einschließlich der Drittländer verbindlich sei. „Aus den Pflichten und Befugnissen, die das Gemeinschaftsrecht im Innenverhältnis den Gemeinschaftsorganen zugewiesen hat, ergibt sich daher die Zuständigkeit der Gemeinschaft, völkerrechtliche Verpflichtungen zur Erhaltung der Meeresschätze einzugehen.“[123] Da die Gemeinschaft ihre Aufgabe zur Bestandserhaltung weder durch interne Rechtsetzung für die Gemeinschaftsgewässer noch durch ein Abkommen auf Hoher See wahrgenommen hatte, beantwortete der EuGH die gestellte Frage dahingehend, „ ..., daß die Mitgliedstaaten zur Zeit des von den vorlegenden Gerichten zu beurteilenden tatsächlichen Geschehens befugt waren, im Rahmen des Übereinkommens über die Fischerei im Nordostatlantik Verpflichtungen zur Erhaltung der biologischen Schätze des Meeres zu übernehmen, und daß sie somit berechtigt waren, deren Erfüllung in ihrem Hoheitsgebiet sicherzustellen.“[124]

cc) Die Grundsätze des EuGH zur Begründung einer ungeschriebenen Außenkompetenz der Gemeinschaft

Die Rechtsprechung des EuGH zu den ungeschriebenen Außenkompetenzen der Gemeinschaft ist jedoch in die Kritik geraten, als die Begründung der ungeschriebenen Außenkompetenz wegen der oft undeutlichen und uneindeutigen Formulierungen des EuGH in einer mit dem Gemeinschaftsrecht nicht zu vereinbarenden Weise interpretiert wurde. Das Verständnis wird zusätzlich dadurch erschwert, daß der EuGH sich zugleich zu der zwischen den Parteien des

---

[122] EuGH, Verb. Rs. 3,4 und 6/76, Urteil vom 14.7.1976, EuGHE 1976, S. 1276 ff. (Kramer) = EuR 1977, S. 151 ff.

[123] Kramer, aaO, Ziff. 30/33.

[124] Kramer, aaO, Ziff. 39.

Rechtsstreits umstrittenen Frage äußerte, ob die jeweiligen impliziten Vertragsschlußkompetenzen der Gemeinschaft solche ausschließlicher Natur seien[125]. Im folgenden soll untersucht werden, auf welche Grundsätze sich der EuGH zur Begründung einer ungeschriebenen Außenkompetenz stützt und ob sich dafür eine Rechtsgrundlage im Gemeinschaftsrecht finden läßt.

(1) Die Theorie von der (automatischen) Parallelität von Innen- und Außenkompetenz

Die Formulierung in den Gründen des AETR-Urteils, der Erlaß einer Verordnung habe „zwangsläufig die Zuständigkeit der Gemeinschaft für alle Abkommen mit dritten Staaten nach sich gezogen, welche das in der Verordnung geregelte Sachgebiet betreffen“[126] legte die Deutung nahe, der EuGH habe mit der Begründung der Außenkompetenz der Gemeinschaft eine den Grundsatz der Einzelzuweisung von Zuständigkeiten verletzende Kompetenzkompetenz der Gemeinschaft geschaffen. Zu Recht ist das Urteil im Hinblick auf diese Deutungsmöglichkeit kritisiert worden[127], denn das einmal in Kraft gesetzte interne Gemeinschaftsrecht, also das Sekundärrecht selbst, kann die Vertragsschlußkompetenz der Gemeinschaft nicht begründen. Diese Interpretation der Formulierung wäre weder mit dem gewollten Verhältnis zwischen dem Vertrag als der Verfassung der EG und dem Sekundärrecht als einem Komplex von durch den Vertrag ermächtigten Regeln vereinbar[128]. Nach dem Prinzip der Einzelzuweisung ist es der Gemeinschaft verwehrt, sich auf sekundärrechtlichem Wege neue, in den Verträgen nicht angelegte Kompetenzen zu verschaffen[129].

(a) Die Argumentation

Um diese mit dem Gemeinschaftsrecht unvereinbare Interpretation des AETR-Urteils zu vermeiden, gehen einige Autoren davon aus, der EuGH habe die Vertragsschließungsbefugnis der Gemeinschaft allein an das Vorhandensein einer internen Rechtsetzungsbefugnis (Art. 74 f. EGV a.F., Art. 70 f. EGV n.F.) geknüpft, während der Erlaß der sekundärrechtlichen Regelung konstitutiv lediglich für den Verlust der mitgliedschaftlichen Handlungsbefugnis, mithin für die Ausschließlichkeit der Gemeinschaftskompetenz zum Abschluß von Ver-

---

[125] Vgl. PITSCHAS, Die völkerrechtliche Verantwortlichkeit der Europäischen Gemeinschaft und ihrer Mitgliedstaaten, S. 154.

[126] AETR, aaO, Ziff. 23/29.

[127] DÖRR, EuZW 1996, S. 39, 41 f.; TOMUSCHAT, EuR 1977, S. 157, 158 f.

[128] TOMUSCHAT, EuR 1977, S. 157, 158 f.

[129] Vgl. DÖRR, EuZW 1996, S. 39, 40.

trägen sei[130]. Dabei wurde - insbesondere von der Kommission selbst - Art. 75 Abs. 1 lit. c EGV a.F. als Grundlage für die Vertragschließungsbefugnis der Gemeinschaft gesehen. Nach dieser Vorschrift kann und soll der Rat zur Durchführung des Art. 74 EGV a.F. „alle sonstigen zweckdienlichen Vorschriften erlassen". Der internationale Bezug der Verkehrspolitik sei vom Vertrag in Art. 75 Abs. 1 lit. a EGV a.F.[131] (Art. 71 Abs. 1 lit. a EGV n.F.) ausdrücklich anerkannt und in die gemeinsame Verkehrspolitik einbezogen, wie es gerade bei diesem Gebiet gar nicht anders denkbar gewesen wäre. Der EuGH habe in seinem Urteil festgestellt, daß die Zuständigkeit der Gemeinschaft, die sich gemäß Art. 75 Abs. 1 lit. a EGV a.F. auf Beziehungen erstrecke, die dem internationalen Recht unterliegen, die Notwendigkeit, mit den beteiligten dritten Ländern Abkommen zu schließen, mit einschließe[132].

Die Autoren, deren Auffassung nach der EuGH - zumindest bis zu seinem WTO-Gutachten[133] - eine ungeschriebene Außenkompetenz allein an das Vorhandensein einer ausdrücklichen internen Rechtsetzungsbefugnis knüpfen wollte, sehen sich in ihrer These durch das Kramer-Urteil und das folgende Gutachten zum Stillegungsfonds der Rheinschiffahrt[134] bestätigt. Sie interpretieren diese Entscheidungen des EuGH als Weiterentwicklung und „Auflockerung" der AETR-Doktrin in dem Sinne, daß der EuGH die ungeschriebene Außenkompetenz aus der entsprechenden internen Rechtsetzungsbefugnis ableitet und nun zur Begründung der Außenkompetenz der Gemeinschaft ausdrücklich auf die Voraussetzung interner Rechtssetzung verzichtet hat[135].

Auch die folgende Rechtsprechung des EuGH zu den impliziten Außenkompetenzen der Gemeinschaft, der jedoch die Frage nach der Kompetenz der

---

[130] FUß, DVBl. 1972, S. 237, 240; BLECKMANN, EuR 1977, S. 109, 115; GEIGER JZ 1995, S. 973, 975, 976; DÖRR, EuZW 1996, S. 39, 41 f.; OPPERMANN, Europarecht, S. 733, Rn. 1704 und S. 734 f., Rn. 1706 f.

[131] „Zur Durchführung des Artikel 74 wird der Rat unter Berücksichtigung der Besonderheiten des Verkehrs bis zum Ende der zweiten Stufe einstimmig, danach mit qualifizierter Mehrheit, auf Vorschlag der Kommission und nach Anhörung des Wirtschafts- und Sozialausschusses sowie der Versammlung

a) für den internationalen Verkehr aus oder nach dem Hoheitsgebiet eines Mitgliedstaats oder für den Durchgangsverkehr durch das Hoheitsgebiet eines oder mehrerer Mitgliedstaaten gemeinsame Regeln aufstellen; ...".

[132] AETR, aaO, Ziff. 23/29.

[133] EuGH, Gutachten 1/94 vom 15.11.1994, EuGHE 1994, I-5267 (WTO-Gutachten) = EuZW 1995, S. 210 ff., dazu näher unter (b), (aa).

[134] EuGH, Gutachten 1/76 vom 26.4.1977, EuGHE 1977, S. 741 ff. (Stillegungsfonds), dazu näher unter 2. Kapitel, B., I., 2., b), cc), (2), (b).

[135] BLECKMANN, EuR 1977, S. 109, 118 ff.; GEIGER, JZ 1995, S. 973, 976 f.; DÖRR, EuZW 1996, S. 39, 41 f.; OPPERMANN, Europarecht, S. 733, Rn. 1704.

Gemeinschaft zum Abschluß weitaus komplexerer Abkommen als beim AETR- oder Kramer-Urteil zugrundelag, wird teilweise als Beleg für die Theorie von der Parallelität von Innen- und Außenkompetenz des EuGH angeführt[136]. So prüft der EuGH auf Antrag der Kommission vom 21.8.1991 in seinem ILO-Gutachten[137], ob die Zuständigkeit der Gemeinschaft zum Abschluß des Übereinkommens Nr. 170 der Internationalen Arbeitsorganisation (IAO) über Sicherheit bei der Verwendung chemischer Stoffe bei der Arbeit eine „ausschließliche" sei. Das vom Übereinkommen Nr. 170 erfaßte Rechtsgebiet war unstreitig bereits von mehreren Richtlinien, die teils auf der Grundlage des Art. 118 a EGV a.F. (Art. 137 EGV n.F.), teils auf der Grundlage der Art. 100 EGV a. F. (Art. 94 EGV n.F.) und 100 a EGV a.F. (Art. 95 EGV n.F.) erlassenen Richtlinien abgedeckt. Die Kommission vertrat die Auffassung, daß die Gemeinschaft für den Abschluß des Übereinkommens „ausschließlich" zuständig sei, da das Gemeinschaftsrecht das vom fraglichen Übereinkommen erfaßte Gebiet zu einem erheblichen Teil erfasse[138]. Der EuGH stellt zunächst fest, daß das vom betreffenden Übereinkommen erfaßte Rechtsgebiet materiell unter die „Sozialvorschriften" fällt, die das Kapitel 1 des Titels III - Sozialpolitik - des Dritten Teils des EWG-Vertrages bilden[139]. Damit steht fest, daß die Gemeinschaft über eine interne Rechtsetzungskompetenz auf dem Gebiet des Sozialrechts verfügt und das Übereinkommen damit - wie es der EuGH formuliert - „in den Zuständigkeitsbereich der Gemeinschaft" fällt[140]. Diese Zuständigkeit der Gemeinschaft sei jedoch keine „ausschließliche", weil es sich bei den Richtlinien, die auf der Grundlage des Art. 118 a EGV a.F. ergangen waren, um Mindestnormen handelt, die durch völkerrechtliche Verpflichtungen der Mitgliedstaaten im Bereich der regelungsidentischen Teile des Übereinkommens nicht beeinträchtigt werden könnten[141]. Insoweit kommt der EuGH zu dem Ergebnis: „Die Zuständigkeit für den Abschluß des Übereinkommens Nr. 170 der IAO steht den Mitgliedstaaten und der Gemeinschaft gemeinsam zu."[142]

(b) Kritik

Eine ungeschriebene Außenkompetenz an das bloße Vorhandensein einer internen Rechtsetzungsbefugnis zu knüpfen und dem Erlaß von Sekundärrecht

---

[136] Vgl. GEIGER, JZ 1995, S. 973, 976; DÖRR, EuZW 1996, S. 39, 42.

[137] EuGH, Gutachten 2/91 vom 19.3.1993, EG ABl. 1993, Nr. C 109/1 (ILO).

[138] ILO-Gutachten, VI. Zusammenfassung der schriftlichen Erklärungen der Organe und der Mitgliedstaaten, B. Zur Sache 1., aaO, Nr. C 109/5.

[139] ILO-Gutachten, aaO, Ziff. 15.

[140] Vgl. ILO-Gutachten, aaO, Ziff. 17 und 28.

[141] ILO-Gutachten, aaO, Ziff. 22.

[142] ILO-Gutachten, aaO, Ziff. 39 und abschließende gutachterliche Äußerung des Gerichtshof.

im Hinblick auf diese Außenkompetenz nur die Wirkung eines Umschlags einer konkurrierenden in eine ausschließliche Außenkompetenz der Gemeinschaft beizumessen, würde bedeuten, der Gemeinschaft einen undifferenzierten Anspruch darauf zu verschaffen, Verträge mit dritten Staaten zu schließen. Denn nach dem gemeinschaftsinternen System ist die Gemeinschaft jederzeit berechtigt, konkurrierende Kompetenzen wahrzunehmen. Dies liefe auf eine vollkommene Kongruenz von Rechtsetzungs- und Vertragsschließungsbefugnis hinaus[143]. Indessen beschränkt der Wortlaut einer internen Rechtsetzungsbefugnis die Gemeinschaft auf den Erlaß interner Maßnahmen. Dies ergibt sich selbst aus solchen Vorschriften, die die Zuständigkeit der Gemeinschaft auf Beziehungen erstrecken, die dem internationalen Recht unterliegen. Art. 75 Abs. 1 lit. a EGV a.F. etwa, um den es im AETR-Urteil ging, bestimmt: „Zur Durchführung des Art. 74 wird der Rat ... gemäß dem Verfahren des Artikels 189 c ... für den internationalen Verkehr aus oder nach dem Hoheitsgebiet eines Mitgliedstaats oder für den Durchgangsverkehr durch das Hoheitsgebiet eines oder mehrerer Mitgliedstaaten gemeinsame Regeln aufstellen." Durch diese Vorschrift wird der Rat zunächst lediglich berechtigt, die Mitgliedstaaten untereinander durch gemeinsame Regeln zu verpflichten, in Bezug auf den internationalen Verkehr im Hoheitsgebiet der Gemeinschaft bzw. an dessen Grenzen einheitlich vorzugehen. Die Bestimmung bringt zwar zum Ausdruck, daß die Vertragsschöpfer davon ausgegangen sind, die Materie des Verkehrs könne vernünftigerweise nicht geregelt werden, ohne dabei den Verkehr aus Drittländern bei der gemeinsamen Regelung mit einzubeziehen. Angesichts der Tatsache, daß der internationale Bezug des Verkehrswesens bekannt war, kann es sich nicht um ein Versehen handeln, daß der Gemeinschaft keine den Art. 131 ff. EGV n.F. (Art. 110 ff. EGV a.F.) vergleichbare Ermächtigung zum Vertragsschluß mit Drittstaaten eingeräumt wurde[144]. Der Bestimmung ist somit zunächst nur zu entnehmen, daß die Gemeinschaft durch einseitige Rechtsetzung die Fahrzeuge aus Drittstaaten ihren internen Regeln unterwirft oder das Verhalten der Mitgliedstaaten gegenüber Drittstaaten und Internationalen Organisationen koordiniert[145]. Damit kann nach dem Prinzip der begrenzten Einzelermächtigung für die Begründung einer ungeschriebenen Außenkompetenz nicht ausreichend sein, daß die Gemeinschaft im Regelungsbereich des konkreten Abkommens befugt ist, interne Maßnahmen zu ergreifen. Eine interne Rechtsetzungsnorm kann nicht dahingehend ausgelegt werden, daß sie ohne weiteres eine Befugnis zum Abschluß völkerrechtlicher Verträge umfaßt.

---

143 Vgl. SASSE, EuR 1971, S. 208, 225.

144 Anders jedoch FUß, DVBl. 1972, S. 237, 240.

145 Vgl. ERDMENGER, in: Groeben/Thiesing/Ehlermann, Kommentar zum EU-/EG-Vertrag, Band 1, Vorbem. zu Art. 74 - 84, Rn. 30.

(2) Außenkompetenz der Gemeinschaft im Einzelfall nach den Grundsätzen der implied-powers-Lehre

Bei genauerer Betrachtung der Urteile ermittelt der EuGH - nicht erst seit seinem WTO-Gutachten - durch Auslegung im Einzelfall, ob eine Außenkompetenz im konkreten Fall erforderlich ist, um eine ausdrücklich übertragene interne Normierungsaufgabe wirksam erfüllen zu können und bedient sich damit einer der bekanntesten Auslegungsregeln zur Ermittlung ungeschriebener Kompetenzen, der Lehre von den sog. implied powers[146].

Die Lehre von den implied powers wurzelt im US-amerikanischen Verfassungsrecht, nämlich in einer früheren Entscheidung des US Supreme Court, in der Chief Justice Marshall formuliert: „... it may, with great reason be contended that a government, entrusted with such ample powers, on the due execution of which the happiness and prosperity of the nation so vitally depends, must also be entrusted with ample means for their execution ...“[147]. Unter implied powers werden Kompetenzen verstanden, die einem Rechtssubjekt zustehen, ohne in jener Rechtsgrundlage, von der das betreffende Subjekt seine Kompetenzen und Befugnisse herleitet, ausdrücklich genannt zu sein, wenn und soweit sie erforderlich ist, um eine ausdrückliche Kompetenz wirksam und sinnvoll umzusetzen[148]. Die enge Anbindung der impliziten Kompetenzerweiterungen an eine bestehende konkrete Handlungsbefugnis macht deutlich, daß die implied powers dogmatisch nicht auf die Schaffung neuer Handlungsermächtigungen beruhen, sondern das Resultat einer sinnvollen Auslegung der ausdrücklichen Kompetenzzuweisung sind[149].

Während im Bundesstaat eine Verschiebung der Kompetenzen zwischen Bund und Ländern dem Staat als Ganzem keine neuen Befugnisse verschafft, ist bei der Gemeinschaft darauf zu achten, daß eine Ableitung ungeschriebener Zuständigkeiten ihrer Organe nicht die Sicherungsfunktion des Prinzips der

---

[146] Vgl. LECHELER, AVR 32 (1994), S. 1, 11 f.; PITSCHAS, Die völkerrechtliche Verantwortlichkeit der Europäischen Gemeinschaft und ihrer Mitgliedstaaten, S. 151; SASSE, EuR 1971, S. 208, 226, der insoweit jedoch von einer auswärtigen Gemeinschaftsgewalt als Reflex einer ausgeübten internen Rechtsetzungsbefugnis spricht; während DÖRR, EuZW 1996, S. 39, 41 ff. zwar von einer Anwendung der implied powers durch den EuGH spricht, im Grunde jedoch ganz im Sinne einer automatischen Parallelität von Innen- und Außenkompetenz argumentiert, indem er der internen Rechtsetzungsbefugnis unmittelbar eine ungeschriebene Außenkompetenz entnehmen, während der Erlaß von Sekundärrecht lediglich die Ausschließlichkeit der primärrechtlich begründeten Kompetenz zur Folge haben soll.

[147] McCulloch v. Maryland, 17 US (4 Wheaton), 1819, S. 316.

[148] NICOLAYSEN, EuR 1966, S. 128, 132, 135; KÖCK, in: FS Seidl-Hohenveldern, 1988, S. 279 ff.; DÖRR EuZW 1996, S. 39, 40.

[149] DÖRR, EuZW 1996, S. 39, 40.

begrenzten Einzelzuweisung beeinträchtigt[150]. So ergibt sich aus der in Art. 5 EGV vorgenommenen Unterscheidung von Zielen und Befugnissen der Gemeinschaft, daß sich Handlungsbefugnisse nicht aus reinen Zielvorgaben ableiten lassen, daß mithin nicht einfach von einer Zielbestimmung der Verträge auf eine dem Ziel angemessene Kompetenz der Gemeinschaft geschlossen werden darf[151]. Um die Vereinbarkeit einer Auslegung nach der implied-powers-Lehre mit dem Strukturprinzip der begrenzten Einzelzuweisung zu gewährleisten, kann eine stillschweigende Außenkompetenz nicht etwa an die in Art. 3 EGV genannten abstrakten Ziele oder Aufgaben der Gemeinschaft knüpfen[152]. Einziges Ziel, an das stillschweigende Befugnisse jeweils geknüpft werden können, verbleibt die Durchführung der im Vertrag ausdrücklich gewährten Rechtsetzungsbefugnisse[153].

Daß die Lehre von den implied powers grundsätzlich auch auf das Gemeinschaftsrecht übertragbar ist und zur Auslegung des EG-Vertrages herangezogen werden kann, stellte der EuGH bereits in seiner frühen Rechtsprechung zu den Kompetenzen der Hohen Behörde nach dem EGKS-Vertrag fest. So entschied er im „Fédéchar"-Urteil von 1956, daß die Hohe Behörde, „um sich ihrer Aufgaben wirksam entledigen zu können", die im Vertrag nicht vorgesehene Befugnis zur Preisfestsetzung haben muß[154]. In zwei Urteilen von 1960, in denen es um eine ungeschriebene Rechtsetzungsbefugnis der Hohen Behörde ging, wies der EuGH ausdrücklich darauf hin, daß „die von einem völkerrechtlichen Vertrag aufgestellten Vorschriften zugleich diejenigen Rechtsätze in sich schließen, ohne welche sie nicht sinnvoll und vernünftig angewendet werden können"[155]. Ähnlich urteilte der EuGH in dem Verfahren Bundesrepublik Deutschland u.a./Kommission mit Bezug auf die sozialpolitischen Kompetenzen der Kommission gem. Art. 118 EWGV a.F.: „Weist eine Bestimmung des EWG-Vertrages der Kommission eine bestimmte Aufgabe zu, so ist davon auszugehen, daß sie ihr dadurch notwendigerweise auch die zur Erfüllung dieser Aufgabe unerläßlichen Befugnisse verleiht; andernfalls würde der Bestimmung jede praktische Wirksamkeit genommen"[156].

---

150 Vgl. NICOLAYSEN, EuR 1966, S. 128, 137.

151 Vgl. NICOLAYSEN, EuR 1966, S. 128, 134; DÖRR, EuZW 1996, S. 39, 40 f.; als verfassungsrechtliche Anforderung statuiert in BVerfGE 89, 155 (192, 209) = EuZW 1993, 667 = NJW 1993, 3047.

152 Vgl. BLECKMANN, EuR 1977, S. 109, 118.

153 NICOLAYSEN, EuR 1966, S. 128, 135.

154 EuGHE 1955/56, S. 297, 312 - Fédération Charbonnière de Belgique/Hohe Behörde.

155 EuGHE 1960, S. 681, 708 - Italienische Republik/Hohe Behörde; EuGHE 1960, 743, 781 - Königreich der Niederlande/Hohe Behörde; EuGHE 1960, S. 249, 289 - Mannesmann AG u.a./Hohe Behörde.

156 EuGHE 1987, S. 3203, Ziff. 28 - Bundesrepublik Deutschland u.a./Kommission.

Eine interne Rechtsetzungsbefugnis läßt sich danach nicht ohne weiteres, sondern nur dann um eine Außenkompetenz ergänzen, wenn sie erforderlich ist, um eine wirksame und sinnvolle Durchführung der im Vertrag gewährten Kompetenzen zu ermöglichen[157]. Sie „kann" sich, wie der EuGH wortgleich im AETR- und im Kramer-Urteil feststellt „im Einzelfall" aus dem „System des Gemeinschaftsrechts und den materiellen Vorschriften" des Vertrages ergeben[158].

Für die Begründung der Außenkompetenz nach den Grundsätzen der implied-powers-Lehre sind zwei Fallvarianten zu differenzieren, die der gesamten Rechtsprechung des EuGH zu den ungeschriebenen Außenkompetenzen zugrundeliegen. Dabei handelt es sich einmal um die Frage nach einer Außenkompetenz bei bereits bestehendem Sekundärrecht im Regelungsbereich eines Abkommens, wie erstmals beim AETR-Urteil, und zum anderen um die Frage nach einer Außenkompetenz ohne bereits erlassenes Sekundärrecht, wie erstmals im Kramer-Urteil.

(a) Begründung einer Außenkompetenz bei bestehendem Sekundärrecht („AETR-Doktrin")

Die wirksame Wahrnehmung einer internen Rechtsetzungsbefugnis setzt insbesondere voraus, daß das geschaffene Sekundärrecht Geltung beanspruchen kann. Um dies zu gewährleisten, haben sich die Mitgliedstaaten in Art. 10 S. 3 EGV (Art. 5 S. 3 EGV a.F.) verpflichtet, die uneingeschränkte und einheitliche Anwendung des Gemeinschaftsrechts und die Wirksamkeit der zu dessen Vollzug ergangenen oder zu treffenden Maßnahmen nicht zu beeinträchtigen und keine Maßnahmen zu ergreifen oder beizubehalten, die die praktische Wirkung des Gemeinschaftsrechts ausschalten könnten[159].

Die Mitgliedstaaten sind an die Ziele der Gemeinschaft gebunden, wie sie durch Maßnahmen im Zuständigkeitsbereich der EG konkretisiert worden sind[160]. Das Verbot des Art. 10 S. 3 EGV zum Schutz gemeinschaftsinterner Regelungen bezieht sich damit jedoch nicht nur auf die Handlungen der Mitgliedstaaten, die der ausdrücklich übertragenen (internen) Rechtsetzungstätigkeit der Gemeinschaft entsprechen[161], sondern auf alle Handlungen und somit auch auf den Abschluß völkerrechtlicher Verträge, die die Verwirklichung

---

[157] Vgl. NICOLAYSEN, EuR 1966, S. 129 ff., 135.

[158] Vgl. AETR, aaO, Ziff. 15/19 und Kramer, aaO, Ziff. 19/20.

[159] Vgl. ZULEEG, in: Groeben/Thiesing/Ehlermann, Kommentar zum EU-/EG-Vertrag, Band 1, zu Art. 5, Rn. 10.

[160] Vgl. BLECKMANN, in: Bleckmann, Europarecht, S. 250, Rn. 694.

[161] A.A. FUß, DVBl. 1972, S. 237, 242.

der Ziele beeinträchtigen können. So stellt der EuGH in seinem AETR-Urteil unter Hinweis auf Art. 5 S. 3 EGV a.F. (Art. 10 S. 3 EGV n.F.) zunächst fest„..., daß die Mitgliedstaaten außerhalb des Rahmens der Gemeinschaftsorgane keine Verpflichtungen eingehen können, welche Gemeinschaftsnormen, die zur Verwirklichung der Vertragsziele ergangen sind, beeinträchtigen oder in ihrer Tragweite ändern können“[162].

Im Bereich des Sekundärrechts sind die Mitgliedstaaten gemäß Art. 10 S. 3 EGV demnach gehindert, völkerrechtliche Verträge abzuschließen. Die Gemeinschaft hat entsprechend ihrer Rechtsetzungsbefugnis interne Maßnahmen im Bereich der durch den in Frage stehenden völkerrechtlichen Vertrag betroffenen Materie erlassen, ihr fehlt jedoch die ausdrückliche Befugnis zum Abschluß des völkerrechtlichen Vertrages. Eine Auslegung des Art. 10 S. 3 EGV nach Sinn und Zweck der Vorschrift ergibt jedoch, daß sie nicht darauf gerichtet ist, eine mitgliedstaatliche Befugnis zum Abschluß völkerrechtlicher Verträge mit der Wahrnehmung der Aufgaben durch die Gemeinschaft schlicht untergehen zu lassen und damit kompetenzfreie Räume zu schaffen. Gemäß Art. 10 S. 3 EGV verzichten die Mitgliedstaaten zugunsten einer Wahrnehmung der entsprechenden Rechte durch die Gemeinschaft, um eine wirksame Erfüllung der ausdrücklichen Aufgaben der Gemeinschaft sicherzustellen, indem sie nicht mehr selbst, sondern gemeinsam durch die Organe der Gemeinschaft handeln[163].

Die Mitgliedstaaten haben der Gemeinschaft somit durch die Übertragung einer ausdrücklichen Befugnis zur internen Rechtsetzung und indem sie sich in Art. 10 S. 3 EGV verpflichtet haben, alle Handlungen zu unterlassen, welche die Verwirklichung der Ziele des EGV gefährden könnten, implizit auch die Befugnis zum Abschluß eines völkerrechtlichen Vertrages vorbehalten, jedoch nur insoweit, als dies zur wirksamen Wahrnehmung der vertraglich eingeräumten Rechte der Gemeinschaft erforderlich ist. Daher ergänzt der EuGH in seinem AETR-Urteil die interne Rechtsetzungsbefugnis um eine ungeschriebene Außenbefugnis, wenn der Schutz des erlassenen Sekundärrechts und damit die wirksame Erfüllung der ausdrücklich übertragenen Aufgabe, internes Recht zu setzen, dies erfordert: „In dem Maße wie diese Gemeinschaftsrechtsetzung fortschreitet, kann nur die Gemeinschaft mit Wirkung für den gesamten Geltungsbereich der Gemeinschaftsrechtsordnung vertragliche Verpflichtungen gegenüber dritten Staaten übernehmen und erfüllen. Daher kann beim Vollzug der Vorschriften des Vertrages die für innergemeinschaftliche Maßnahmen geltende

[162] AETR, aaO, Ziff. 20/22.
[163] Vgl. GILSDORF, EuR 1996, S. 145, 147.

Regelung nicht von der für die Außenbeziehungen geltenden getrennt werden."[164]

Der Erlaß von Sekundärrecht bewirkt damit nach der Rechtsprechung des EuGH entgegen den obengenannten Interpreten[165] nicht den Umschlag einer von vornherein bestehenden konkurrierenden in eine ausschließliche Außenkompetenz der Gemeinschaft. Das Recht der Gemeinschaft zum Abschluß eines Vertrages aktualisiert sich vielmehr erst und nur insoweit, als Sekundärrecht gesetzt wird, dessen uneingeschränkte Geltung und Wirksamkeit nur dann gewährleistet ist, wenn ein völkerrechtlicher Vertrag mit dritten Staaten, der die durch das Sekundärrecht geregelte Materie berührt, nicht von den Mitgliedstaaten, sondern von der Gemeinschaft geschlossen wird. Ohne diesen Zusammenhang zur Innenrechtsetzung ist die Gemeinschaft nicht - auch nicht konkurrierend - zuständig[166]. Damit billigt der EuGH der Gemeinschaft jedoch nicht eine Außenkompetenz im Sinne einer Kompetenzkompetenz zu. Nicht das Sekundärrecht selbst begründet die Außenkompetenz, sondern die interne Rechtsetzungsbefugnis wird nach den Grundsätzen der implied-powers-Lehre durch eine entsprechende Außenkompetenz ergänzt, wenn und soweit sie erforderlich ist, um die ausdrücklich übertragene Aufgabe, internes Recht zu setzen, wirksam umsetzen zu können[167].

Diesen Grundsätzen folgt der EuGH auch in seiner weiteren Rechtsprechung zu den Außenkompetenzen der Gemeinschaft. So begründete der EuGH in seinem obengenannten ILO-Gutachten mit der Feststellung, daß das Übereinkommen in den Zuständigkeitsbereich der Gemeinschaft fällt[168] - entgegen der Theorie von der Parallelität von Innen- und Außenkompetenz - noch keine Befugnis der Gemeinschaft, völkerrechtliche Verpflichtungen im Rahmen des konkreten Übereinkommens einzugehen. Der EuGH mußte jedoch zunächst feststellen, ob die Gemeinschaft im Bereich des materiellen Rechts des Übereinkommens über interne Regelungsbefugnisse verfügt, die sich um eine ungeschriebene Außenkompetenz ergänzen lassen, wenn und soweit diese erforderlich ist, um die interne Normierungsaufgabe wirksam erfüllen zu können. Insoweit ist die Formulierung des EuGH „Zu prüfen ist nunmehr, ob

---

[164] AETR, aaO, Ziff. 15/19.

[165] Vgl. oben 2. Kapitel, B., I., 2., b), cc), (1), Fn. 130.

[166] So auch GEIGER, JZ 1995, S. 973, 979, jedoch erst mit Hinweis auf das WTO-Gutachten, wo der EuGH seiner Auffassung nach seine Theorie von der Parallelität von Innen- und Außenkompetenz schließlich aufgegeben hat.

[167] Vgl. PITSCHAS, Die völkerrechtliche Verantwortlichkeit der Europäischen Gemeinschaft und ihrer Mitgliedstaaten, S. 154.

[168] ILO-Gutachten, aaO, Ziff. 17; vgl. auch Ziff. 28.

diese Zuständigkeit ausschließlich ist“[169] mißverständlich. Daß der Gemeinschaft in einzelnen Regelungsbereichen des Übereinkommens eine Außenkompetenz nach den Grundsätzen der AETR-Rechtsprechung zusteht, wurde jedoch von keiner Seite bestritten. Bei der Frage nach der „Ausschließlichkeit“ der Zuständigkeit der Gemeinschaft geht es daher - wie in den meisten folgenden Gutachten des EuGH[170] - aufgrund der Komplexität des in Frage stehenden Abkommens nicht um die Abgrenzung zu einer konkurrierenden ungeschriebenen Außenkompetenz der Gemeinschaft[171], sondern allein um die Frage, ob sich eine ungeschriebene Außenkompetenz der Gemeinschaft für sämtliche Regelungen des Übereinkommens begründen läßt. Daher untersucht der EuGH das Ausmaß der nach den Grundsätzen des AETR-Urteils gegebenen ungeschriebenen Außenkompetenzen der Gemeinschaft im Hinblick auf den Regelungsinhalt des Übereinkommens, um festzustellen, ob diese alle Regelungsgegenstände des Übereinkommens abdecken und somit die von der Kommission behauptete „ausschließliche“ Zuständigkeit der Gemeinschaft zum Abschluß des gesamten Übereinkommens gegeben ist[172]. Dabei kommt er zu dem Ergebnis, daß eine Außenkompetenz der Gemeinschaft lediglich für die Regelungsbereiche des Übereinkommens gegeben ist, für die regelungsidentisches Sekundärrecht bereits erlassen wurde, dessen Wirksamkeit durch eine entsprechende völkerrechtliche Verpflichtung der Mitgliedstaaten beeinträchtigt werden kann[173]. Für die Übernahme der Verpflichtungen im Rahmen des Übereinkommens, für die regelungsidentisches Sekundärrecht gemäß Art. 118 a EGV a.F. lediglich in Form von Mindestnormen bestand, das nicht durch eine entsprechende völkerrechtliche Verpflichtung der Mitgliedstaaten beeinträchtigt werden konnte, war eine Vertragsschließungsbefugnis der Gemeinschaft nicht gegeben[174]. Die Gemeinschaft war somit nicht „ausschließlich“, also nicht allein zuständig, das Abkommen abzuschließen. Der Abschluß des Abkommens lag teils in der Zuständigkeit der Gemeinschaft und teils in der Zuständigkeit der Mitgliedstaaten. Insoweit stellt der EuGH abschließend fest: „Die Zuständigkeit für den Abschluß des Übereinkommens Nr. 170 der IAO steht den Mitgliedstaaten und der Gemeinschaft gemeinsam zu.“[175]

---

[169] ILO-Gutachten, aaO, Ziff. 18.

[170] Vgl. etwa auch WTO-Gutachten, aaO.

[171] So jedoch STADLMEIER, ZöR 52 (1997), S. 353, 382; GEIGER, JZ 1995, S. 973, 976 ff.; DÖRR, EuZW 1996, S. 39, 42.

[172] ILO-Gutachten, aaO, Ziff. 13 ff.

[173] ILO-Gutachten, aaO, Ziff. 25.

[174] ILO-Gutachten, aaO, Ziff. 22.

[175] ILO-Gutachten, aaO, Ziff. 39 und abschließende gutachterliche Äußerung des Gerichtshof.

Im Rahmen des WTO-Abkommens, einschließlich der in dessen Anhängen beigefügten Handelsübereinkünften GATS (General Agreement on Trade in Services) und TRIPs (Agreement on Trade-Related Aspects of Intellectual Property Rights), beanspruchte die Kommission den Ausschluß der Mitgliedstaaten von der Beteiligung an dem Abkommen und damit eine Zuständigkeit der Gemeinschaft auch in den Bereichen der Abkommen, die nicht den Verkehr von Waren im Sinne von Art. 113 EGV a.F. betrafen. Sie war der Ansicht, es sei ausreichend, daß sich die von den Abkommen geregelten Materien vollständig unter den sachlichen Regelungsbereich der Gemeinschaft für das Innenrecht subsumieren ließen und die Beteiligung der Mitgliedstaaten die Kohärenz des Binnenmarktes (GATS)[176] bzw. die im Rahmen dieser Zuständigkeit erlassenen Rechtsakte des abgeleiteten Rechts (TRIPs)[177] beeinträchtigen könnten. Der EuGH entschied, daß sich der vollständige Ausschluß der Mitgliedstaaten von der Beteiligung an dem Abkommen und damit eine „ausschließliche" (= ungeteilte) Zuständigkeit der Gemeinschaft im Hinblick auf das gesamte Abkommenpaket nur dann begründen ließe, wenn für diese Bereiche die Gemeinschaft eine vollständige Harmonisierung eines Regelungsbereichs verwirklicht habe, „denn die insoweit erlassenen gemeinsamen Rechtsnormen könnten i.S. des Urteils AETR beeinträchtigt werden, wenn die Mitgliedstaaten die Freiheit zu Verhandlungen mit Drittstaaten behielten"[178]. Da eine vollständige Harmonisierung in den betreffenden Bereichen nicht verwirklicht worden war, hatten die Mitgliedstaaten ihr Recht, im Rahmen des Abkommens völkerrechtliche Verpflichtungen einzugehen, nur nach Maßgabe des von den gemeinschaftsinternen Rechtsakten erfaßten Bereichs des Abkommens verloren. In den Bereichen des Abkommens, die nicht den Verkehr mit Waren betrafen, und die materiell nicht durch Rechtsakte auf Gemeinschaftsebene (außer Mindestnormen) geregelt waren, war eine Außenkompetenz der Gemeinschaft nach den Grundsätzen der AETR-Rechtsprechung nicht gegeben[179].

(b) Begründung einer Außenkompetenz ohne bereits bestehendes Sekundärrecht („Kramer-Doktrin")

Im Fall Kramer zieht der EuGH die Gesamtheit der Vorschriften Art. 3 lit. d, 38 Abs. 3 i.V.m. Anh. II, Art. 39 - 46, insbesondere Art. 43 Abs. 2 EGV; VO

[176] Vgl. WTO-Gutachten, aaO, Ziff. 73 und 78; die Kommission nennt als weitere mögliche Quelle einer ausschließlichen externen Zuständigkeit der Gemeinschaft im Bereich des GATS auch die Notwendigkeit, das Abkommen zu schließen, um ein Ziel der Gemeinschaft zu verwirklichen, vgl. dazu unter 2. Kapitel, B., I., 2., b), cc), (2), (b).

[177] WTO-Gutachten, aaO, Ziff. 99.

[178] WTO-Gutachten, aaO, Ziff. 96.

[179] Vgl. für das GATS: WTO-Gutachten, aaO, Ziff. 75 - 81; für das TRIPs: WTO-Gutachten, aaO, Ziff. 102 – 104.

2141/70, VO 2142/70 und Art. 102 BA 1972 heran, um zunächst eine Befugnis der Gemeinschaft zur Erhaltung der biologischen Schätze des Meeres im Innenverhältnis zu begründen[180]. Ziel der Bestandserhaltung ist die rationelle Nutzung der Fischressourcen und damit der Erhalt des Fischereisektors in der Gemeinschaft. Ein wesentlicher Anteil des Fischfangs der Gemeinschaft stammt jedoch aus den Gebieten auf Hoher See, die ebenfalls durch Überfischung bedroht sind. Insoweit stellt der EuGH fest, daß es sowohl aus Art. 102 der BA 1972 und Art. 1 der Verordnung Nr. 2141/70 wie aus der Natur der Sache folgt, daß sich die Gesetzgebungskompetenz der Gemeinschaft - in dem Maße, in dem den Staaten eine entsprechende Befugnis kraft Völkerrechts zusteht - auch auf die Hohe See erstreckt[181].

Ausdrücklich stehen ihr dazu die in Art. 37 Abs. 2 EGV (Art. 43 Abs. 2 EGV a.F.) genannten Mittel zur Verfügung. Die Gemeinschaft könnte etwa die Fischereitätigkeit der Mitgliedstaaten auf Hoher durch Verordnung regeln. Das wäre jedoch wenig sinnvoll. Dritte Staaten, die ebenso wie die Mitgliedstaaten das Recht haben, auf Hoher See zu fischen, können durch diese Maßnahme der Gemeinschaft nicht erfaßt werden. Jeder Staat bzw. die Gemeinschaft kann durch autonome Maßnahmen zum Schutz der Bestände nur ihre eigenen Staatsangehörigen bzw. die Fischer der Mitgliedstaaten verbindlich in ihrer Fangtätigkeit beschränken. Das Ziel des Bestandsschutzes, dort wo die Fischer der Gemeinschaft auf Hoher See fischen, kann nicht erreicht werden, wenn nur die Mitgliedstaaten verpflichtet werden, ihre Fänge zu beschränken, während die übrigen Staaten ohne Beschränkung weiter fischen und damit der Zweck einer Verpflichtung der Mitgliedstaaten hinfällig wird[182]. So stellt der EuGH fest, daß die Erhaltung der biologischen Schätze des Meeres wirksam und gerecht nur durch eine Regelung sichergestellt werden kann, die für alle interessierten Staaten einschließlich der Drittländer verbindlich ist[183]. Da die Gemeinschaft bis zu diesem Zeitpunkt ihre interne Aufgabe, die Fischerei ihrer Mitgliedstaaten in dem von dem betreffenden Übereinkommen geregelten Bereich der Hohen See zu beschränken, noch nicht wahrgenommen hatte, also, was dazu notwendig gewesen wäre, dem Übereinkommen noch nicht beigetreten war, waren die Mitgliedstaaten noch befugt, die betreffenden völkerrechtlichen Verpflichtungen zu übernehmen. Die Feststellung des EuGH beschränkt sich insoweit darauf, daß die Vertragsschließungsbefugnis der Gemeinschaft nur potentiell - nicht jedoch

---

[180] Kramer, aaO, Ziff. 30/33.

[181] Kramer, aaO, Ziff. 30/33.

[182] Vgl. PITSCHAS, Die völkerrechtliche Verantwortlichkeit der Europäischen Gemeinschaft und ihrer Mitgliedstaaten, S. 158.

[183] Kramer, aaO, Ziff. 32.

konkurrierend[184] - für den Fall in der internen Rechtsetzungsbefugnis enthalten ist, daß die Gemeinschaft ihre interne Normierungsaufgabe wahrnimmt und diese notwendigerweise durch den Abschluß eines völkerrechtlichen Vertrages begleitet werden muß.

In seinem Gutachten zum Stillegungsfonds der Rheinschiffahrt[185] im Jahre 1977 stellt der EuGH deutlicher als im Kramer-Urteil fest, daß aus einer Befugnis zur Innenrechtsetzung auch ohne vorherigen internen Rechtsetzungsakt die entsprechende Außenkompetenz fließe, wenn die völkerrechtliche Vereinbarung zur Erreichung des Zieles der Gemeinschaft notwendig sei[186]. Hier ging es um die Sanierung der wirtschaftlichen Situation der Binnenschiffahrt der Stromgebiete von Rhein und Mosel sowie der gesamten niederländischen Wasserstraßen und der mit dem Stromgebiet des Rheins verbundenen deutschen Wasserstraßen. Dieses Ziel ließ sich wegen der traditionellen Teilnahme von Schiffen aus der Schweiz an der Schiffahrt auf den betroffenen Wasserstraßen nicht durch die Aufstellung autonomer gemeinsamer Regeln erreichen. Es war deshalb notwendig, die Schweiz durch eine völkerrechtliche Vereinbarung an der geplanten Regelung zu beteiligen.

Im Rahmen des WTO-Abkommens berief sich die Kommission insbesondere zur Begründung einer ungeschriebenen Außenkompetenz im Bereich des GATS darauf, daß der Abschluß dieses Abkommens durch die Gemeinschaft notwendig sei, um ein Ziel der Gemeinschaft zu verwirklichen[187]. Hier stellt der EuGH - unter Hinweis auf das Kramer-Urteil - deutlicher als bisher klar, entscheidend sei, daß ein „untrennbarer Zusammenhang" zwischen der zu treffenden Regelung und der externen Regelung besteht, der im Einzelfall den über die Existenz einer bloßen Innenkompetenz hinausgehenden besonderen Grund dafür liefern muß, die interne Rechtsetzungsbefugnis um eine entsprechende Außenkompetenz zu ergänzen[188]. Dies sei dann der Fall, wenn die interne Maßnahme

---

[184] So jedoch GILSDORF, EuR 1996, S. 145, 148 ff., der den Begriff der „potentiellen" Kompetenz mit dem der „konkurrierenden" Kompetenz gleichsetzt.

[185] EuGH, Gutachten 1/76 vom 26.4.1977, EuGHE 1977, S. 741 ff. (Stillegungsfonds).

[186] „Wenn die internen Maßnahmen der Gemeinschaft erst anläßlich des Abschlusses und der Inkraftsetzung der völkerrechtlichen Vereinbarung ergriffen werden, ..., dann ergibt sich die Befugnis, die Gemeinschaft gegenüber Dritten zu verpflichten, dennoch stillschweigend aus den die interne Zuständigkeit begründenden Bestimmungen des Vertrages, sofern die Beteiligung der Gemeinschaft an der völkerrechtlichen Vereinbarung wie im vorliegenden Fall notwendig ist, um eines der Ziele der Gemeinschaft zu erreichen.", Stillegungsfonds, aaO, Ziff. 4.

[187] WTO-Gutachten, aaO, Ziff. 73.

[188] Vgl. WTO-Gutachten, aaO, Ziff. 86.

durch ein Abkommen begleitet werden muß, um praktisch wirksam zu sein[189]. Im Unterschied zum Schutz der Meeresschätze auf Hoher See im Kramer-Urteil und bei der Regelung der Rheinschiffahrt unter Beachtung der Schiffe aus der Schweiz im Gutachten zum Stillegungsfonds, trifft das für den hier betreffenden Bereich der Verwirklichung der Niederlassungsfreiheit und des freien Dienstleistungsverkehrs (GATS) und die Vereinheitlichung oder Harmonisierung des geistigen Eigentums in der Gemeinschaft (TRIPs) nach Auffassung des EuGH nicht zu[190].

(3) Zusammenfassung

Obgleich der Rechtsprechung des EuGH zwei unterschiedliche Fallvarianten zugrundeliegen, nämlich einmal die Frage nach einer ungeschriebenen Außenkompetenz bei bereits bestehendem Sekundärrecht im Regelungsbereich des Abkommens („AETR-Doktrin") und zum anderen die Frage nach einer ungeschriebenen Außenkompetenz ohne bereits erlassenes Sekundärrecht („Kramer-Doktrin"), folgt der EuGH in der Begründung einer impliziten Außenkompetenz der Gemeinschaft von Beginn an denselben, einheitlichen Grundsätzen[191].

Die Rechtsprechung läßt sich nicht in der, insbesondere mit dem Prinzip der begrenzten Einzelzuweisung nicht zu vereinbarenden, Weise interpretieren, der EuGH leite eine konkurrierende Außenkompetenz ohne weiteres aus der internen Rechtsetzungsbefugnis her, während der Erlaß des Sekundärrechts lediglich den Umschlag in eine ausschließliche Außenkompetenz der Gemeinschaft zur Folge hat (Theorie von der Parallelität von Innen- und Außenkompetenz). Die ungeschriebene Außenkompetenz ist nach der Rechtsprechung des EuGH nur potentiell[192], nicht jedoch konkurrierend in der internen Rechtsetzungsbefugnis enthalten. Voraussetzung für die implizite Vertragsschlußbefugnis der Gemeinschaft nach der Rechtsprechung des EuGH ist nämlich, daß die Gemeinschaft eine interne Regelung schafft, die durch den Abschluß eines völkerrechtlichen Vertrages begleitet werden muß („Kramer-Doktrin") oder internes Recht bereits geschaffen hat, welches durch den Abschluß des in Frage stehenden völkerrechtlichen Abkommens durch die Mitgliedstaaten beein-

[189] WTO-Gutachten, aaO, Ziff. 100.

[190] Vgl. WTO-Gutachten, aaO, Ziff. 86 und 100.

[191] Nach PITSCHAS, Die völkerrechtliche Verantwortlichkeit der Europäischen Gemeinschaft und ihrer Mitgliedstaaten, S. 159, stellt die Rechtsprechung des EuGH zu den ungeschriebenen Außenkompetenzen infolge aktualisierter Sekundärrechtssetzung die Regel dar, während die Ableitung einer ungeschriebenen Außenkompetenz ohne vorherige Aktualisierung sekundärrechtlicher Normen nach der Rechtsprechung des EuGH eine Ausnahme sei.

[192] Vgl. PITSCHAS, Die völkerrechtliche Verantwortlichkeit der Europäischen Gemeinschaft und ihrer Mitgliedstaaten, S. 154.

trächtigt werden kann („AETR-Doktrin“). Das heißt die ungeschriebene Außenkompetenz der Gemeinschaft aktualisiert sich erst und nur insoweit, als die wirksame Wahrnehmung der internen Rechtsetzungsbefugnis untrennbar mit dem Abschluß eines völkerrechtlichen Vertrages durch die Gemeinschaft verbunden ist. Insoweit konkurrieren zwar die internen Rechtsetzungsbefugnisse zwischen der Gemeinschaft und den Mitgliedstaaten. Entsteht die ungeschriebene Außenkompetenz der Gemeinschaft jedoch erst mit der Wahrnehmung der internen Rechtsetzungsbefugnis, kann sie nur eine ausschließliche sein[193]. Wenn der EuGH wie etwa in seinem ILO- oder WTO- Gutachten, die „Ausschließlichkeit“ einer Kompetenz der Gemeinschaft zum Abschluß des in Frage stehenden Abkommens prüft, geht es dabei nicht um die Abgrenzung zu einer konkurrierenden Außenkompetenz der Gemeinschaft, sondern um die Frage, ob die Gemeinschaft eine Außenkompetenz für alle Regelungsbereiche des Abkommens, die verschiedene von der internen Regelungszuständigkeit der Gemeinschaft umfaßte Materien betreffen, besitzt. Da dies bei den fraglichen Abkommen nicht der Fall war, stellt der EuGH insoweit fest, daß die Gemeinschaft nicht „ausschließlich“ zuständig ist und die Abkommen somit nicht allein, unter Ausschluß der Mitgliedstaaten, sondern nur mit diesen gemeinsam schließen kann. Für diese Fälle hat sich die Praxis der sogenannten „gemischten“ Abkommen entwickelt. Die Beteiligung der Gemeinschaft beschränkt sich auf die Bereiche des Abkommens, die in ihren Zuständigkeitsbereich fallen, während dem übrigen Abkommen nur die Mitgliedstaaten angehören können[194].

Der EuGH geht also davon aus, daß die auswärtige Gewalt der Gemeinschaft als Ergänzung der internen Rechtssetzungsgewalt zu begreifen sei und so weit reiche, wie dies zur wirksamen Erfüllung der internen Normierungsaufgabe notwendig sei[195]. Damit gelangt der EuGH über eine sinnvolle Auslegung der ausdrücklichen internen Rechtsetzungsbefugnisse nach den Grundsätzen der implied-powers-Lehre zu einer ungeschriebenen Außenkompetenz der Gemeinschaft.

---

[193] In diesem Sinne auch PITSCHAS, Die völkerrechtliche Verantwortlichkeit der Europäischen Gemeinschaft und ihrer Mitgliedstaaten, S. 178 ff., 186.

[194] Vgl. GROUX/MANIN, Die Europäischen Gemeinschaften in der Völkerrechtsordnung, S. 60.

[195] Vgl. TOMUSCHAT, EuR 1977, S. 157, 159 f.; SCHNEIDER, in: Bleckmann, Europarecht, S. 831, Rn. 2367; PITSCHAS, Die völkerrechtliche Verantwortlichkeit der Europäischen Gemeinschaft und ihrer Mitgliedstaaten, S. 158.

dd) Grenzen der implied-powers-Lehre zur Begründung einer ungeschriebenen Außenkompetenz der Gemeinschaft im Bereich der Fischerei

Wie oben durch das Kramer-Urteil des EuGH festgestellt, enthalten die internen Rechtsetzungsbefugnisse der Gemeinschaft zur Bestandserhaltung implizit eine Außenkompetenz für den Fall, daß die Gemeinschaft in Wahrnehmung dieser Aufgabe die Fischereitätigkeit ihrer Mitgliedstaaten auf Hoher See regeln will. Fraglich ist jedoch, ob sich auf diesem Wege auch eine Außenkompetenz der Gemeinschaft für die bilateralen Abkommen über Fangrechte begründen läßt.

Wesentlich bei der Auslegung im Sinne der implied-powers-Lehre ist - wie oben festgestellt -, daß der Abschluß eines völkerrechtlichen Vertrages erforderlich ist, um eine konkrete interne Normierungsaufgabe zu erfüllen. Dabei ist zunächst entscheidend, ob das Gemeinschaftsrecht eine dem materiellen Recht eines völkerrechtlichen Abkommens entsprechende Befugnis der Gemeinschaft zur internen Rechtsetzung bereithält. Die Bestandserhaltung auf Hoher See stellt - wie der EuGH in seinem Kramer-Urteil feststellt[196] - eine Aufgabe dar, die die Gemeinschaft grundsätzlich durch interne Rechtsetzung zu erfüllen hat. Da eine rein interne Maßnahme, das heißt eine Maßnahme, die nur die Mitgliedstaaten erreicht, ihr Ziel verfehlen würde, ist es der Gemeinschaft gestattet, Dritte durch Vertrag in die Regelung mit einzubeziehen.

Soweit es bei den bilateralen Abkommen der Gemeinschaft darum geht, dritten Staaten Fangrechte innerhalb der Hoheitsgewässer bzw. der ausschließlichen Wirtschaftszonen der Mitgliedstaaten zu gewähren, geht es auch hierbei um den Gesichtspunkt der Erhaltung und rationellen Bewirtschaftung der Fischereiressourcen innerhalb der Gemeinschaft, der in den Zuständigkeitsbereich der Gemeinschaft fällt. Soll durch ein völkerrechtliches Abkommen hingegen den Mitgliedstaaten der Gemeinschaft der Erwerb neuer Fanggründe in den Hoheitsgewässern dritter Staaten eröffnet werden, trägt dies zwar zur Steigerung der Produktivität auf dem Fischereisektor bei, und insoweit könnten entsprechende Abkommen der Gemeinschaft dem agrarpolitischen Ziel der Produktivitätssteigerung im Sinne von Art. 33 Abs. 1 lit. a EGV entsprechen. Fraglich ist jedoch, ob sich die Regelungsbefugnis der Gemeinschaft zur Produktivitätssteigerung auf den Erwerb von Fangrechten in Drittstaatengewässern ratione materiae erstreckt. Der inhaltliche Umfang interner Regelungsbefugnisse ist grundsätzlich auf Materien innerhalb des räumlichen Geltungsbereiches des Vertrages beschränkt. Der Geltungsbereich des EG-Ver-

---

[196] Vgl. oben 2. Kapitel, B., I., 2., b), cc), (2), (b).

trages bestimmt sich nach Art. 299 Abs. 1 EGV und ist im Sinne einer funktionalen Auslegung die Summe der fünfzehn mitgliedstaatlichen Hoheitsgebiete bzw. Zonen hoheitlicher Nutzungsrechte[197]. Materien außerhalb der räumlichen Hoheitsgebiete der Mitgliedstaaten werden von einer internen Rechtsetzungsbefugnis nur dann umfaßt, wenn den Mitgliedstaaten eine entsprechende Befugnis kraft Völkerrecht zusteht, wie etwa die Befugnis der Mitgliedstaaten, die Fischereitätigkeit ihrer Fischer auf Hoher See zu regeln (Kramer)[198]. Innerhalb der Küstenmeere bzw. den ausschließlichen Wirtschaftszonen, die der jeweiligen staatlichen Hoheitsgewalt unterliegen, haben jedoch die Küstenstaaten ein ausschließliches Nutzungsrecht und sind für die Erhaltung der lebenden Ressourcen zuständig[199]. Die Entscheidung darüber, ob und wie die Mitgliedstaaten in Drittlandsgewässern fischen, liegt somit nicht bei den Mitgliedstaaten, sondern bei den jeweiligen Küstenstaaten, in deren Gewässern die Mitgliedstaaten fischen wollen. Mit dem Abschluß von Abkommen mit Drittstaaten über Fangrechte nimmt die Gemeinschaft somit keine interne Normierungsaufgabe wahr. Für die Verträge der Gemeinschaft zum Erwerb von Fangrechten in Drittstaatengewässern läßt sich eine ungeschriebene Außenkompetenz somit nicht nach den Grundsätzen der implied-powers-Lehre begründen.

c) Europäisches Gewohnheitsrecht

Die in der „Haager Entschließung" noch politisch begründete Zuständigkeit der Gemeinschaft zum Erwerb von Fangrechten in Drittstaatengewässern[200] könnte sich jedoch im Laufe der Zeit zum Europäischen Gewohnheitsrecht verfestigt haben[201]. Dem steht nicht entgegen, daß die Verordnungen, die den Abkommen als Sekundärrecht unmittelbare Geltung verschaffen, auf Art. 43 EGV a.F. bzw. Art. 37 EGV n.F. gestützt sind. Denn dieser Anwendungsbereich des Art. 37 EGV n.F. könnte gewohnheitsrechtlich bedingt sein[202]. Insoweit ist hervorzuheben, daß der Abschluß jener Abkommen im Gegensatz zu den Abkommen der Gemeinschaft zur internationalen Zusammenarbeit im Bereich der Bestandserhaltung nie mit Hinweis auf eine mangelnde Zuständigkeit der Gemeinschaft gerügt worden ist. Diese Zurückhaltung der Mitgliedstaaten liegt insbesondere in der Erkenntnis begründet, daß nur die Gesamtheit der Mitglied-

---

197 SCHMALENBACH, in: Calliess/Ruffert, Kommentar zu EU-Vertrag und EG-Vertrag, Art. 299 Rn. 5; SCHNEIDER, Die gemeinsame Fischereipolitik der Europäischen Gemeinschaften, S. 20.

198 Vgl. auch MONTAG, EuR 1982, S. 63, 67.

199 GLORIA, in: Ipsen, Völkerrecht, S. 745, Rn. 14.

200 Vgl. oben 2. Kapitel, B., I., 1., b).

201 Kritisch im Hinblick auf einen Rückgriff auf das Europäische Gewohnheitsrecht, SCHNEIDER, Die gemeinsame Fischereipolitik der Europäischen Gemeinschaften, S. 58.

202 SCHNEIDER, Die gemeinsame Fischereipolitik der Europäischen Gemeinschaften, S. 58.

staaten als Gemeinschaft mit ihrem überragenden wirtschaftspolitischen Gewicht die oft schwierigen Verhandlungen zum Erwerb von Fangrechten in Drittstaatengewässern erfolgreich führen kann. Die Rechtsüberzeugung der Mitgliedstaaten im Hinblick auf die seitdem ständige Übung kommt in der BA 1985 zum Ausdruck. Denn sie setzt eine Zuständigkeit der Gemeinschaft zum Abschluß solcher Abkommen gerade auch mit Wirkung für die beitretenden Staaten voraus, die an der Haager Entschließung nicht beteiligt waren.

3. Ergebnis

Im Ergebnis ist festzuhalten, daß die Gemeinschaft multilaterale Abkommen zum Schutz der Ressourcen auf Hoher See, wie dem NAFOÜ sowie bilaterale Abkommen, die Drittstaaten den Zugang zu den Gemeinschaftsgewässern gewähren, auf der Grundlage einer ungeschriebenen Außenkompetenz nach den Grundsätzen der implied-powers-Lehre abgeschlossen hat. Eine rechtliche Grundlage für den Abschluß der völkerrechtlichen Verträge zum Erwerb von Fangrechten in Drittstaatengewässern kann aus der Sicht des Gemeinschaftsrecht hingegen nur nach Europäischem Gewohnheitsrecht begründet werden.

II. Das Vertragschlußrecht der Gemeinschaft nach Völkerrecht

Die Mitgliedstaaten haben die Gemeinschaft durch den Gründungsvertrag ermächtigt, völkerrechtliche Verträge mit dritten Staaten im obengenannten Regelungsbereich zu schließen[203] Soll sie dabei nach dem Willen der Mitgliedstaaten als von ihnen getrennte Rechtspersönlichkeit im eigenen Namen handeln (Art. 281 EGV: „Die Gemeinschaft besitzt Rechtspersönlichkeit"), muß auf diese das Völkerrecht Anwendung finden, welches die Rechte und Pflichten statuiert, die den völkerrechtlichen Verkehr und damit auch das Recht der Verträge regeln.

Der personale Geltungsbereich einer Rechtsordnung ergibt sich im innerstaatlichen Recht wie im Völkerrecht aus der Rechtsordnung selbst[204]. Im Unterschied zum innerstaatlichen Recht gibt es jedoch im Völkerrecht keinen vorherbestimmten, d.h. allgemein festgelegten Adressatenkreis[205]. Denn wäh-

---

[203] Vgl. 2. Kapitel, B., I.

[204] Vgl. ANZILOTTI, Lehrbuch des Völkerrechts, S. 45: „Man ist Rechtssubjekt, sofern man Adressat von Rechtsnormen ist; es gibt keine natürlichen Rechtspersönlichkeiten; sie existieren nur innerhalb einer bestimmten Rechtsordnung und nur kraft dieser."

[205] NÖLL, Die Völkerrechtssubjektivität der Europäischen Gemeinschaften und deren Bindung an das allgemeine Völkerrecht, S. 67.

rend die innerstaatliche Rechtsordnung vom stets autonomen Staatswillen getragen wird, ist im Völkerrecht der Konsens der beteiligten Subjekte untrennbar mit seinem Gegenstand verbunden[206]. Das Rechtserzeugungsverfahren beruht auf dem Konsensprinzip, und aus jedem einzelnen Rechtserzeugungsakt muß daher bestimmt werden, wer Adressat der erzeugten Norm ist[207]. Das bedeutet, daß das Völkerrecht zunächst für die an dem Erzeugungsverfahren beteiligten Subjekte Anwendung findet. Darüber hinaus kann die Geltung der völkerrechtlichen Normen und der sich daraus ergebenden Rechte und Pflichten für an dem Konsens Unbeteiligte durch Rechtssetzungsakte der berechtigten Völkerrechtssubjekte begründet werden[208].

1. Die Aufnahme Internationaler Organisationen in den Kreis möglicher Völkerrechtssubjekte

Daß auch Internationale Organisationen Völkerrechtssubjekte, also Träger völkerrechtlicher Rechte und Pflichten, sein können, wurde lange bestritten. Nach Entwicklung des klassischen Völkerrechts betrachtete sich die traditionelle Völkerrechtsgemeinschaft als Rechtsgemeinschaft allein der souveränen Staaten. Träger völkerrechtlicher Rechte und Pflichten (Völkerrechtssubjekt) konnte nur sein, wer die Merkmale der Staatlichkeit, Territorium, Bevölkerung und hoheitliche Organisation besaß[209]. An den ersten beiden Merkmalen zumindest mangelt es Internationalen Organisationen, deren Zahl sich seit Mitte des 19. Jahrhunderts allmählich mehrte[210]. Die frühesten internationalen Zusammenschlüsse, bei denen sich aufgrund ihrer umfassenden Tätigkeit die Frage nach der Völkerrechtssubjektivität stellte, waren die Internationalen Verwaltungsunionen, die im Gegensatz zu den früheren Staatenvereinen ein besonderes ständiges Organ hatten[211]. Um an dem Kriterium der Staatlichkeit als Voraussetzung für den Erwerb von Völkerrechtssubjektivität festhalten zu können, wurden ihre Organe zu gemeinsamen staatlichen Organen der jeweiligen Mitgliedstaaten erklärt, deren Willensäußerungen den einzelnen Mitgliedstaaten zuzurechnen seien[212]. Das Organ einer internationalen Staatenorganisation war danach kein „Organ einer höheren, über den einzelnen Staaten stehenden

[206] IPSEN, in: Ipsen, Völkerrecht, S. 15, Rn. 42.

[207] Vgl. IPSEN, in: Ipsen, Völkerrecht, S. 15, Rn. 43; NÖLL, Die Völkerrechtssubjektivität der Europäischen Gemeinschaften und deren Bindung an das allgemeine Völkerrecht, S. 67.

[208] Vgl. BLECKMANN, ZaöRV 37 (1977), S. 107, 111 f.

[209] KRÜCK, Völkerrechtliche Verträge im Recht der Europäischen Gemeinschaften, S. 6.

[210] BÜLCK, in: Strupp-Schlochauer, Wörterbuch des Völkerrechts, Band III, S. 564.

[211] FAßBENDER, ÖZöRV, 37 (1986/87), S. 17, 18; GUTZWILLER, Mitt. d. Dt. Ges. f. VR, Heft 12 (1933), S. 116, 161 ff.; KUNZ, in: Stier-Somlo, Handbuch des Völkerrechts, 2. Band, S. 378.

[212] FAßBENDER, ÖZöRV 37 (1986/87), S. 17, 20.

Gesamtpersönlichkeit"[213], rechtlich gesehen gab es bei physischer Identität des Organträgers so viele staatliche Organe wie Mitglieder der Organisation[214]. Man begnügte sich damit, ihnen die Rechtsfähigkeit nach dem Recht des Sitzstaates zuzuerkennen[215].

Die Beurteilung der Völkerrechtssubjektivität nach Kriterien der Staatlichkeit oder Staatsähnlichkeit geriet jedoch in immer größeren Widerspruch zu der tatsächlichen Bedeutung der Internationalen Organisationen und den von ihren Organen ausgeübten Befugnissen[216]. Es mußte also danach gefragt werden, ob und inwieweit das Kriterium der Staatlichkeit als Voraussetzung für die Anwendbarkeit völkerrechtlicher Rechte und Pflichten die Theorie vom Staat als einzigem Völkerrechtssubjekt rechtfertigen konnte. Die Anwendbarkeit einer Norm setzt voraus, daß ein existierendes oder potentielles Rechtssubjekts in der Lage ist, den Tatbestand dieser Norm zu erfüllen, damit deren Rechtsfolge eintreten kann[217]. In diesem Zusammenhang ist danach zu fragen, ob die von den Normen des allgemeinen Völkerrechts der Staaten geregelten Tatbestände auch von den Internationalen Organisationen erfüllt werden können[218]. Dies ist zu bejahen, sofern die Internationale Organisation eine von den Mitgliedstaaten unabhängige völkerrechtliche Handlungsfähigkeit, also die Möglichkeit besitzt, völkerrechtlich wirksame Handlungen im eigenen Namen vorzunehmen. Das hängt davon ab, ob die Mitgliedstaaten der Organisation entsprechende Handlungsbefugnisse eingeräumt haben und ob die Organisation bei Wahrnehmung der Handlungsbefugnisse mittels entsprechender Organe einen von den Mitgliedstaaten unabhängigen Willen bilden und durchsetzen kann[219]. Das Merkmal der Staatlichkeit als Voraussetzung für den Erwerb völkerrechtlicher Rechte und Pflichten läßt sich somit auf das nach dem Gebot der Rechtssicherheit essentielle Kriterium der völkerrechtlichen Handlungsfähigkeit reduzieren[220].

---

[213] BRIE, Theorie der Staatenverbindungen, S. 62.

[214] FAßBENDER, ÖZöRV 37 (1986/87), S. 17, 20.

[215] Vgl. KRÜCK, Völkerrechtliche Verträge im Recht der Europäischen Gemeinschaften, S. 6.

[216] KRÜCK, Völkerrechtliche Verträge im Recht der Europäischen Gemeinschaften, S. 7.

[217] So ist beispielsweise das Recht auf Leben nicht auf juristische Personen anwendbar, da nur natürliche Personen den Tatbestand erfüllen können, vgl. NÖLL, Die Völkerrechtssubjektivität der Europäischen Gemeinschaften und deren Bindung an das allgemeine Völkerrecht, S. 65.

[218] NÖLL, Die Völkerrechtssubjektivität der Europäischen Gemeinschaften und deren Bindung an das allgemeine Völkerrecht, S. 65 f.

[219] Vgl. SEYERSTED, Nordisk Tidsskrift for International Ret 1964, S. 1, 46, 99 ff.; EPPING, in: Ipsen, Völkerrecht, S. 54, Rn. 9.

[220] Vgl. SCHIEDERMAIR, JA 1984, S. 638, 641.

Den entscheidenden Wendepunkt in der Völkerrechtslehre der Gegenwart hinsichtlich der Frage der Völkerrechtssubjektivität Internationaler Organisationen brachte das sogenannte Bernadotte-Gutachten des IGH aus dem Jahre 1949[221]. Der IGH hatte sich hier über die Frage zu äußern, ob die VN berechtigt waren, Schadensersatz für den Tod eines ihrer Bediensteten - des schwedischen Grafen Bernadotte - zu fordern, der bei einer Friedensmission in Israel von Terroristen umgebracht worden war. Um festzustellen, ob sich die VN des vom Völkerrecht anerkannten Instituts der Völkerrechtsklage bedienen kann[222], fragt der IGH zunächst danach, ob die Satzung der Organisation überhaupt Rechte gegenüber ihren Mitgliedstaaten verleiht, deren Respektierung sie von den Mitgliedstaaten verlangen kann; mit anderen Worten, ob die VN (im Verhältnis zu ihren Mitgliedstaaten) Völkerrechtspersönlichkeit besitzen[223]. Er hebt insoweit hervor, daß der Organisation nach der Satzung eigene Organe, Befugnisse gegenüber ihren Mitgliedern und bestimmte Immunitäten und Privilegien auf deren Territorium verliehen seien und sie eigene Ziele verfolge[224]. Ob die VN berechtigt waren, Schadensersatz für den Tod eines ihrer Bediensteten zu fordern, war damit noch nicht beantwortet. Denn mit der abstrakten Feststellung, daß sie Träger völkerrechtlicher Rechte und Pflichten im Verhältnis zu ihren Mitgliedstaaten ist, sagt noch nichts über den konkreten Bestand völkerrechtlicher Rechte und Pflichten aus[225]. Dies hing letztlich davon ab, ob die Mitgliedstaaten die VN zur Wahrnehmung einer solchen Handlung ermächtigt hatten. Dies bejahte der IGH im Wege der Auslegung der Satzung nach den Grundsätzen der implied-powers-Lehre[226]. Er stellt fest, daß die VN gegenüber

---

[221] Vom 11.4.1949, Reparations for Injuries Suffered in the Service of the United Nations, ICJ Reports 1949, S. 174 ff.

[222] Vgl. ICJ Reports 1949, S. 174, 177.

[223] „In order to answer this question, the Court must first enquire whether the Charter has given the Organization such a position that it possesses, in regard to its Members, rights which it is entitled to ask them to respect. In other words does the Organization possesses international personality?“ ICJ Reports 1949, S. 174, 178.

[224] „The Charter has not been content to make the Organization created by it merely a centre 'for harmonizing the actions of nations in the attainment of these common ends' ... It has equipped that centre with organs, and has given it special tasks. It has defined the position of the Members in relation to the Organization ...“ ICJ Reports 1949, S. 174, 178.

[225] Vgl. ICJ Reports 1949, S. 174, 179: „The next question is whether the sum of the international rights of the Organization comprises the right to bring the kind of international claim described in the Request for this Opinion.“

[226] „Whereas a State possesses the totality of international rights and duties recognized by international law, the rights and duties of an entity such as the Organization must depend upon its purposes and functions as specified or implied in its constituent documents and developed in practice. The functions of the Organization are of such a character that they could not be effectively discharged if they involved the concurrent action, on the international plane, of fifty-eight or more Foreign Offices, and the Court concludes that the Members have

den Mitgliedstaaten das Recht hat, ihre Bediensteten zu schützen und daher bei Verletzung ihrer Bediensteten auch selbst berechtigt sei, einen entsprechenden Schadensersatzanspruch gegenüber dem Verletzerstaat geltend zu machen[227]. Der IGH bejahte dieses Recht der VN nicht nur im Verhältnis zu ihren Mitgliedstaaten, sondern auch gegenüber dem beklagten Nichtmitglied Israel, indem er eine durch die große Mehrheit der internationalen Staatengemeinschaft geschaffene objektive Völkerrechtspersönlichkeit der VN annahm, die sich einschließlich des Rechts, Völkerrechtsklage zu erheben, auch ohne Anerkennung dem Nichtmitglied Israel entgegenhalten ließe[228]. Gestützt wird die unabhängig von einer Anerkennung bestehende Völkerrechtssubjektivität somit allein auf die Repräsentation des überwiegenden Teils der Staatengemeinschaft. Die Argumentation des IGH in diesem Teil des Gutachtens ist jedoch zu Recht auf Kritik gestoßen[229]. Indem er die Geltung des allgemeinen Völkerrechts im Verhältnis zu dem Nichtmitglied Israel allein aufgrund einer von den Mitgliedstaaten geschaffenen Völkerrechtspersönlichkeit bejahte, begründete er den Erwerb völkerrechtlicher Rechte und Pflichten ohne entsprechende Zuweisung durch den betroffenen Drittstaat. Im Völkerrecht wird Recht durch Verträge oder Gewohnheitsrecht gesetzt. Das Institut der Mehrheitsentscheidung, der sich die überstimmten Staaten unterzuordnen hätten, gibt es hingegen nicht[230]. In jedem Fall bleiben diese Überlegungen, selbst wenn man sie gelten läßt, auf die Vereinten Nationen beschränkt. Andere Internationale Organisationen vermögen darauf nicht ohne weiteres Anspruch zu erheben.

2. Die Begründung der Völkerrechtssubjektivität Internationaler Organisationen

Während heute in Praxis und Lehre weitgehend Einigkeit darüber besteht, daß Internationale Organisationen Völkerrechtssubjekte sein können und auf völkerrechtlicher Ebene tätige Internationale Organisationen in ihren Beziehungen zu anderen Völkerrechtssubjekten mit eigenen völkerrechtlichen Rechten und

---

endowed the Organization with the capacity to bring international claims when necessitated by the discharge of its functions", ICJ Reports 1949, S. 174, 180.

[227] ICJ Reports 1949, S. 174, 180 – 184.

[228] „... fifty States, representing the vast majority of the members of the international community, had the power, in confirmity with international law, to bring into being an entity possessing objective international personality and not merely personality recognized by them alone, together with capacity to bring international claims", ICJ Reports 1949, S. 174, 185.

[229] Vgl. BINDSCHEDLER, AVR 9 (1961/62), S. 377, 388; WALDOCK, YILC 1964 II, S. 5, 30; CAHIER, RdC 143 (1974 III), S. 589, 705, 725 Anm. 30 mit weiteren Nachweisen.

[230] Vgl. HARTWIG, Die Haftung der Mitgliedstaaten für Internationale Organisationen, S. 40 f.

Pflichten ausgestattet sind[231], besteht weiterhin Streit darüber, wie die Völkerrechtssubjektivität Internationaler Organisationen begründet wird.

a) Gewohnheitsrechtstheorie (bzw. „objektive Theorie")

Nach den Vertretern der Gewohnheitsrechtstheorie führt die objektive Existenz einer Internationalen Organisation zu ihrer objektiven Völkerrechtssubjektivität (daher auch „objektive Theorie")[232]. Internationale Organisationen verfügten qua definitionem über eigene Organe, durch die sie völkerrechtliche Handlungen im eigenen Namen, also als eigenständige, von den Mitgliedstaaten getrennte Rechtspersonen, vornehmen könnten. Die Internationalen Organisationen werden den Staaten deshalb insoweit gleichgestellt, als sich deren Völkerrechtssubjektivität nicht aus einzelstaatlichen Zuweisungsakten, sondern aus einem einzigen pauschalen Zuweisungsakt, nämlich der Verleihung einer allgemeinen Völkerrechtssubjektivität durch das Völkergewohnheitsrecht, ergibt. Ein lediglich faktischer und damit rechtsunerheblicher Unterschied bestehe allein darin, daß die Handlungsbefugnisse einer Internationalen Organisation nach dem Willen der Mitgliedstaaten nicht, wie bei den Staaten umfassend, sondern beschränkt seien. Die im Gründungsvertrag festgelegte Verteilung von Kompetenzen auf die Organe der Organisation habe jedoch insofern nur die negative Wirkung einer Begrenzungsgrundlage für an sich vorhandene völkerrechtliche Rechte und Pflichten[233].

b) Vertragstheorie (bzw. „subjektive Theorie")

Nach der sogenannten Vertragstheorie wird die Rechtssubjektivität einer Internationalen Organisation auf den Gründungsakt zurückgeführt[234]. Aus den

---

[231] Vgl. MOSLER, ZaöRV 22 (1962), S. 1, 11 ff.; FAßBENDER, ÖZöRV 37 (1986/87), S. 17, 27; BERNHARDT, EuR 1983, S. 199, 202; SEIDL-HOHENVELDERN/LOIBL, Das Recht der Internationalen Organisationen einschließlich der Supranationalen Organisationen, S. 45, Rn. 303; IPSEN, Europäisches Gemeinschaftsrecht, S. 201.

[232] SEYERSTED, Nordisk Tidsskrift for International Ret, 1964, S. 1 ff., 47; CARROZ/PROBST, Personnalité juridique internationale et capacité de conclure des traités de l'O.N.U. et des institutions spécialisées; RAMA-MONTALDO, BYIL XLIV (1970), S. 111 ff.; vgl. auch CHIU, The Capacity of International Organisations to Conclude Treaties, and the Special Legal Aspects of the Treaties so Concluded, S. 34; KRÜCK, Völkerrechtliche Verträge im Recht der Europäischen Gemeinschaften, S. 9 ff.; PERNICE, AVR 26 (1988), S. 406, 417; HARTWIG, Die Haftung der Mitgliedstaaten für internationale Organisationen, S. 38 ff.; SCHERMERS/BLOKKER, International Institutional Law, S. 976, 980, insoweit nur für die UNO

[233] Vgl. SEYERSTED, Nordisk Tidsskrift for International Ret, 1964, S. 1, 35, 90.

[234] BARBERIS, RdC 179 (1983 I), S. 145 ff.; BEREZOWSKI, in: Mélanges offerts à Juraj Andrassy, S. 31 ff., 36; BINDSCHEDLER, in: Strupp-Schlochauer, Wörterbuch des Völkerrechts, Band II, S. 70 ff.; ders., EPIL, Instalment 5 (1983), S. 119 ff.; BLECKMANN, ZaöRV 37 (1977), S. 107, 119; BOTHE, Streikräfte internationaler Organisationen, S. 10 f., 21 ff.; ders.

der Organisation dort zugesprochenen völkerrechtlichen Rechten und Pflichten ergeben sich für diese Lehre Bestand und Umfang der Völkerrechtssubjektivität. Danach begründen die Mitgliedstaaten einer Internationalen Organisation die Völkerrechtssubjektivität derselben; sie ist insofern Ausfluß des souveränen Wirkens der Staaten auf völkerrechtlicher Ebene (daher auch „subjektive Theorie"). Von einem Teil der Lehre wird für die Verleihung der Völkerrechtssubjektivität bzw. völkerrechtlicher Rechte und Pflichten allein der Wortlaut der Gründungsakte herangezogen[235]; teilweise leitet man die Völkerrechtssubjektivität aus den verliehenen Befugnissen ab, soweit ihre Ausübung nämlich ihrer Natur nach die Völkerrechtssubjektivität voraussetzt[236], wie das etwa bei der Vertragsschlußkompetenz der Fall ist. Damit die von den Mitgliedstaaten durch den Gründungsvertrag begründete Völkerrechtssubjektivität der Gemeinschaft im Verhältnis zu Nichtmitgliedstaaten Wirksamkeit erlangt, sind schließlich entsprechende Anerkennungsakte von Nichtmitgliedstaaten erforderlich[237].

c) Stellungnahme

Die Gewohnheitsrechtstheorie, die die Völkerrechtssubjektivität Internationaler Organisationen auf eine Norm des Völkergewohnheitsrechts zurückführt, entspricht nicht der Völkerrechtswirklichkeit[238]. Es gibt keine Norm des Völkerrechts und damit auch keinen allgemeinen Zuweisungsakt der Staaten, der alle bestimmte Bedingungen erfüllenden Organisationen mit einer Völkerrechtssubjektivität ausstattet, aus der sich ein konkreter Bestand an Rechten und Pflichten

---

ZaöRV 37 (1977), S. 122 ff.; BOWETT, The Law of International Institutions, S. 301, 305; O'CONNELL, International Law, Band 1, S. 98 ff.; DUPUY, RdC 100 (1960 II), S. 457, 530 ff.; FAßBENDER, ÖZöR 37 (1986/87), S. 17 ff.; GROUX/MANIN, Die Europäischen Gemeinschaften in der Völkerrechtsordnung, S.10 f.; VON DER HEYDTE, in: FS Spiropoulos, S. 237 ff.; KASME, La capacité de l'Organisation des Nations Unies de conclure des traités, S. 26; KUNZ, AJIL 41 (1947), S. 828, 848 f.; LEWIN/KALJUSHNAJA, Völkerrecht, S. 27, 109 ff., 301 f.; MOSLER, ZaöRV 22 (1962), S. 1 ff.; OPPENHEIM-LAUTERPACHT, International Law, Band I, S. 420 ff.; PESCATORE, RdC 103 (1961 II), S. 1, 44 ff.; SCHERMERS/BLOKKER, International Institutional Law, S. 976 ff.; SCHNEIDER, Treaty-Making Power of International Organizations, S. 131 ff.; SEIDL-HOHENVELDERN, AVR 4 (1953/54), S. 30 ff.; ders./ LOIBL, Das Recht der Internationalen Organisationen einschließlich der Supranationalen Organisationen, S. 44 ff.; TUNKIN, Völkerrechtstheorie, S. 137 ff.; ders., RdC 119 (1966 III), S. 1 ff.; WEISSBERG, The International Status of The United Nations, S. 21 ff., 201 ff.; ZEMANEK, ÖZöR VII (1956), S. 335 ff.; ders. Das Vertragsrecht internationaler Organisationen, S. 12 ff., 18 ff., 26 ff.

235 Sog. „strenge Vertragstheorie": TUNKIN, Völkerrechtstheorie, S. 364 ff.; LEWIN/ KALJUSHNAJA, Völkerrecht, S. 21 f.

236 Sog. „weite Vertragstheorie": vgl. Nachweise in Fn. 234 außer den in Fn. 235 genannten Autoren.

237 Vgl. etwa BOTHE, ZaöRV 37 (1977), S. 122, 125.

238 Vgl. FAßBENDER, ÖZöR 37 (1986/87), S. 17, 45.

ableiten ließe, oder der Internationale Organisationen mit einem konkreten Bestand an Rechten und Pflichten versieht, aus dem sich wiederum die Völkerrechtssubjektivität ableiten ließe[239]. Die Rechtsstellung Internationaler Organisationen kann sich nur aus einzelnen Rechtsetzungsakten der Staaten ergeben, das heißt, die Völkerrechtssubjektivität und die daraus herzuleitenden Rechte und Pflichten einer Internationalen Organisation müssen durch einen kongruenten Akt der Staaten zugewiesen werden[240].

Soweit die Vertreter der Vertragstheorie auf die Verleihung der Völkerrechtssubjektivität (bzw. die Zuweisung völkerrechtlicher Rechte und Pflichten) allein durch die Mitgliedstaaten abstellen, die dann von Dritten anerkannt werden könne, ist hier in Rechnung zu stellen, daß die meisten dieser Autoren unter Völkerrechtssubjektivität bereits „die potentielle und effektive Fähigkeit, subjektive völkerrechtliche Rechte und Pflichten zugerechnet zu bekommen" verstehen[241]. Sie bestimmen die Völkerrechtssubjektivität abstrakt, indem sie die sich allein aus dem Gründungsvertrag ergebende Möglichkeit der Zuweisung von Rechten und Pflichten genügen lassen. Ob ein staatlicher Zusammenschluß diese Fähigkeit besitzt, hängt in der Tat allein vom Willen der Mitgliedstaaten ab. Denn sie bestimmen durch den Gründungsvertrag, ob die Organisation völkerrechtliche Handlungen als von ihnen getrennte Rechtsperson wahrnehmen soll, statten diese mit den dafür erforderlichen Organen aus und ermächtigen sie zu völkerrechtlichen Handlungen. Die Ausstattung der Organisation mit der potentiellen und effektiven Fähigkeit, subjektive völkerrechtliche Rechte und Pflichten zugerechnet zu bekommen, begründet jedoch lediglich die Anwendbarkeit des Völkerrechts und damit die Völkerrechtsfähigkeit der Organisation[242]. Sie ist eine Tatsache, die einer konstitutiven Anerkennung durch dritte Staaten nicht bedarf, sie können sie nicht bestreiten[243]. Die Anwendbarkeit des

---

[239] Vgl. FAßBENDER, ÖZöR 37 (1986/87), S. 17, 45; NÖLL, Die Völkerrechtssubjektivität der Europäischen Gemeinschaften und deren Bindung an das allgemeine Völkerrecht, S. 122 ff., 136; EPPING, in: Ipsen, Völkerrecht, S. 72, Rn. 7; ein solcher Satz des Völkergewohnheitsrechts ist bereits für Staaten umstritten, vgl. HILLGRUBER, Die Aufnahme neuer Staaten in die Völkerrechtsgemeinschaft, S. 708 ff.

[240] Vgl. NÖLL, Die Völkerrechtssubjektivität der Europäischen Gemeinschaften und deren Bindung an das allgemeine Völkerrecht, S. 122 ff., 136.

[241] Vgl. insoweit etwa BLECKMANN, ZaöRV 37 (1977), S. 107, 112; O'CONNELL, International Law, Band 1, S. 81; PESCATORE, RdC 103 (1961 II), S. 1, 31; BOTHE, ZaöRV 37 (1977), S. 122, 124; TUNKIN, RdC 119 (1966 III), S. 1, 31; ZEMANEK, Das Vertragsrecht internationaler Organisationen, S. 21 f., 27; EPPING, in: Ipsen, Völkerrecht, S. 51.

[242] Zur Frage der Identität der Begriffe „Rechtssubjektivität (-persönlichkeit)" und „Rechts- und Handlungsfähigkeit" im besonderen vgl. vor allem KORTE, Grundfragen der völkerrechtlichen Rechtsfähigkeit und Handlungsfähigkeit der Staaten, S. 140 ff.

[243] NÖLL, Die Völkerrechtssubjektivität der Europäischen Gemeinschaften und deren Bindung an das allgemeine Völkerrecht, S. 43.

Völkerrechts bzw. die Völkerrechtsfähigkeit ist jedoch nur Voraussetzung, nicht Grund für die Völkerrechtssubjektivität[244]. Rechtssubjekt zu sein bedeutet, der Geltung einer bestimmten Rechtsordnung unterstellt und damit Träger der aus der angewandten Normen fließenden völkerrechtlicher Rechte und Pflichten zu sein[245]. Erst die tatsächliche Anwendung von Normen macht eine Internationale Organisation zum Subjekt der Völkerrechtsordnung. Unter Völkerrechtssubjektivität ist daher zu verstehen, daß ein Zurechnungssubjekt völkerrechtliche Rechte und Pflichten tatsächlich innehat[246]. Mangels allgemeinen Zuweisungsaktes der Staaten läßt sich die Trägerschaft völkerrechtlicher Rechte und Pflichten nur im Verhältnis zu jedem einzelnen Völkerrechtssubjekt bestimmten. Das heißt, die Mitgliedstaaten können eine Völkerrechtssubjektivität der Gemeinschaft durch Zuweisung völkerrechtlicher Rechte und Pflichten nur ihnen gegenüber begründen, die unter Umständen andere sein können, als jene, welche sie für die Internationale Organisation im Verhältnis zu Dritten beanspruchen.

Soweit die Gemeinschaft Verträge mit ihren Mitgliedstaaten schließt, was in den Gründungsverträge nicht vorgesehen, aber z.B. im Falle eines Sitzabkommens durchaus möglich ist[247], ist davon auszugehen, daß in der Ermächtigung, völkerrechtliche Verträge zu schließen, die Mitgliedstaaten die Gemeinschaft insoweit dem Völkerrecht unterstellt haben und zwischen ihnen das Völkervertragsrecht gilt. Soweit sich die Ermächtigung der Gemeinschaft, völkerrechtliche Verträge im eigenen Namen zu schließen auch auf Verträge mit dritten Staaten erstreckt, begründen die Mitgliedstaaten zwar insoweit eine völkerrechtliche Handlungsfähigkeit bzw. Rechtfähigkeit der Gemeinschaft und damit die Anwendbarkeit des Völkervertragsrechts im Verhältnis zu Dritten, jedoch keine von den Dritten anzuerkennende Völkerrechtssubjektivität der Gemeinschaft. Nicht ihre Wirkung, sondern die Völkerrechtssubjektivität selbst ist relativ. Die Mitgliedstaaten können daher durch die Gründungsverträge nur den Umfang der im Verhältnis zu dritten Staaten zu erwerbenden Völkerrechtssubjektivität bzw. die zu erwerbenden völkerrechtlichen Rechte und Pflichten bestimmen, indem sie die Organisation zu völkerrechtlichen Handlungen ermächtigen, die den Erwerb entsprechender völkerrechtlicher Rechte und Pflichten im Verhältnis zu Dritten erforderlich machen. Für die Frage, ob und

---

[244] Vgl. KLEIN, Mittelbare Haftung im Völkerrecht, S. 32 f., unter Hinweis auf SOMLÓS Unterscheidung von Rechtsvoraussetzungs- und Rechtsinhaltsbegriffen.

[245] Vgl. oben 2. Kapitel, B. II.

[246] Vgl. LÖRCHER, Der Abschluß völkerrechtlicher Verträge nach dem Recht der drei Europäischen Gemeinschaften, S. 8; SEIDL-HOHENVELDERN/STEIN, Völkerrecht, S. 129, Rn. 600; WEISSBERG, The International Status of the United Nations, S. 13; ANZILOTTI, Lehrbuch des Völkerrechts, S. 45; VERDROSS/SIMMA, Universelles Völkerrecht, S. 221 f.

[247] Vgl. TOMUSCHAT, in: Groeben/Thiesing/Ehlermann, Kommentar zum EU-/EG-Vertrag, zu Art. 228, Rn. 13.

inwieweit die Gemeinschaft Völkerrechtssubjekt im Verhältnis zu Dritten ist, kommt es somit zunächst darauf an, in welchem Umfang das Völkerrecht nach dem Gründungsvertrag zwischen der Gemeinschaft und Dritten Anwendung finden soll und anschließend, ob und inwieweit Dritte durch einen entsprechenden Rechtsakt das Völkerrecht zwischen ihnen und der Gemeinschaft tatsächlich zur Anwendung bringen[248].

3. Die Anerkennung der Gemeinschaft als Partei völkerrechtlicher Verträge

Auf der Grundlage des Schlußentwurfs der ILC[249] trifft die Wiener Konvention über das Recht der Verträge zwischen Staaten und Internationalen Organisationen oder zwischen Internationalen Organisationen vom 21.3.1986 (WVK II)[250] in Art. 6 folgende Regelung: „Die Fähigkeit einer internationalen Organisation, Verträge zu schließen, bestimmt sich nach den Vorschriften dieser Organisation." Gemäß Art. 2 WVK II bedeutet Vorschriften im Sinne dieses Abkommens „... insbesondere die Gründungsurkunde, die im Einklang damit angenommenen Beschlüsse und Entschließungen sowie die feststehende Übung der Organisation." Abgesehen davon, daß diese Konvention noch nicht in Kraft getreten ist, begründen die genannten Vorschriften jedoch auch aufgrund gewohnheitsrechtlicher Geltung nicht etwa die Völkerrechtssubjektivität Internationaler Organisationen in vertragsrechtlicher Hinsicht[251]. Sie bestimmen lediglich die Voraussetzungen für die Anwendung und damit die Anwendbarkeit des Völkervertragsrechts auf Internationale Organisationen, also die Völkerrechtsfähigkeit Internationaler Organisationen, die sich allein nach dem Willen der Mitgliedstaaten richtet, wie er im Gründungsvertrag seinen Ausdruck gefunden hat[252]. Daß die WVK II zwischen der Völkerrechtsfähigkeit Internationaler Organisationen als Voraussetzung für den Erwerb von Völkerrechtssubjektivität und der Völkerrechtssubjektivität selbst als die konkrete Anwendung völkerrechtlicher Normen auf Internationale Organisationen unterscheidet, ergibt sich insbesondere im Zusammenhang mit der Formulierung in der Präambel der WVK II: „... im Bewußtsein der Besonderheiten der Verträge, denen internationale Organisationen als von Staaten verschiedene Völkerrechtssubjekte angehören." Internationale Organisationen werden hier als Völker-

---

248 Vgl. NÖLL, Die Völkerrechtssubjektivität der Europäischen Gemeinschaften und deren Bindung an das allgemeine Völkerrecht, S. 150.

249 YILC 1982 II 2, S. 9 ff.

250 BGBl. 1990 II, S. 1414.

251 Vgl. jedoch EPPING, in: Ipsen, Völkerrecht, S. 76, Rn. 16, der davon spricht, daß diese Regelungen die Völkerrechtssubjektivität Internationaler Organisationen ausdrücklich feststellen.

252 Vgl. oben 2. Kapitel, B., II., 2., c).

rechtssubjekte bezeichnet, wenn sie Verträgen angehören und damit dem Völkerrecht in vertragsrechtlicher Hinsicht unterstellt sind.

Um das anwendbare allgemeine Völkerrecht zwischen der Gemeinschaft und den Nichtmitgliedstaaten in Geltung zu setzen, stehen den letzteren nach dem oben Gesagten zwei Möglichkeiten zur Verfügung: Zum einen können sie mit den Mitgliedstaaten vereinbaren, daß das allgemeine Völkerrecht zwischen ihnen und der Gemeinschaft gelten solle. Solche Vereinbarungen, die Nebenabkommen oder Verpflichtungsverträgen gleichkommen und nur mit den Mitgliedstaaten geschlossen werden müßten, sind nicht vorhanden. Sie sind auch politisch unzweckmäßig für die Mitgliedstaaten, denn sie würden die von ihnen gegründete Gemeinschaft als mit geringerer Eigenständigkeit ausgestattet erscheinen lassen. Zum anderen können die Nichtmitgliedstaaten die von den Mitgliedstaaten vorgezeichnete im Verhältnis zu Dritten zu erwerbende Völkerrechtssubjektivität der Gemeinschaft umfassend oder hinsichtlich einzelner völkerrechtlicher Rechte und Pflichten anerkennen[253].

Die Gemeinschaft ist bisher jedoch noch von keinem einzigen Staat durch eine formelle Erklärung anerkannt worden[254]. Grundsätzlich ist die Anerkennung jedoch nicht an bestimmte Formen gebunden. Sie kann auch konkludent erfolgen[255]. Eine konkludente Anerkennung ist insbesondere dann zu bejahen, wenn sich im Verhalten von Nichtmitgliedstaaten die Absicht verbirgt, mit der Gemeinschaft Beziehungen auf völkerrechtlicher Ebenen zu begründen. Eine solche Absicht kommt etwa durch die Aufnahme diplomatischer Beziehung mit der Gemeinschaft zum Ausdruck[256]. Die Verträge von Drittstaaten mit der Gemeinschaft zeigen zwar kein einheitliches Bild[257]. Dennoch enthalten sie zweifellos Anerkennungen in vertragsrechtlicher Hinsicht. Wer mit der Gemeinschaft einen Vertrag abschließt, hat die Absicht, zumindest die Norm pacta sunt

---

[253] Vgl. NÖLL, Die Völkerrechtssubjektivität der Europäischen Gemeinschaften und deren Bindung an das allgemeine Völkerrecht, S. 148 f.; GLORIA, in: Ipsen, Völkerrecht, S. 222 ff.

[254] Im Jahre 1972 erklärte sich die Volksrepublik China bereit, „der EWG den Anerkennungsgrad zu gewähren, den diese vorschlagen wird". Dieser Vorschlag wurde nicht weiterverfolgt, vgl. GROUX/MANIN, Die Europäischen Gemeinschaften in der Völkerrechtsordnung, S. 21.

[255] Vgl. GLORIA, in: Ipsen, Völkerrecht, S. 226, Rn. 8.

[256] Die Gemeinschaft unterhält inzwischen mit ca. 130 Staaten sowie mit zahlreichen Internationalen Organisationen diplomatische Beziehungen, vgl. OPPERMANN, Europarecht, S. 720, Rn. 1677.

[257] Die Gemeinschaft hat rund 40 multilateralen Übereinkommen und mit über 130 Ländern bilaterale Verträge abgeschlossen, OPPERMANN, S. 721, Rn. 1678.

servanda sowie das allgemeine völkerrechtliche Vertragsrecht gelten zu lassen[258].

Während souveräne Staaten ihre Vorbehalte gegenüber Vertragsabschlüssen mit der Gemeinschaft als alleinigem Partner aus eigener Machtvollkommenheit zurückstellen können, unterliegen Internationale Organisationen häufig Beschränkungen ihrer Handlungsfreiheit[259]. So erlauben die Vereinten Nationen und ihre Sonderorganisationen nur Staaten die Mitgliedschaft und die gleichberechtigte Teilnahme an multilateralen Verhandlungen. In der Praxis hat die Gemeinschaft sich bei entsprechenden Verhandlungen, die ihre Zuständigkeit betrafen, bislang damit zufriedengeben müssen, durch die jeweilige Präsidialmacht des Rates vertreten zu werden, sich für die an sich zuständige Kommission jedoch mit einem Beobachterstatus zu begnügen[260]. Bei der Dritten Seerechtskonferenz der Vereinten Nationen kam eine Einigung über eine die Gemeinschaft zufriedenstellende Beitrittsklausel jedoch schließlich in der Schlußphase der letzten Sitzungsperiode zustande. Die Konferenzmehrheit ließ sich von der Notwendigkeit einer solchen Klausel mit dem Hinweis darauf überzeugen, daß durch die geplante Konvention Gegenstände der ausschließlichen Zuständigkeit der Gemeinschaft betroffen würden und daß die Mitgliedstaaten insoweit nicht in der Lage seien, sich völkerrechtlich zu verpflichten[261]. Die Rechtsgrundlage für den Vertragsschluß der Gemeinschaft im Verhältnis zu dritten Staaten liegt damit in der Anwendung des völkerrechtlichen Vertragsrechts auf die Gemeinschaft durch den Vertragsschluß mit der Gemeinschaft selbst.

---

[258] NÖLL, Die Völkerrechtssubjektivität der Europäischen Gemeinschaften und deren Bindung an das allgemeine Völkerrecht, S. 155; GLORIA, in: Ipsen, Völkerrecht, S. 226, Rn. 8; a.A. GROUX/MANIN, Die Europäischen Gemeinschaften in der Völkerrechtsordnung, S. 22.

[259] CONZE, Die völkerrechtliche Haftung der Europäischen Gemeinschaft, S. 44.

[260] Vgl. GLAESNER, in: Glaesner, Das Recht als Gestaltungsmittel der Politik der Europäischen Gemeinschaften, S. 61, 65; CONZE, Die völkerrechtliche Haftung der Europäischen Gemeinschaft, S. 44; zur Beteiligung der Gemeinschaft an den Arbeiten der einzelnen Internationalen Organisationen und Konferenzen, vgl. GROUX/MANIN, Die Europäischen Gemeinschaften in der Völkerrechtsordnung, S. 41 ff.

[261] Vgl. CONZE, Die völkerrechtliche Haftung der Europäischen Gemeinschaft, S. 44; GLAESNER, in: Glaesner, Das Recht als Gestaltungsmittel der Politik der Europäischen Gemeinschaften, S. 61, 66.

3. Kapitel: Die völkerrechtliche Haftung der Mitgliedstaaten für die Nichteinhaltung von im Rahmen der Gemeinschaftsabkommen begründeten Verpflichtungen gegenüber dritten Staaten am Beispiel Spaniens und des NAFOÜ

Kanada hat durch das Aufbringen des unter spanischer Flagge fahrenden Trawlers auf Hoher See die Schiffahrtsfreiheit Spaniens verletzt[262]. Schiffe besitzen nach Art. 91 Abs. 1 S. 2 SRÜ[263] die Staatszugehörigkeit des Staates, dessen Flagge sie zu führen berechtigt sind[264]. Gemäß Art. 90 SRÜ hat jeder Staat das Recht, Schiffe, die seine Flagge führen, auf der Hohen See fahren zu lassen. Kanada hat zwar nicht wie Spanien das SRÜ ratifiziert, so daß dieses Übereinkommen zwischen den beiden Staaten nicht als Vertragsrecht gilt. Die Schiffahrtsfreiheit gehört jedoch als Unterfall des Prinzips der Freiheit der Hohen See zu den gewohnheitsrechtlich anerkannten Grundsätzen des internationalen Seerechts[265]. Wird ein Schiff auf Hoher See aufgebracht, verletzt der aufbringende Staat die Schiffahrtsfreiheit desjenigen Staates, dessen Flagge das aufgebrachte Schiff als Sachbedingung seiner Staatszugehörigkeit führt. Kanada hat damit gegen eine Norm des Völkergewohnheitsrechts verstoßen. Das in Frage stehende Verhalten Kanadas könnte jedoch gerechtfertigt sein. Ob dies der Fall ist, hängt davon ab, ob Spanien für die Nichteinhaltung der von der NAFO-Fischereikommission[266] erlassenen Schutzvorschriften von Kanada zur Verantwortung gezogen werden kann[267].

---

[262] Zum Sachverhalt vgl. oben 1. Kapitel, A.

[263] Zum SRÜ vgl. oben 2. Kapitel, A.

[264] GLORIA, in: Ipsen, Völkerrecht, S. 767, Rn. 3.

[265] Vgl. REIMANN, Natur und Recht, S. 16, 17; WARBRICK/MCGOLDRICK, ICLQ 44 (1995), S. 927, 933.

[266] Zum NAFOÜ vgl. oben 1. Kapitel, A. und 2. Kapitel, A.

[267] Vgl. oben 1. Kapitel, A.; zur Frage, ob das Vorgehen Kanadas gegen das Gewaltverbot verstößt, vgl. REIMANN, Natur und Recht 1997, S. 16 ff.

A. Die Grundsätze völkerrechtlicher Verantwortlichkeit

Im modernen Völkerrecht gilt der Grundsatz, daß die Verletzung des Völkerrechts durch einen Staat dessen Verantwortlichkeit begründet[268]. Dieser Gedanke findet seinen Niederschlag in dem Konventionsentwurf der ILC zur Staatenhaftung, der sich auf die Haftung für die Verletzung vertraglicher und außervertraglicher Verpflichtungen bezieht[269]. Gemäß Art. 1 des Konventionsentwurfs[270] folgt die Haftung aus dem völkerrechtswidrigen Verhalten. Dies setzt gemäß Art. 2 des Konventionsentwurfs[271] zum einen voraus, daß dem Staat ein Tun oder Unterlassen zurechenbar ist und zum zweiten, daß dieses Verhalten eine *ihm obliegende* Pflicht verletzt[272]. Zurechenbar ist dem Staat gemäß Art. 4[273] das Verhalten seiner Organe und der Organe seiner Gliedstaaten, gemäß Art. 5[274] das Verhalten von Personen oder sonstigen Einheiten, die er ermächtigt

---

[268] IPSEN, in: Ipsen, Völkerrecht, S. 535, Rn. 4.

[269] 2. Konventionsentwurf der ILC zur Staatenverantwortlichkeit aus dem Jahre 2001, GAOR, Fifty-sixth session, Supplement No. 10 (A/56/10), chp. IV.E.1 (1. Konventionsentwurf der ILC zur Staatenverantwortlichkeit vom 12.7.1996, UN Doc.A/51/10, para. 65; abgedruckt in ILM 37 (1998), S. 442).

[270] Vgl. Art. 1: „Every internationally wrongful act of a State entails the international responsibility of that State.", Konventionsentwurf der ILC zur Staatenverantwortlichkeit 2001, aaO, S. 43.

[271] „There is an internationally wrongful act of a State when conduct consisting of an action or omission:

(a) Is attributable to the State under international law; and

(b) Constitutes a breach of an international obligation of the State.", Konventionsentwurf der ILC zur Staatenverantwortlichkeit 2001, aaO, S. 43.

[272] Vgl. auch Art. 12, wonach eine Pflichtverletzung eines Staates vorliegt, wenn ein Akt dieses Staates nicht im Einklang damit steht, was diese völkerrechtliche Pflicht *von ihm* verlangt: „There is a breach of an international obligation by a State when an act of that State is not in conformity with what is required of it by that obligation, regardless of its origin or character.", Konventionsentwurf der ILC zur Staatenverantwortlichkeit 2001, aaO, S. 46.

[273] „1.The conduct of any State organ shall be considered an act of that State under international law, whether the organ excercises legislative, executive, judicial or any other functions, whatever position it holds in the organization of the State, and whatever its character as an organ of the central government or of a territorial unit of the State.

2. An organ includes any person or entity which has that status in accordance with the internal law of the State.", Konventionsentwurf der ILC zur Staatenverantwortlichkeit 2001, aaO, S. 44.

[274] „The conduct of a person or entity which is not an organ of the State under article 4 but which is empowered by the law of that State to exercise elements of the governmental authority shall be considered an act of the State under international law, provided the person or entity is acting in that capacity in the particular instance.", Konventionsentwurf der ILC zur Staatenverantwortlichkeit 2001, aaO, S. 44.

hat, hoheitliche Aufgaben und damit staatliche Gewalt wahrzunehmen und gemäß Art. 6[275] das Verhalten der Organe anderer Völkerrechtssubjekte, die ihm im Wege der Organleihe zur Verfügung gestellt wurden. Darüber hinaus wird dem Staat das Verhalten von Personen oder Personengruppen zugerechnet, die auf seine Weisung oder unter seiner Kontrolle handeln (Art. 8[276]) oder die in Abwesenheit oder Säumnis offizieller Behörden die den Umständen nach erforderlichen hoheitlichen Aufgaben faktisch ausführen (Art. 9[277]). Die ILC folgt damit dem sich im geltenden Völkerrecht widerspiegelnden Grundsatz der Haftung für eigenes völkerrechtswidriges Verhalten[278]. Diese Grundregel läßt jedoch all diejenigen Fälle außer Acht, für die aufgrund ihres Ausnahmecharakters die Haftung für die Pflichtverletzungen eines anderen im Völkerrecht anerkannt ist[279]. Die sogenannte „mittelbare" Haftung wird seit Beginn des 20. Jahrhunderts sowohl in der Staatenpraxis als auch in der Völkerrechtslehre überall dort in Betracht gezogen, wo zwei voneinander getrennte Völkerrechtssubjekte in einer über die bloße Mitgliedschaft in der Staatengemeinschaft hinausgehenden besonderen Beziehung zueinander stehen. Dies sind namentlich die Fälle der rechtlich begründeten Abhängigkeitsverhältnisse in Form von Protektoraten, Mandaten und Suzeränitätsverhältnissen sowie die Besatzung eines Staates und schließlich das Verhältnis von Bundesstaat und Gliedstaaten, soweit letztere dritten Staaten gegenüber eine im Verhältnis zum Bundesstaat eigenständige völkerrechtliche Stellung innehaben[280]. In der völkerrechtlichen Praxis und der Völkerrechtslehre haben sich verschiedene, der besonderen Beziehung zweier Völkerrechtssubjekte zueinander immanente Kriterien herausgebildet, an die die Rechtsfolge der „mittelbaren" Haftung anknüpft. Im Rahmen des ILC-Entwurfs zur Staatenverantwortlichkeit haben sich gemäß Art. 17 (Art.

---

[275] „The conduct of an organ placed at the disposal of a State by another State shall be considered an act of the former State under international law if the organ is acting in the exercise of elements of the governmental authority of the State at whose disposal it is placed.", Konventionsentwurf der ILC zur Staatenverantwortlichkeit 2001, aaO, S. 44.

[276] „The conduct of a person or group of persons shall be considered an act of a State under international law if the person or group of person is in fact acting on the instruction of, or under the direction or control of, that State in carrying out the conduct.", Konventionsentwurf der ILC zur Staatenverantwortlichkeit 2001, aaO, S. 45.

[277] „The conduct of a person or group of person shall be considered an act of a State under international law if the person or group of persons is in fact exercising elements of the governmental authority in the absence or default of the official authorities and in circumstances such as to call for the exercise of those elements of authority.", Konventionsentwurf der ILC zur Staatenverantwortlichkeit 2001, aaO, S. 45.

[278] Zur Staatenpraxis vgl. HARTWIG, Die Haftung der Mitgliedstaaten für Internationale Organisationen, S. 50 ff. und zur Völkerrechtslehre, aaO, S. 53 ff.

[279] Vgl. Kommentierung zu Art. 28 a.F., YILC 1979 II 2, S. 94.

[280] Dazu näher unter 3. Kapitel, C., II., 2., b).

28 Abs. 1 a.F.)[281] die Ausübung von Weisung und die Kontrolle sowie gemäß Art. 18 (Art. 28 Abs. 2 a.F.)[282] die Ausübung von Zwang eines Staates im Zusammenhang mit dem völkerrechtswidrigen Verhalten eines anderen Staates als Tatbestandsvoraussetzung für eine „mittelbare" Haftung des ersteren durchgesetzt.

B. Haftung Spaniens nach dem Grundsatz der Haftung für eigenes völkerrechtswidriges Verhalten

Der spanische Fischtrawler hat gegen die NAFO-Vorschriften verstoßen. Fraglich ist jedoch, ob Spanien dieses Geschehen zurechenbar ist. Das Verhalten einer natürlichen oder juristischen Person des Privatrechts ist nur dann als Verhalten des Staates zu werten und diesem damit zurechenbar, wenn die Privatperson in rechtlich zulässiger (Art. 5 des ILC-Entwurfs zur Staatenhaftung) oder faktischer Ausübung (Art. 9 des ILC-Entwurfs zur Staatenhaftung) öffentlicher Funktionen gehandelt hat[283]. Dies ist hier nicht der Fall. Das Fischen ist vielmehr als Wahrnehmung einer nicht-öffentlichen, also privaten Funktion zu qualifizieren. Mangels eines rechtlichen Tatbestandes, auf den das Völkerrecht als Sachbedingung für die Zurechenbarkeit zurückgreifen kann, ist Spanien das Verhalten der Fischer nicht zurechenbar. Dennoch ist die Staatenpraxis wie auch die Spruchpraxis internationaler Schiedsgerichte reich an Beispielen dafür, daß Staaten einander für nicht-öffentliches Individualverhalten in Anspruch genommen haben[284]. Haftungsbegründend ist hier jedoch nicht das einem Staat zurechenbare Individualverhalten, sondern die Verletzung einer dem Staat obliegenden Pflicht im Zusammenhang mit dem betreffenden nicht-

---

[281] „A State which directs and controls another State in the commission of an internationally wrongful act by the latter is internationally responsible for that act if:

(a) That State does so with knowledge of the circumstances of the internationally wrongful act; and

(b) The act would be internationally wrongful if committed by that State.", Konventionsentwurf der ILC zur Staatenverantwortlichkeit 2001, aaO, S. 47.

[282] „A State which coerces another State to commit an act is internationally responsible for that act if:

(a) The act would, but for the coercion, be an internationally wrongful act of the coerced State; and

(b) The coercing State does so with knowledge of the circumstances of the act.", Konventionsentwurf der ILC zur Staatenverantwortlichkeit 2001, aaO, S. 47.

[283] IPSEN, in: Ipsen, Völkerrecht, S.560, Rn. 29.

[284] Vgl. etwa Teheraner Geisel-Fall, ICJ Reports 1980, S. 31 f.

öffentlichen Verhalten von Privatpersonen[285]. Spanien könnte hier dadurch, daß es unterlassen hat die Fischer durch entsprechende Maßnahmen daran zu hindern, die NAFO-Vorschriften zu übertreten, eine völkerrechtliche Pflicht verletzt haben. Dann müßte Spanien gegenüber den NAFO-Partnern zu einem derartigen Verhalten verpflichtet sein.

I. Die Verpflichtung Spaniens aus Vertrag

Gemäß Art. XVII NAFOÜ haben sich die Vertragsparteien des NAFOÜ verpflichtet, für die unter ihrer Flagge fahrenden Schiffe die erforderlichen Maßnahmen einschließlich ausreichender Sanktionen bei Verstößen zu treffen, um den Bestimmungen des NAFO-Rechts Wirkung zu verleihen. Der Regelungsgegenstand des NAFOÜ fällt vollständig in die Zuständigkeit der Gemeinschaft. Sie besitzt nach der internen Zuständigkeitsverteilung damit die alleinige Kompetenz zum Abschluß des NAFOÜ[286]. Das Abkommen wurde gemäß Art. 300 Abs. 1 EGV von der Kommission ausgehandelt und gemäß Art. 300 Abs. 2 EGV vom Rat mit qualifizierter Mehrheit auf Vorschlag der Kommission geschlossen. Schließen dritte Staaten Verträge mit der Gemeinschaft, findet das Völkervertragsrecht Anwendung[287]. Die völkerrechtliche Bindungswirkung eines solchen Abkommens richtet sich somit auch für die Gemeinschaft nach der allgemeinen Regel „pacta sunt servanda". Das im Entwurf zum Vertragsrecht Internationaler Organisationen (WVK II)[288] enthaltene Rechtsregime unterscheidet sich nicht von dem Regime, welches die Wiener Vertragsrechtskonvention (WVK I)[289] für Abkommen zwischen Staaten vorsieht[290]. Träger der vertraglichen Pflichten im Rahmen der von der Gemeinschaft geschlossenen Verträge ist danach zunächst die Gemeinschaft selbst. Fraglich ist jedoch, ob neben der Gemeinschaft auch die Mitgliedstaaten Träger der Vertragspflichten sind. Ist dies der Fall, dann haften sie nach dem obengenannten Grundsatz der Haftung für eigenes völkerrechtswidriges Verhalten unmittelbar für die Nichteinhaltung der NAFO-Vorschriften (Vertragsbruch).

---

[285] IPSEN, in: Ipsen, Völkerrecht, S. 561, Rn. 33.

[286] Zu den Vertragsschließungskompetenzen der Gemeinschaft vgl. oben 2. Kapitel, B., I.

[287] Zum Vertragschlußrecht der Gemeinschaft nach Völkerrecht vgl. oben 2. Kapitel, B., II.

[288] Vgl. oben 2. Kapitel, B., II., 3.

[289] Wiener Übereinkommen über das Recht der Verträge vom 23.5.1969, BGBl. 1985 II, S. 926.

[290] TOMUSCHAT, in: Groeben/Thiesing/Ehlermann, Art. 228, Rn. 54.

1. Die Bindung der Mitgliedstaaten an die Verträge der Gemeinschaft

Der im Völkerrecht geltende Grundsatz, daß die Handlungen eines Subjektes nur für dieses Pflichten begründen können, äußert sich auf der Ebene des Vertragsrechts in dem Prinzip der relativen Wirkung von Verträgen: Völkerrechtsverträge wirken grundsätzlich nur zwischen den Vertragsparteien[291]. Dieser Grundsatz hat Eingang in die WVK I erhalten und auch der Entwurf zur WVK II hält - nicht zuletzt wegen der engen Anbindung an die WVK I - ausweislich der Art. 34 ff. grundsätzlich daran fest[292]. Gemäß Art. 34 WVK II begründet ein Vertrag für einen Drittstaat ohne dessen Zustimmung weder Rechte noch Pflichten. Diese Bestimmung muß als Ausdruck des strikten Konsensprinzips gewertet werden, wie es sich auch schon vorher entwickelt hatte[293]. In der Völkerrechtsdoktrin wird zur Stütze dieses Grundsatzes auf die Gleichheit der Staaten und ihre Souveränität verwiesen, die eine Fremdbestimmung durch vertragliche Abmachungen anderer Völkerrechtssubjekte untersagen[294]. Ein Staat kann vertraglich nur mit seinem Einverständnis gebunden werden[295].

a) Bindung der Mitgliedstaaten infolge Zustimmung

Die Frage nach einer völkerrechtlichen Bindung der Mitgliedstaaten an den NAFO-Vertrag wäre dann einfach zu beantworten, wenn sie selbst Vertragspartei des NAFOÜ wären oder die Pflichten aus dem von der Gemeinschaft geschlossenen Vertrag übernommen hätten. Fraglich ist daher zunächst, ob die Mitgliedstaaten einer Verpflichtung gegenüber den NAFO-Partnern der Gemeinschaft zugestimmt haben. Fällt der Regelungsgegenstand eines Abkommens, wie der des NAFOÜ, vollständig in die Zuständigkeit der Gemeinschaft, richtet sich der Abschluß dieses Vertrages auf Seiten der Gemeinschaft bzw. der Mitgliedstaaten ausschließlich nach dem Verfahren des Art. 300 EGV. Danach wird das Abkommen durch einen in der Regel mit qualifizierter Mehrheit gefaßten Beschluß des Rates geschlossen[296].

---

[291] Vgl. BLECKMANN, Völkerrecht, S. 101, Rn. 278.

[292] SCHRÖDER, AVR 23 (1985), S. 385, 403.

[293] HARTWIG, Die Haftung der Mitgliedstaaten für Internationale Organisationen, S. 47; BLECKMANN, Völkerrecht, S. 101, Rn. 278; HEINTSCHEL VON HEINEGG, in: Ipsen, Völkerrecht, S. 132, Rn. 23.

[294] In diesem Sinne CAHIER, RdC 143 (1974 III), S. 589, 732; ROZAKIS, ZaöRV 35 (1975), S. 1, 5.

[295] HEINTSCHEL VON HEINEGG, in: Ipsen, Völkerrecht, S. 132, Rn. 23.

[296] Vgl. oben 3. Kapitel, B., I., 1., a).

aa) Die Zustimmungstheorien in der Völkerrechtslehre

DUPUY läßt in seinen „travaux préparatoires“ des Institut de Droit International im Rahmen der Bemühungen um eine Kodifikation des Vertragsrechts für Internationale Organisationen[297] anklingen, die Mitgliedstaaten seien durch Vertreter ihrer Regierungen als Mitglieder der Organe am Vertragsschluß der Gemeinschaft beteiligt und hätten insoweit gegenüber den Vertragspartnern der Organisation einer völkerrechtlichen Bindung zugestimmt. Selbst wenn ein Mitgliedstaat im Einzelfall gegen den Vertrag gestimmt oder sich seiner Stimme enthielte, sei in der Ermächtigung zum Vertragsschluß im Gründungsvertrag und der nachträglichen Billigung, die sich auch durch den Nicht-Austritt aus der Organisation äußern könne, eine Zustimmung gegeben, an die Verträge der Internationalen Organisation auch gegenüber den Vertragspartnern gebunden zu sein[298].

Ein Teil der Lehre geht davon aus, daß sich die Mitgliedstaaten durch Art. 300 Abs. 7 EGV n.F. (Art. 228 Abs. 7 EGV a.F.) unmittelbar gegenüber den Vertragspartnern der Gemeinschaft verpflichtet haben[299]. Art. 300 Abs. 7 EGV bestimmt: „Die unter diesen Voraussetzungen geschlossenen Abkommen sind für die Organe der Gemeinschaft und für die Mitgliedstaaten verbindlich“. Auch der EuGH scheint im Fall Hauptzollamt Mainz./.Kupferberg - ohne weitere Begründung - eine unmittelbare Verpflichtung der Mitgliedstaaten gegenüber den Vertragspartnern der Gemeinschaft anzunehmen: „Nach Art. 228 Absatz 2 EWG-Vertrag sind die Mitgliedstaaten und die Organe der Gemeinschaft in gleicher Weise an die völkerrechtlichen Abkommen gebunden, zu deren Abschluß diese Organe befugt sind. Indem die Mitgliedstaaten dafür sorgen, daß die Verpflichtungen aus einem solchen Abkommen eingehalten werden, erfüllen sie deshalb eine Pflicht, die nicht nur dem betroffenen Drittland, sondern auch und vor allem der Gemeinschaft gegenüber besteht, die die Verantwortung für die ordnungsgemäße Durchführung des Abkommens übernommen hat.“[300] Die Vorschrift des Art. 300 Abs. 7 EGV stellt als Regelung zwischen den Mitgliedstaaten für Dritte zunächst eine res inter alios actae dar, aus der sie unmittelbar keine Rechte ableiten können[301]. LÖRCHER unternimmt jedoch den Versuch, Art.

---

[297] DUPUY, AIDI 55 (1973), S. 214, 305 ff.

[298] DUPUY, AIDI 55 (1973), S. 214, 307.

[299] LÖRCHER, Der Abschluß völkerrechtlicher Verträge nach dem Recht der drei europäischen Gemeinschaften (E.G.K.S., E.W.G., E.A.G.) – Ein Beitrag zur Rechtstellung organisierter Staatenverbindungen, S. 164; D'ORVILLE, Die rechtlichen Grundlagen für die gemeinsame Zoll- und Handelspolitik der EWG, S. 56.

[300] EuGHE 1982, S. 3641, 3642.

[301] Vgl. oben 3. Kapitel, B., I., 1.; SCHMALENBACH, in: Calliess/Ruffert, Kommentar zu EU-Vertrag und EG-Vertrag, Art. 300, Rn. 49; HEINTSCHEL VON HEINEGG, in: Ipsen,

300 Abs. 7 EGV als ein durch Abschluß des EG-Vertrages abgegebenes einseitiges Angebot der Mitgliedstaaten zum Abschluß eines auch sie verpflichtenden Vertrages gegenüber den potentiellen Vertragspartnern der Gemeinschaft zu deuten, das sich mit Abschluß des Vertrages zwischen der Gemeinschaft und einem Drittstaat aktualisiert und zu einem automatischen Beitritt der Mitgliedstaaten führt[302]. D'ORVILLE sieht in Art. 300 Abs. 7 EGV einen aufschiebend bedingten Vertrag zugunsten Dritter, der mit Eintritt der Bedingung, dem Vertragsschluß der Gemeinschaft, Wirksamkeit erlange. Die Mitgliedstaaten hätten sich nach dieser Vorschrift untereinander verpflichtet, Abkommen der Gemeinschaft als für sich verbindlich anzusehen. Demnach würden die Mitgliedstaaten den Drittstaaten gegenüber unmittelbar völkerrechtlich verpflichtet, ohne allerdings selbst Vertragspartner zu werden[303].

bb) Stellungnahme

DUPUYS Konstruktion einer Zustimmung der Mitgliedstaaten durch Mitwirkung am Vertragsschluß ist im Hinblick auf das konkrete Verhalten der Regierungsvertreter im Rat nicht haltbar. Die den Rat der Gemeinschaft konstituierenden Regierungsvertreter der Mitgliedstaaten fassen zwar gelegentlich, etwa wenn der Gemeinschaftsvertrag eine Handlungskompetenz des Rates nicht vorsieht[304], „Beschlüsse der im Rat vereinigten Vertreter" und treten insoweit als Vertreter ihres Staates auf[305]. Bei entsprechendem Bindungswillen können diese Beschlüsse als außerhalb des EGV in vereinfachter Form geschlossene Regierungsübereinkommen die Mitgliedstaaten auf völkerrechtlicher Ebene unmittelbar binden[306]. Die völkerrechtlichen Abkommen der Gemeinschaft, wie das NAFOÜ, werden jedoch nach dem Verfahren des Art. 300 EGV durch einen Beschluß des Rates selbst geschlossen. Auch wenn die den Rat konstituierenden Vertreter der Mitgliedstaaten durch ihr Abstimmungsverhalten an diesem Beschluß mitwirken, handeln sie dabei nicht als gemeinsame Konferenz der

---

Völkerrecht, S. 135, Rn. 30; TOMUSCHAT, in: Groeben/Thiesing/Ehlermann, Kommentar zum EU-/EG-Vertrag, Art. 228, Rn. 56.

302 LÖRCHER, Der Abschluß völkerrechtlicher Verträge nach dem Recht der drei europäischen Gemeinschaften (E.G.K.S., E.W.G., E.A.G.) - Ein Beitrag zur Rechtsstellung organisierter Staatenverbindungen, S. 164.

303 D'ORVILLE, Die rechtlichen Grundlagen für die gemeinsame Zoll- und Handelspolitik der EWG, S. 56.

304 Vgl. SEIDL-HOHENVELDERN/LOIBL, Das Recht der Internationalen Organisationen einschließlich der Supranationalen Organisationen, S. 144, Rn. 1115.

305 Vgl. „Haager Entschließung", 2. Kapitel, B., I., 1., b).

306 Vgl. oben 2. Kapitel, B., I., 1., b).

Staaten, sondern als Mitglieder des Gemeinschaftsorgans Rat[307]. In dieser Eigenschaft bilden die Vertreter der Mitgliedstaaten durch ihr Abstimmungsverhalten gemeinsam den Willen der Gemeinschaft, auf dessen Grundlage der Rat den Vertrag nach außen mit einer Stimme im Namen der Gemeinschaft als von den Mitgliedstaaten getrenntes Völkerrechtssubjekt schließt. Die Bildung eines gemeinschaftlichen Willens, ist die Grundlage der eigenständigen Rechtspersönlichkeit der Gemeinschaft im Verhältnis zu ihren Mitgliedstaaten und der Fähigkeit der Gemeinschaft selbst Träger völkerrechtlicher Rechte und Pflichten, also ein von ihren Mitgliedstaaten getrenntes Völkerrechtssubjekt sein zu können und als solches von Dritten anerkannt zu werden[308]. Schließt ein Drittstaat mit der Gemeinschaft einen Vertrag, erkennt er die Gemeinschaft als von den Mitgliedstaaten getrenntes Völkerrechtssubjekt an und muß diese formale Trennung und Eigenständigkeit der Gemeinschaft grundsätzlich gegen sich gelten lassen[309]. Insbesondere muß er die Tatsache gegen sich gelten lassen, daß die Mitgliedstaaten hier nicht als Vertreter im Namen ihrer jeweiligen Staaten, sondern als Mitglieder des Organs und im Namen der Gemeinschaft handeln. Das heißt, der Beschluß des Rates vermittelt nicht die Willenserklärung der einzelnen Mitgliedstaaten an den völkerrechtlichen Vertrag der Gemeinschaft im Verhältnis zu den Vertragspartnern der Gemeinschaft gebunden zu sein, sondern drückt einen eigenen von den einzelnen Mitgliedstaaten abstrahierten Willen der Gemeinschaft aus[310]. Dies wird insbesondere darin deutlich, daß der Rat bei der Frage, ob ein Abkommen geschlossen wird, regelmäßig mit qualifizierter Mehrheit entscheidet (vgl. Art. 300 Abs. 1 Unterabschnitt 2 EGV); das heißt, der Vertrag wird auch dann geschlossen, wenn einzelne Mitglieder des Rates gegen den Vertrag stimmen. Den Vertragspartnern der Gemeinschaft bleibt dabei das Abstimmungsverhalten der einzelnen Mitglieder des Rates in der Regel verborgen. Für die Annahme einer Bindung der Mitgliedstaaten an die völkerrechtlichen Verträge der Gemeinschaft infolge Zustimmung fehlt somit der erforderliche Konsens zwischen den Mitgliedstaaten und den Vertragspartnern der Gemeinschaft[311].

---

[307] KRÜCK, Völkerrechtliche Verträge im Recht der Europäischen Gemeinschaften, S. 127; SEIDL-HOHENVELDERN/LOIBL, Das Recht der Internationalen Organisationen einschließlich der Supranationalen Organisationen, S. 143, Rn. 1112.

[308] Vgl. 2. Kapitel, B., II.

[309] Zu den Ausnahmen vgl. unter 3. Kapitel, B., I., 1., c).

[310] Zur Bedeutung der internen Einflußmöglichkeiten der Mitgliedstaaten auf den Willen des Rates vgl. unter 3. Kapitel, B., I., 1., c), (2), (a).

[311] In diesem Sinne auch SEIDL-HOHENVELDERN/LOIBL, Das Recht der Internationalen Organisationen einschließlich der Supranationalen Organisationen, S. 143, Rn. 1112; KRÜCK, Völkerrechtliche Verträge im Recht der Europäischen Gemeinschaften, S. 127.

Die Annahme einer vertraglichen Beziehung zwischen den Mitgliedstaaten und den Dritten aufgrund eines in Art. 300 Abs. 7 EGV enthaltenen Angebotes der Mitgliedstaaten auf Abschluß eines auch sie verpflichtenden Vertrages läßt die Notwendigkeit der Zustimmung des Drittstaates außer acht, nicht nur mit der Gemeinschaft, sondern auch mit den Mitgliedstaaten den Vertrag zu schließen. Dies würde voraussetzen, daß der Drittstaat die Regelung des Art. 300 Abs. 7 EGV kennt[312]. Schließt der Drittstaat mit der Gemeinschaft ein Abkommen, kann die Kenntnis der Vorschrift und damit eine solche Zustimmung des Drittstaates nicht einfach unterstellt werden[313]. Darüber hinaus hätte die Lösung, die Mitgliedstaaten unmittelbar aufgrund des Vertragsschlusses durch die Gemeinschaft zu Vertragspartnern werden zu lassen, nur dann einen Sinn, wenn die Gemeinschaft befugt wäre, Verträge über Sachgebiete zu schließen, die in den Zuständigkeitsbereich der Mitgliedstaaten fallen. Dies ist aber nicht der Fall, da die Gemeinschaft aufgrund des EG-Vertrages Abkommen nur in eigener Zuständigkeit schließt. Werden Kompetenzen der Staaten von einem Abkommen berührt, so schließen diese den Vertrag selbst oder zusammen mit der Gemeinschaft in Form von „gemischten Abkommen"[314] ab[315].

Im Hinblick auf die Erstreckung der Vertragspflichten der Gemeinschaft auf die Mitgliedstaaten wäre Art. 35 WVK II zu beachten. Für die Übernahme von Pflichten aus einem zwischen anderen Völkerrechtssubjekten geschlossenen Vertrag bedarf es hiernach einer schriftlichen Erklärung des Drittstaates, daß er die Verpflichtung annimmt. Art. 300 Abs. 7 EGV stellt nach den obengenannten Ansichten eine allgemeine Vorabermächtigung dar. Als solche genügt sie nicht den Anforderungen des Art. 35 WVK II, der eine Zustimmung zu den konkreten Vertragsverpflichtungen, die übernommen werden sollen, verlangt[316].

Neben den - hier nicht erfüllten - formellen Voraussetzungen wäre für eine Bindung der Mitgliedstaaten im Verhältnis zu den Vertragspartnern der Gemeinschaft zudem erforderlich, daß die Vorschrift des Art. 300 Abs. 7 EGV eine

---

312 Vgl. REUTER, YILC 1977 II 1, S. 119, 129 ff.

313 LÖRCHER, Der Abschluß völkerrechtlicher Verträge nach dem Recht der drei europäischen Gemeinschaften (E.G.K.S., E.W.G., E.A.G.) - Ein Beitrag zur Rechtsstellung organisierter Staatenverbindungen, S. 164, selbst wendet sich in diesem Sinne gegen seinen Erklärungsversuch.

314 Vgl. 2. Kapitel, B., I., 2. b), cc), (3).

315 LÖRCHER, Der Abschluß völkerrechtlicher Verträge nach dem Recht der drei europäischen Gemeinschaften (E.G.K.S., E.W.G., E.A.G.) - Ein Beitrag zur Rechtsstellung organisierter Staatenverbindungen, S. 164.

316 HARTWIG, Die Haftung der Mitgliedstaaten für Internationale Organisationen, S. 165; a.A. REUTER, YILC 1977 II 1, S. 119, 130.

völkerrechtliche Bindung der Mitgliedstaaten meint[317]. Für eine solche Interpretation des Art. 300 Abs. 7 EGV könnte sprechen, daß die Mitgliedstaaten im Innenverhältnis bereits aufgrund des in Art. 10 EGV niedergelegten Prinzips der Gemeinschaftstreue der Gemeinschaft gegenüber an die Verträge gebunden sind und die Vorschrift damit ohne rechten Sinne wäre, wenn sie nicht eine darüber hinausgehende völkerrechtliche Bindung der Mitgliedstaaten behandelt[318]. Indes spricht jedoch nichts dagegen, daß die Vorschrift des Art. 300 Abs. 7 EGV die Pflichten der Mitgliedstaaten im Verhältnis zur Gemeinschaft für die Gemeinschaftsabkommen aus Gründen der Rechtsklarheit noch einmal konkretisiert und eine Bindung der Mitgliedstaaten im Innenverhältnis ausdrücklich und unmißverständlich anordnet[319]. Darüber hinaus bindet Art. 300 Abs. 7 EGV neben den Mitgliedstaaten in demselben Satz auch die Gemeinschaftsorgane an die Gemeinschaftsabkommen. Mangels Völkerrechtssubjektivität der Organe scheidet jedenfalls für jene hier schon vom Wortlaut her eine völkerrechtliche Bindung aus. Erstreckt sich die genannte Bindung gleichermaßen auf die Mitgliedstaaten, ist nur schwer einzusehen, warum dieselbe Bestimmung je nach Adressat einmal gemeinschaftsinterne und einmal völkerrechtliche Wirkung haben soll[320]. In Haegeman ./. Belgien stellt der EuGH schließlich fest, daß die Bestimmungen eines von der Gemeinschaft abgeschlossenen völkerrechtlichen Vertrages integrale Bestandteile des Gemeinschaftsrechts seien; damit seien sie als gemeinschaftsrechtliche Normen von den Mitgliedstaaten zu beachten. Diese Pflicht bestehe aber nur gegenüber der Gemeinschaft, nicht hingegen gegenüber den dritten Vertragspartnern der Gemeinschaft[321]. Ferner stellt der EuGH in einer weiteren Entscheidung fest, daß allein die Gemeinschaft durch die Abkommen gebunden wird, die sie aufgrund ihrer Rechtspersönlichkeit und aufgrund ihrer alleinigen Zuständigkeit schließt und daß im Falle der Nichterfüllung dieser Verträge durch die Gemeinschaft diese dafür haften müsse[322]. Art. 300 Abs. 7 EGV kann daher nur dahingehend ausgelegt werden, daß er die Gemeinschaftsorgane und die Mitgliedstaaten gegenüber der Gemeinschaft verpflichtet, im

---

[317] So ohne weiteres REUTER, YILC 1977 II 1, S. 119, 130.

[318] Vgl. KRÜCK, Völkerrechtliche Verträge im Recht der Europäischen Gemeinschaften, S. 128.

[319] Vgl. TOMUSCHAT, in: Groeben/Thiesing/Ehlermann, Art. 228, Rn. 56.

[320] HARTWIG, Die Haftung der Mitgliedstaaten für Internationale Organisationen, S. 165; KLEIN, La responsabilité des organisations internationales, S. 449.

[321] EuGHE 1974, S. 449, 460.

[322] „... seule la Communauté, ayant selon l'article 210 du traité la personnalité juridique, est dotée de la capacité de s'engager par la conclusion d'accords avec un Etat tiers ou une organisation internationale. Il ne fait donc aucun doute que l'accord ne peut que lier les Communautés européennes. ... En cas d'inexécution de l'accord par la Commission, ce serait donc la responsabilité de la Communauté qui pourrait être engagée sur le plan international.", EuGH, Rs. C-327/91 (Frankreich./.Kommission), Urteil vom 9.8.1994, EuGHE 1994 I/8, S. 3666, 3674, §§ 24, 25.

Hinblick auf die völkerrechtlichen Verträge der Gemeinschaft mit dieser zu kooperieren[323].

Im Ergebnis ist daher festzuhalten, daß die Mitgliedstaaten weder einen Vertrag mit den Vertragspartnern der Gemeinschaft geschlossen noch einer Bindung an die Verträge der Gemeinschaft im Verhältnis zu den Vertragspartnern der Gemeinschaft zugestimmt haben.

b) Regelmäßige Bindung der Mitgliedstaaten durch den Vertragsschluß der Gemeinschaft ohne Zustimmung

Fraglich ist jedoch, ob der Grundsatz der relativen Wirkung von Verträgen im Verhältnis einer Internationalen Organisation und ihren Mitgliedstaaten überhaupt Anwendung findet oder ob die Mitgliedstaaten nicht aufgrund ihrer Mitgliedschaft auch ohne Zustimmung durch den Vertragsschluß der Gemeinschaft deren Vertragspartnern gegenüber völkerrechtlich gebunden sind. Die WVK II gibt keine ausdrückliche Antwort auf diese Frage. Einerseits bestimmt Art. 34 WVK II, daß ein „Drittstaat" nur mit seinem Einverständnis gebunden wird. Andererseits enthält Art. 74 Abs. 3 des Konventionsentwurfs folgende Bestimmung: „The provisions of the present Convention shall not prejudge any question that may arise in regard to the establishment of obligations and rights for States members of an international organization under a treaty to which that organization is a party". Die Beantwortung der Frage hängt im Wesentlichen davon ab, ob und in wieweit die Mitgliedstaaten als „Dritte" in den Vertragsverhältnissen der Gemeinschaft anzusehen sind.

aa) Die Diskussion über die Bindung der Mitgliedstaaten im Rahmen der Bemühungen um die Kodifikation des Vertragsrechts Internationaler Organisationen

Diese Frage lag der eingehenden Diskussion zur Bindung der Mitgliedstaaten an die Verträge ihrer Internationalen Organisation im Rahmen der Vorbereitungen zur Kodifikation der WVK II sowohl in der ILC als auch im Institut de Droit International zugrunde.

---

[323] Vgl. TOMUSCHAT, in: Groeben/Thiesing/Ehlermann, Art. 228, Rn. 56; SCHMALENBACH, in: Calliess/Ruffert, Kommentar zu EU-Vertrag und EG-Vertrag, Art. 300, Rn. 49; HARTWIG, Die Haftung der Mitgliedstaaten für Internationale Organisationen, S. 165; KRÜCK, Völkerrechtliche Verträge im Recht der Europäischen Gemeinschaften, S. 129; PETERSMANN, ZaöRV 35 (1975), S. 213, 270.

(1) Die Diskussion innerhalb des Institut de Droit International

Innerhalb der „travaux préparatoires“ des Institut de Droit International wies DUPUY in seinem provisorischen Bericht vom 20. März 1972[324] darauf hin, daß die Verträge Internationaler Organisationen in den Bereichen, in denen ihnen gegenüber den Mitgliedstaaten verbindlich durchsetzbare Kompetenzen zustünden, wie etwa bei der Gemeinschaft (Art. 228 Abs. 7 EGV a.F. = Art. 300 Abs. 7 EGV n.F.), keine res inter alios actae seien. Die Verträge hätten weitreichende Auswirkungen auf die innere politische Ordnung der Mitgliedstaaten, diese seien deshalb nicht als Dritte in den Vertragsverhältnissen der Internationalen Organisation anzusehen[325]. Er schlug daher vor, eine regelmäßige Bindung der Mitgliedstaaten zu statuieren[326]. Obwohl man sich in der Diskussion überwiegend einig war, daß die Mitgliedstaaten aufgrund ihrer Mitgliedschaft und der daraus resultierenden Konsequenzen für sie materiell nicht als „Dritte“ anzusehen seien und die besondere Beziehung zwischen ihnen und der Internationalen Organisation insoweit zu berücksichtigen sei, wurde sein Vorschlag mehrheitlich kritisiert. Es wurde vor den weitreichenden praktischen Folgen einer solchen Regelung gewarnt. Sie suggeriere, die Mitgliedstaaten wie Parteien der Abkommen zu behandeln, obwohl sie das nicht seien[327]. Den Verträgen einer Internationalen Organisation bindende Wirkung für die Mitgliedstaaten zuzuerkennen, widerspreche der anerkannten Völkerrechtspersönlichkeit der Organisation und sei mit der Souveränität der Mitgliedstaaten nicht zu vereinbaren[328]. Die Konsequenzen des besonderen Verhältnisses zwischen der Organisation und den sie konstituierenden Mitgliedstaaten erschöpfe sich darin, daß die Mitgliedstaaten gegenüber der Organisation verpflichtet seien, die Durchführung der Abkommen nicht durch ihr Verhalten zu verhindern[329]. Darüber hinaus stützte sich die Kritik an einer positiven Regelung der Bindung insbesondere darauf, daß sich im bisherigen Völkerrecht eine solche Regelung nicht feststellen ließ[330].

---

[324] DUPUY, AIDI 55 (1973), S. 214, 305 ff.

[325] DUPUY, AIDI 55 (1973), S. 214, 305, 307.

[326] Article 10: „Un accord conclu légalement par une Organisation internationale engage juridiquement tous ses membres“, Projet d'articles sur le droit des accords conclus par les organisations internationales, AIDI 55 (1973), S. 314, 316.

[327] REUTER, AIDI 55 (1973), S. 397; ZOUREK, AIDI 55 (1973), S. 411.

[328] ZOUREK, AIDI 55 (1973), S. 411; SEYERSTED, AIDI 55 (1973), S. 406.

[329] REUTER, AIDI 55 (1973), S. 398; SEYERSTED, AIDI 55 (1973), S. 405; ZOUREK, AIDI 55 (1973), S. 411.

[330] REUTER, AIDI 55 (1973), S. 397; SALMON, AIDI 55 (1973), S. 401; SEYERSTED, AIDI 55 (1973), S. 405 f.; ZOUREK, AIDI 55 (1973), S. 411 und 413.

(2) Art. 36 bis des Entwurfs der ILC zur WVK II

Der Sonderberichterstatter der Völkerrechtskommission der Vereinten Nationen, der Franzose Paul Reuter, stellte in seinem zweiten Bericht von 1973[331] fest, daß es einer allgemeinen Praxis entspricht, die Internationalen Organisationen als Subjekte strikt von ihren Mitgliedstaaten zu trennen[332]. Wurde anerkannt, daß eine Internationale Organisation das Recht hat, Verträge zu schließen, verpflichte sie durch den Vertragsschluß ausschließlich sich selbst und ihre Partner hätten es ausschließlich mit ihr zu tun. Dies sei unbestrittene Konsequenz der Rechtspersönlichkeit[333]. Er weist jedoch auch darauf hin, daß die Mitgliedstaaten, obwohl formal nicht Vertragsparteien, aufgrund ihrer Kooperationspflicht gegenüber der Organisation dennoch nicht „Dritte" im Hinblick auf die Vertragsverhältnisse seien[334]. Als integrale Bestandteile der Rechtsordnung der Internationalen Organisation könnten die Abkommen der Organisation nicht von den Mitgliedstaaten im Verhältnis zur Organisation ignoriert werden[335]. Bei seinen Erklärungen weist er ausdrücklich auf das Beispiel der Gemeinschaft hin. Er stellte fest, daß die Völkerrechtspersönlichkeit der Gemeinschaft zwar nahelege, daß die von ihr abgeschlossenen Verträge nur sie selbst binde, doch ergebe sich aus den Materien, in denen die EG-Organe Vertragsschlußkompetenzen haben - vor allem in der Handelspolitik -, daß diese Zuständigkeitsverteilung nur dann sinnvoll ist, wenn die Staaten gewissermaßen „flankierende" Vertragspartner werden; denn sie seien es, welche die Ab-

[331] REUTER, YILC 1973 II, S. 75 ff.

[332] „The practice contains some indications which at first sight seem favourable to classical analysis and to respect for the principle of the relativity of treaties, even with regard to the members of an international organization in relation to an agreement concluded by the organization. The principle, to deal with an international organisation is not the same thing as to deal with its members: one need only refer to all agreements concluded by international organizations on questions of finance and development: it is clear that only the organization and not its member States as such have the status of 'parties' to these agreements. What proves the reality of this situation is that State A, which concludes an agreement with an organization, can demand, and in fact sometimes does demand, that the States members of the organization, or some of them, shall 'intervene' as 'parties' to the agreement, either by undertaking to guarantee the obligations of the organization or by committing themselves 'for matters within their competence'", REUTER, YILC 1973 II 1, S. 75, 92.

[333] REUTER, YILC 1977 II 1, S. 119, 125.

[334] REUTER, YILC 1973 II, S. 75, 93.

[335] „It is undeniable that an article of the constituent instrument of an international organization may bind member States with regard to the organziation itself. This means that States are bound in their relations with the organization to respect those treaties, that those treaties form an integral part of the organization's own legal order and, at least in the case of organizations that have integrated their legal order and the national legal orders of member States, that treaties concluded by organizations are binding on States in their internal order." REUTER, YILC 1977 II 1, S. 119, 129.

kommen ausführen müssen; blieben sie bei entsprechenden Verträgen der Gemeinschaft „außen vor“, wäre es für andere Staaten zwecklos, mit der Gemeinschaft als Organisation Abkommen zu schließen[336]. Er schlug daher eine Regelung vor, die das Zustimmungsverfahren des Art. 35 WVK II für eine Bindung der Mitgliedstaaten vereinfachen sollte. Art. 36 bis des Vertragsentwurfes zur WVK II enthielt folgende Regelung:

„ Effects of treaty to which an international organization is party with respect to States members of that organization
1. A treaty concluded by an international organization gives rise directly for States members of an international organization to rights and obligations in respect of other parties to that treaty if the constituent instrument of that organization expressly gives such effects to the treaty.
2. When, on account of the subject-matter of a treaty concluded by an international organization and the assignment of the areas of competence involved in that subject-matter between the organization and its member States, it appears that such was indeed the intention of the parties to that treaty, the treaty gives rise for a member State to:
(I) rights which the member State is presumed to accept, in the absence of any indication or intention to the contrary;
(II) obligations when the member State accepts them, even implicitly.“[337]

Reuter unterstreicht, daß sich seine Konstruktion einer Bindung an das geltende Konsensprinzip hält[338]: die Mitgliedstaaten geben - etwa in Art. 228 EGV a.F. (= Art. 300 EGV n.F.) - vorab ihre Zustimmung, an alle von den jeweiligen Internationalen Organisationen geschlossenen Verträgen gebunden zu sein, und bei den Vertragspartnern wird unwiderlegbar vermutet, daß sie die rechtlichen Verhältnisse innerhalb der Internationalen Organisation und damit auch die Reichweite der Bindungswirkung kennen.

Abgesehen davon, daß wie oben gesehen die Vorschrift des Art. 300 EGV eine solche Wirkung gar nicht vorsieht, fand der Vorschlag Reuters keine allgemeine Zustimmung. Art. 36 bis wurde nach der Diskussion in der Kommission wesentlich abgemildert[339]. In der Kodifikationskonferenz wurde aber

---

[336] REUTER, YILC 1977 II 1, S. 119, 129 ff.
[337] REUTER, YILC 1977 II 1, S. 119, 129.
[338] REUTER, YILC 1977 II 1, S. 119, 130.
[339] „Obligations and rights arise for States members of an international organization from the provision of a treaty to which that organization is a party when the parties to the treaty intent those provisions to be the means of establishing such obligations and according such rights and have defined their conditions and effects in the treaty or have otherwise agreed thereon, and if:

schließlich auch diese Fassung abgelehnt und Art. 36 bis ersatzlos gestrichen[340]. Aus Art. 74 Abs. 3 WVK II[341] ergibt sich jedoch, daß die Antwort auf die Problematik der Bindung der Mitgliedstaaten an die Verträge ihrer Internationalen Organisation nicht durch die übrigen Bestimmungen der Konvention antizipiert werden sollte. Man wollte das sich zu dieser Frage noch in der Entwicklung befindliche Völkerrecht weder durch eine Regelung wie Art. 36 bis WVK II noch durch die Regelung des Art. 35 WVK II festlegen[342]. Durch die gefundene Lösung steht jedoch fest, daß im heutigen Völkerrecht jedenfalls nicht von einer regelmäßigen Erstreckung von Vertragspflichten Internationaler Organisationen auf deren Mitgliedstaaten ausgegangen wird[343].

bb) Schlußfolgerung

Der Diskussion im Rahmen beider Institute anläßlich ihrer Bemühungen zur Kodifikation des Vertragsrechts Internationaler Organisationen liegt die allgemeine Überzeugung zugrunde, daß die Mitgliedstaaten aufgrund ihrer besonderen Beziehung zur Internationalen Organisation nicht „Dritte" in den Vertragsverhältnissen der letzteren seien. Durch die Ablehnung einer regelmäßigen Bindung der Mitgliedstaaten an die Verträge ihrer Internationalen Organisation wird jedoch klar, daß die Mitgliedstaaten aufgrund der anerkannten Völkerrechtspersönlichkeit der Internationalen Organisation grundsätzlich formal als „Dritte" im Sinne von Art. 35 WVK II anzusehen sind, die auch hier nicht ohne Einverständnis gebunden werden. Das heißt, schließt ein Drittstaat mit der Gemeinschaft einen Vertrag, erkennt er die Gemeinschaft als von den Mitgliedstaaten getrenntes Völkerrechtssubjekt in vertragsrechtlicher Hinsicht an[344]. Durch seine Anerkennung erlangt die von den Mitgliedstaaten geschaffene, von ihnen getrennte Rechtspersönlichkeit der Gemeinschaft eine formale

---

(a) the States members of the organization, by virtue of the constituent instrument of that organization or otherwise, have unanimously agreed to be bound by the said provisions of the treaty; and

(b) the assent of the States members of the organization to be bound by the relevant provisions of the treaty has been duly brought to the knowledge of the negotiating States and organizations" YILC 1982 I, S. 250, 252.

[340] Zur Kodifikationskonferenz DO NASCIMENTO E SILVA, GYIL 29 (1986), S. 68 ff.; MANIN, AFDI XXXII (1986), S. 454, 471.

[341] Vgl. oben 3. Kapitel, B., I., 1., b).

[342] „..., some international organizations will possibly develop their practice along the lines of Article 36 bis; others may depart from it. In other words, the aim was not to freeze future development of international law." DO NASCIMENTO E SILVA, GYIL 29 (1986), S. 68, 82.

[343] KRÜCK, Völkerrechtliche Verträge im Recht der Europäischen Gemeinschaften, S. 125; TOMUSCHAT, in: Hilf/Tomuschat, EG und Drittlandsbeziehungen nach 1992, S. 139, 145; HARTWIG, Die Haftung der Mitgliedstaaten für Internationale Organisationen, S. 194.

[344] Vgl. oben 2. Kapitel, B., II., 3.

Rechtsform, die er grundsätzlich einschließlich aller sich daraus ergebenden Rechtsfolgen zu beachten hat. Sind die Mitgliedstaaten damit grundsätzlich als „dritte Völkerrechtssubjekte" in den Vertragsverhältnissen anzusehen, können die Vertragspflichten der Gemeinschaft nicht ohne weiteres zugleich solche der Mitgliedstaaten sein[345]. Der besonderen Beziehung von Internationaler Organisation und ihren Mitgliedstaaten wird jedoch insoweit Rechnung getragen, als durch die Bestimmung des Art. 74 Abs. 3 WVK II eine Bindung der Mitgliedstaaten im Einzelfall nicht ausgeschlossen werden soll.

c) Die Bindung der Mitgliedstaaten an die Verträge der Gemeinschaft infolge Durchgriffs

Wenn die anerkannte formale Rechtsform der Gemeinschaft als von ihren Mitgliedstaaten getrenntes Völkerrechtssubjekt einer regelmäßigen Bindung der Mitgliedstaaten ohne Zustimmung im Verhältnis zu den Vertragspartnern der Gemeinschaft grundsätzlich entgegensteht, kann eine Verpflichtung der Mitgliedstaaten gemäß Art. XVII NAFOÜ nur damit begründet werden, daß die formale Rechtsform und damit die Trennung der Gemeinschaft von ihren Mitgliedstaaten ausnahmsweise unbeachtlich ist (Durchgriff).

aa) Die Behandlung des Verhältnisses von Staat und staatseigenem Unternehmen im Völkerrecht

Daß die formale Verselbständigung einer von einem Staat geschaffenen juristischen Person mit eigener Rechtspersönlichkeit im Hinblick auf eine Trennung der Rechts- und Pflichtensphäre der Rechtssubjekte grundsätzlich zu beachten ist, ist ein Prinzip, das im Völkerrecht bereits vor dem Auftreten Internationaler Organisationen zu finden ist. Dieser Grundsatz beherrscht seit langem die Praxis der Staaten, insbesondere der nationalen Gerichte, und die Völkerrechtslehre bei der Beurteilung des Verhältnisses von ausländischen Staatsunternehmen mit eigener Rechtspersönlichkeit und dem Staat, der dieses Unternehmen gegründet hat und über das er am internationalen Wirtschaftsverkehr teilnimmt[346]. So stellte etwa der Supreme Court der Vereinigten Staaten im Fall First National City Bank v. Banco Para El Comercio Exterior de Cuba fest: „Due respect for the actions taken by foreign sovereigns and for principles of comity between nations ... leads us to conclude - as the courts of Great Britain have concluded in other circumstances - that government instrumentalities established as juridical entities distinct and independent from their sovereign

---

[345] PERNICE, AVR 26 (1988), S. 406, 425.

[346] Vgl. dazu umfassend BÖCKSTIEGEL, Der Staat als Vertragspartner ausländischer Privatunternehmen.

should normally be treated as such“[347]. Die hier gezogene Parallele weist jedoch auch auf die Grenzen der Trennung hin. So finden sich eine ganze Anzahl von Urteilen nationaler Gerichte und Gesetzen, welche Rechte und Pflichten eines Staates und eines rechtlich unabhängigen Staatsunternehmens gleichstellen und auch in der Völkerrechtslehre besteht Einigkeit darüber, daß die Rechtsfolgen der formalen Verselbständigung eines Staatsunternehmens mit eigener Rechtspersönlichkeit, nämlich die Trennung der Rechts- und Pflichtensphäre von Staat und Unternehmen, unbeachtlich ist, wenn seiner Beziehung zum Staat Kriterien immanent sind, die eine Identifizierung mit dem Staat begründen[348].

Das Problem der Gleichsetzung eines staatseigenen Unternehmens mit dem hinter ihm stehenden Staat hat sowohl in der Praxis als auch in der Völkerrechtslehre insbesondere im Zusammenhang mit der Frage Bedeutung erlangt, inwieweit eine staatseigene Gesellschaft an der völkerrechtlichen Immunität des Staates teilhat, inwieweit sie sich bei Staatshandlungen, die ihr die Erfüllung vertraglicher Pflichten unmöglich machen, auf force majeure berufen kann und schließlich, ob ein Unternehmen zur Haftung für Verbindlichkeiten des hinter ihm stehenden Staates bzw. für Verbindlichkeiten eines anderen Unternehmens desselben Staates herangezogen werden kann. Von besonderem Interesse für die hier behandelte Frage, ob die Mitgliedstaaten für die Nichterfüllung von Verbindlichkeiten im Rahmen der Gemeinschaftsabkommen haften, ist schließlich die erst in jüngerer Zeit im Zusammenhang mit den Klagen von Privatfirmen gegen die Islamische Republik Iran bzw. gegen von dieser geschaffenen Unternehmen nach der Revolution praktisch an Relevanz gewinnende Frage, ob der Staat für die Verbindlichkeiten eines von ihm gegründeten Unternehmens haftet[349]. Hierbei geht es jedoch nicht um die Haftung für die Verbindlichkeiten eines anderen (im Sinne einer „mittelbaren“ Haftung)[350], sondern hier wird die juristische Person in ihrer Beziehung zu Dritten trotz ihrer formalen Verselbständigung mit dem hinter ihr stehenden Staat identifiziert, d.h. um den Staat für die von der juristischen Person begründeten Verbindlichkeiten zur Haftung heranzuziehen, wird er infolge Durchgriffs selbst zum Beteiligten der Rechts-

---

[347] Urteil vom 17.6.1983, 462 U.S. 611, 77 L.Ed.2d 46, Supreme Court Reporter 103 A (October Term 1982), S. 2591, 2600, Ziff. 626 f.

[348] Vgl. BÖCKSTIEGEL, Der Staat als Vertragspartner ausländischer Privatunternehmen, S. 59.

[349] Vgl. dazu umfassend BÖCKSTIEGEL, in: FS Seidl-Hohenveldern, S. 17 ff.; KHADJAVI-GONTARD/HAUSMANN, RIW 1983, S. 1 ff.

[350] So jedoch HARTWIG, Die Haftung der Mitgliedstaaten für Internationale Organisationen, S. 91-118.

beziehung[351], also Träger der Verbindlichkeiten für deren Nichterfüllung er dann unmittelbar haftet[352].

Nun geht es bei den staatseigenen Unternehmen zwar nicht um die Beziehung zweier Völkerrechtssubjekte zueinander, sondern um die zwischen einem Staat und einer im Rahmen einer nationalen Rechtsordnung konzipierten juristischen Person[353], und die Pflicht Dritter zur Beachtung der von den Mitgliedstaaten getrennten (Völker-)Rechtspersönlichkeit einer Internationalen Organisation entsteht, anders als bei den staatseigenen Unternehmen, erst durch ihre Anerkennung als solche[354]. Die Konstellationen sind jedoch insoweit vergleichbar, als die formale Rechtsform einer von einem Staat geschaffenen juristischen Person mit all ihren Rechtsfolgen, insbesondere der Trennung von Rechts- und Pflichtensphäre, grundsätzlich zu respektieren sind, und zwar unabhängig davon, worauf die Pflicht Dritter zur Beachtung beruht[355].

Im folgenden sollen die Kriterien dargestellt werden, nach denen die Gerichte als auch die Völkerrechtslehre zu einem Durchgriff und damit zu einer Identifizierung von Staat und staatseigenem Unternehmen gelangen. Die hier gewonnenen Erkenntnisse sollen dann zur Lösung des Problems herangezogen werden, ob eine Nichtbeachtung der formalen Trennung der Gemeinschaft von ihren Mitgliedstaaten im Hinblick auf die Verträge der Gemeinschaft ausnahmsweise gerechtfertigt ist.

---

[351] Vgl. BÖCKSTIEGEL, Der Staat als Vertragspartner ausländischer Privatunternehmen, S. 32.

[352] Im Grunde geht es hier um die völkerrechtliche Frage, ob dem Staat das Verhalten des Unternehmens zugerechnet werden kann. Ist dem Staat das Verhalten einer von ihm zu trennenden Rechtsperson zuzurechnen, haftet er nach den Grundsätzen der Staatenverantwortlichkeit nur dann, wenn durch dieses ihm zurechenbare Verhalten eine *ihm obliegende* Pflicht verletzt wird, vgl. oben 3. Kapitel, A. Bei der Frage der Haftung für die Nichterfüllung von Verträgen setzt die Beurteilung des Verhältnisses von Staat und Unternehmen daher regelmäßig beim Vertragsschluß an, vgl. BGH NJW 1952, S. 817, s. unten 3. Kapitel, B., I., 1., c), aa), (1), (c), (aa).

[353] HARTWIG, Die Haftung der Mitgliedstaaten für Internationale Organisationen, S. 27.

[354] vgl. oben 2. Kapitel, B., II., 3.

[355] HARTWIG, Die Haftung der Mitgliedstaaten für Internationale Organisationen, S. 27, sieht die entscheidende Parallele der beiden Konstellationen darin, daß sowohl die staatseigenen Unternehmen als auch die Internationalen Organisationen eine von einem Staat abgeleitete bzw. auf dessen Willen beruhende Rechtspersönlichkeit besitzen.

(1) Die Praxis der Staaten zum Durchgriff

Um alle in der Praxis für eine Identifizierung herangezogenen Kriterien zu ermitteln, soll sich die Untersuchung nicht auf die Fälle beschränken, in denen es um die Haftung des Staates für das Unternehmen geht.

(a) Identifizierung für die Teilhabe staatseigener Unternehmen an der Immunität des Staates

Das Hauptproblem, zu dem die internationale Betätigung von Staatsunternehmen Anlaß gab, pflegte durch den Anspruch auf Immunität der Unternehmen zu entstehen.

Im Fall Baccus S.R.L. v. Servicio Nacional del Trigo gewährte der englische Court of Appeal einem vom spanischen Staat gegründeten und mit eigener Rechtspersönlichkeit ausgestattetem Unternehmen Immunität[356]. Das Unternehmen war mit dem Im- und Export von Getreide für Spanien unter Leitung des spanischen Landwirtschaftsministers betraut. Das Gericht sah es daher als erwiesen an, daß das spanische Unternehmen ungeachtet seiner eigenständigen Rechtspersönlichkeit eine Abteilung des spanischen Staates und daher mit diesem identisch war[357].

In der Trendtex-Entscheidung kam es dem britisches Gericht zufolge für die Entscheidung über die Immunität einer nigerianischen Staatsbank auf folgende Kriterien an:

„i. the extent to which the body's functions are of governmental nature;

ii. the extend to which it is independent of, or controlled or superintended by, or representative of, government;

iii. the extend to which the state is responsible for its operations“[358].

In einem Kartellverfahren gegen die Anglo-Iranische Oil Company entschied ein amerikanisches Gericht, daß das Unternehmen an der Immunität Großbritanniens teilhatte[359]. Es wies darauf hin, daß das Unternehmen zur Verfolgung staatlicher Ziele, nämlich die Versorgung Großbritanniens mit Erdöl, um

---

[356] AER 1956, Band 3, S. 715 ff.

[357] „ ... the defendants were entitled to sovereign immunity from suit for the following reasons-(i) they were, on the evidence, a department of the State of Spain, and were none the less so because they had been invested with corporate powers for the purpose of enabling them to carry out their statutory functions under the supervision of the Spanish Minister of Agriculture, ...“, AER 1956, Band 3, S. 715.

[358] Trendtex Trading v. Bank of Nigeria, AER 1977, Band 1, S. 881 ff.

[359] ILR 19 (1952), S. 197 ff.

die Funktionstüchtigkeit der Flotte zu gewährleisten, gegründet worden war und insoweit eine staatliche Funktion wahrnahm[360].

Das Haager Bezirksgericht hatte über eine Vollstreckung gegen die National Iranian Oil Company (NIOC) zu entscheiden, die sich auf Immunität berief[361]. Zwei Aspekte waren dem Gericht zufolge ausschlaggebend für die Zuerkennung der Immunität: erstens, daß die Gesellschaft nach ihrem Statut der Kontrolle und dem Management durch den iranischen Staat unterlag und daher bei der Vergabe der Konzession zur Erwirtschaftung von Öl wie ein Staatsorgan handelte, das mit dem Staat selbst zu identifizieren sei und zweitens, daß es mit der Vertretung der iranischen Interessen in der Ölindustrie betraut war und daher hoheitlich handelte[362].

Im Fall Passelaigues v. Mortgage Bank of Norway entschied das Tribunal de la Seine, daß die Hypothekenbank des Königreichs Norwegen nicht an der Staatenimmunität teilhat[363]. Zwar würden die Direktoren der Bank von der norwegischen Regierung ernannt und diese übe auch eine Kontrolle über die Aktivitäten des Geldinstituts aus, ihr Vermögen sei aber von dem des Staates getrennt, auch wenn dieser das Gründungskapital stelle. Denn die Rückzahlung dieser Gelder an den Staat dürfe erst erfolgen, wenn alle geschäftlichen Verbindlichkeiten der Bank befriedigt seien; der Staat seinerseits hafte nicht für die Schulden der Bank.

Der Entscheidung Époux Martin c. Banque d'Espagne des französischen Cour de Cassation lag die Klage des französischen Ehepaares Martin zugrunde, deren Begehren auf Umtausch ihres spanischen Geldes gegen neue gültige Scheine die Banque d'Espagne, die spanische Staatsbank, nicht nachgekommen war[364]. General Franco hatte den Umtausch zuvor angeordnet. Das Gericht stellte fest, daß die eigenständige Rechtspersönlichkeit der Bank der Immunität nur insoweit entgegensteht, als sie - wie es der Normalfall sei - privatrechtliche Tätigkeiten ausführe. Im Hinblick auf den Umtausch von Geld unterlag sie jedoch den

---

360 „... of far more potency is the object and purpose of the corporation ... The supplying of oil to insure the maintenance and operation of a naval force - and in this day and age, an air force - is certainly a fundamental government function serving a public purpose ...".

361 N.V. Cabolent v. National Iranian Oil Company, ILM 5 (1966), S. 477 ff.

362 „On the strength of the preceding the Court holds, that NIOC, when entering into this agreement, was acting as an organ of the central government which has to be identified with that government, and that it acted thereby 'jure imperii', so that NIOC like Iran itself, cannot be submitted against its will to the jurisdiction of the Dutch courts.", aaO, S. 477, 479.

363 ILR 22 (1955), S. 227, 229.

364 Urteil vom 3.11.1952, Revue critique de droit international privé, 1953, S. 425 f.

strikten Anweisungen des Staates, insoweit habe sie bei der Weigerung, das Geld umzutauschen, als „agent“ Spaniens und damit hoheitlich gehandelt[365].

Schließlich wurde die Frage der Immunität auch in den Gesetzen verschiedener Staaten sowie in völkerrechtlichen Verträgen geregelt. Art. 27 der Europäischen Konvention zur Staatenimmunität vom 16. Mai 1972[366] bestimmt, daß Unternehmen mit eigener Rechtspersönlichkeit nicht unter die Immunitätsbestimmungen des Abkommens fallen sollen, es sei denn, daß die Verfahren acta iure imperii betreffen. In gleicher Weise bestimmt der britische State Immunity Act von 1978[367] in Art. 14 Abs. 1 und 2, daß sich die Immunität nicht auf von den staatlichen Organen getrennte Einheiten erstreckt, die die Fähigkeit besitzen zu verklagen oder verklagt zu werden, wenn es nicht um die Ausübung hoheitlicher Gewalt geht. Der Foreign State Immunity Act der USA[368] als auch der kanadische State Immunity Act[369] wird eine „agency of a foreign State“ zwar trotz ihrer rechtlichen Selbständigkeit als Teil des Staates verstanden und daher weitgehend mit dem Staat gleichgesetzt. Auch hier ist jedoch die Staatenimmunität insoweit beschränkt, als die Jurisdiktion über acta iure gestionis zulässig ist[370].

(b) Identifizierung zum Zweck der Zurechnung staatlicher Akte

Die Frage der Gleichsetzung eines staatseigenen Unternehmens mit dem Staat spielte auch eine Rolle bei der Frage, ob sich ein staatseigenes Unternehmen auf force majeur berufen kann, wenn ihm eine Leistung aufgrund eines staatlichen Aktes unmöglich geworden ist.

---

[365] „... attendu que s'il est loisible à la Banque d'Espagne, dotée d'une personnalité propre, d'effectuer normalement des actes de commerce, activité dont elle répond alors et dont elle est justiciable dans les mêmes conditions qu'un commercant, il en est autrement lorsqu'elle est sommée d'opérer un estampillage, ou un échange de billets périmés, opération accomplie dans des conditions rigoureusement imposées par l'Etat espagnol par représentation de ce dernier; attendu qu'à juste titre l'arrêt déclare que la Banque, en la circonstance, n'a été qu'un agent de l'Etat espagnol, accomplissant dans la plénitude de ses pouvoirs un acte de la puissance public; que, dès lors, les actes critiqués, même abstraction faite du principe de l'immunité de juridiction, constituaient des actes d'autorité échappant à tout contrôle juridictionnel francais ...“, aaO, S. 425.

[366] Council of Europe, European Treaty Series No. 74.

[367] ILM 17 (1978), S. 1123.

[368] ILM 15 (1976), S. 1388.

[369] ILM 21 (1982), S. 798.

[370] Vgl. HARTWIG, Die Haftung der Mitgliedstaaten für Internationale Organisationen, S. 97.

Im Fall Crédit populaire d'Algerie c. SAPVIN[371] wies die Cour de Cassation - wie auch schon die Vorinstanz - die Klage einer algerischen Bank gegen ein französisches Unternehmen auf Inanspruchnahme einer Bürgschaft, welche jenes für eine Schuld seines in Algerien ansässigen Tochterunternehmens übernommen hatte, ab. Die Entscheidung wurde mit Art. 2037 Code civil begründet, wonach ein Gläubiger von dem Bürgschaftsschuldner keine Befriedigung verlangen kann, wenn ersterer einen späteren Regreß des Bürgen gegen den Hauptschuldner unmöglich gemacht hat. Vorliegend war ein Rückgriff gegen das Tochterunternehmen deshalb unmöglich, weil es vom algerischen Staat enteignet worden war. Das Gericht stellte fest, daß nach dem Statut der algerischen Bank der Einfluß des Staates auf das Unternehmen sowohl aufgrund der finanziellen als auch aufgrund der personellen Verflechtung[372] so groß war, daß sie mangels faktischer Eigenständigkeit mit diesem gleichzusetzen war und ihr deshalb die staatliche Maßnahme entgegen gehalten werden könne.

Im Fall Czarnikow Ltd. v. Rolimpex hatten der englische Court of Appeal[373] und das House of Lords[374] darüber zu entscheiden, ob sich ein polnisches Staatsunternehmen in einem Verfahren wegen Nichterfüllung einer Vertragspflicht darauf berufen konnte, daß das von der polnischen Regierung verhängte Exportverbot eine force majeur für sie darstellte. In beiden Instanzen wurde die Behauptung der Klägerin zurückgewiesen, die Beklagte sei als Teil der polnischen Regierung anzusehen und daher mit ihr identisch. Es wurde zwar herausgestellt, daß der polnische Staat Eigentümer der von Rolimpex gehandelten Rohstoffe war, daß dieses Unternehmen für den Staat kaufte und verkaufte und dabei von den Weisungen des Ministers für Außenhandel und Schiffahrt abhing und darüber hinaus den staatlichen Wirtschaftsplan beachten mußte. Da es aber im übrigen seine eigenen Entscheidungen bei seinen wirtschaftlichen Aktivitäten traf, könne es nicht als eine Abteilung des Staates angesehen werden.

Ebenfalls um die Frage des Vorliegens von force majeur ging es in dem Verfahren Krupp Koppers/Kopex[375] vor einem Schiedsgericht in der Schweiz. Ein deutsches Unternehmen hatte sich gegenüber einem polnischen Staatsunternehmen vertraglich zur Lieferung von Anlagen verpflichtet. Die von der Klägerin verlangte Abnahme der Anlagen war dem polnischen Unternehmen un-

---

[371] Urteil vom 14.2.1978, Revue critique de droit international privé, 1980, S. 707 ff.

[372] Der Haushalt der Bank mußte vom Finanzminister gebilligt werden, ihr Kapital stammt vom Staat, ihre Verwaltung unterliegt den Weisungen des Finanzministers, der Präsident wird von der Regierung durch Dekret ernannt und ihre Gewinne kommen dem Staatsvermögen zu, vgl. aaO.

[373] AER 1978, Band 1, S. 81 ff.

[374] AER 1978, Band 2, S. 1043 ff.

[375] YCA XII (1987), S. 63.

möglich geworden, als die polnische Regierung nach Verhängung des Kriegsrechts ein Importverbot erlassen hatte. Das Gericht ließ eine Berufung auf force majeur nicht zu. Ausschlaggebend war, daß der polnische Staat dem Gericht zufolge das Importverbot nicht im allgemeinen Interesse, sondern im Interesse des polnischen Unternehmens erlassen habe, und dieses so eng mit dem Staat verflochten sei, daß es unter Außerachtlassung der eigenständigen Rechtspersönlichkeit mit dem Staat gleichgesetzt werden könne. Die enge Verflechtung und damit die Kontrolle des Staates über das Unternehmen ergab sich daraus, daß die Minister durch Anweisungen die Aktivitäten des Unternehmens auch in Einzelheiten steuern konnten, die Manager von der Regierung ernannt wurden und die Ministerien auch an dem Abschluß des betreffenden Vertrages beteiligt waren. Infolge Gleichsetzung konnte dem Unternehmen somit die Maßnahme seines Staates zugerechnet werden.

(c) Identifizierung zum Zweck der Schuldenhaftung

Von besonderem Interesse für die Beantwortung der Frage, ob die Mitgliedstaaten einer Internationalen Organisation im Hinblick auf die Vertragspflichten mit dieser gleichzustellen sind, sind die Fälle, in denen es um die Identifizierung zum Zweck der Aufrechnung bzw. zum Zweck der Schuldenhaftung geht.

(aa) Die Rechtsprechung des BGH zur Aufrechnung gegenüber Reichs- und Kriegsgesellschaften

Zu dieser Frage liefert vor allem die deutsche Rechtsprechung des BGH reichhaltiges Anschauungsmaterial. Während des Krieges war das Deutsche Reich Alleingesellschafterin einer großen Zahl von Handelsgesellschaften, denen es verschiedene Aufgaben im Rahmen der Planung, Produktion und Verteilung von Rüstungsgütern übertragen hatte[376]. Als diese Reichsgesellschaften nach Kriegsende zum Zwecke der Liquidation Forderungen gegen ihre privaten Schuldner geltend machten, versuchten die letzteren, mit Ansprüchen gegen das Reich aufzurechnen. Die für die Aufrechnungslage erforderliche Gegenseitigkeit der Forderungen begründeten die Gläubiger damit, daß die Reichsgesellschaften in Wirklichkeit nur zivilrechtlich ausgestaltete Erscheinungsformen des Reiches gewesen seien und sich deshalb auf die formalrechtliche Verselbständigung nicht berufen könnten.

So wies der BGH die Klage einer Kriegsgesellschaft ab, die Ende 1942 als GmbH gegründet worden war, nachdem die Seekriegsleitung sich entschlossen

[376] Zum politischen, wirtschaftlichen und rechtlichen Hintergrund dieser Rechtsprechung: KEGEL, JZ 1951, S. 385 ff.; SERICK, Rechtsform und Realität der juristischen Personen, S. 6 ff.

hatte, den bis dahin von der Kriegsmarine durchgeführten Nachschubtransport der Wehrmacht über See privaten Firmen zu übertragen[377]. Der BGH hielt den Aufrechnungseinwand der Schuldner für gerechtfertigt, weil die Kriegsgesellschaften im mittelbaren Besitz des Reiches gestanden haben. Die mittelbare Beziehung des Reiches zur Vermögenssubstanz der Gesellschaft konnte nach Ansicht des Gerichts entweder durch eine Beteiligung des Reiches am Gesellschaftskapital oder dadurch hergestellt werden, daß das Reich sich auf eine andere Weise eine so weitgehende Herrschaft über die Gesellschaft verschafft habe, daß von deren Eigenpersönlichkeit kaum noch etwas übriggeblieben sei. Als maßgebliche Indizien für die Unterwerfung der Klägerin (Kl.) unter die Befehlsgewalt des Reiches sah der BGH insbesondere an, daß „die Kl. nicht nur in alle von der Marine eingegangenen privatrechtlichen Verträge und Verbindlichkeiten einzutreten (hatte), sondern auch in die öffentlich-rechtlichen und staatsrechtlichen, die durch Privatrechtsgeschäft nicht übernommen werden können", daß ferner „ihr gesamtes Personal mit Ausnahme des leitenden Geschäftsführers und seiner Bevollmächtigten ... Wehrmachtsgefolge (wurde) und ... der Disziplinargewalt des Leiters der Seetransportstelle" unterstand und daß schließlich der Klägerin der „Erwerb von Eigentum, Forderungen und Gewinn ... nur im Rahmen des Treuhandverhältnisses, d.h. für Rechnung des Reiches gestattet (war), das auf der anderen Seite für alle Verbindlichkeiten und Risiko mittelbar eintrat."

In einer Entscheidung vom 28.3.1952[378] betonte der BGH zunächst die Geltung des Trennungsprinzips auch im Verhältnis der Kriegsgesellschaften zum Deutschen Reich. Eine Gleichstellung zum Zwecke der Aufrechnung könne „vielmehr nur in Ausnahmefällen erfolgen, um grobe Unbilligkeiten zu vermeiden." Hierbei sei von entscheidender Bedeutung „ ..., ob die Kl. nach ihrer Entstehungsgeschichte, ihrem Aufbau und ihrem ganzen Wesen zur Zeit, als die Forderung gegen die Bekl. Entstand, nur als besondere Erscheinungsform des Reiches zu betrachten" gewesen sei. Dem Berufungsgericht wurde daher aufgegeben, weiter aufzuklären, „ob der Zweck der Kl. in Wirklichkeit nur darin bestand, zur Kriegsführung notwendige Aufgaben des Reiches zu übernehmen, ob sich das Reich ferner einen solchen Einfluß auf die Kl. gesichert hatte, daß diese in Wirklichkeit nur einer Dienststelle des Reiches gleichzuachten war und ob der zwischen den Parteien geschlossene Liefervertrag sich als ein im Interesse des Reiches erteilter, der Kriegsführung dienender Auftrag darstellte."

---

[377] BGHZ 3, S. 316, 319 ff.
[378] BGH NJW 1952, S. 817.

In einer weiteren Entscheidung[379] gab der BGH dem Aufrechnungseinwand des beklagten Schuldners mit der Begründung statt, daß sich die als Gläubigerin auftretende Kriegsgesellschaft, eine GmbH, nicht auf ihre formale Rechtsstellung als selbständiger Vermögensträger berufen könne, „wenn die Klageforderung aus der Durchführung hoheitlicher Aufgaben im Auftrage des Reiches treuhänderisch durchgeführt wurden, wenn die Gesellschaft ferner ungeachtet der privatrechtlichen Formen ihrer Geschäftsführung und Abrechnung der ständigen Weisung und Kontrolle des Reiches untersteht und wenn das Reich, sei es durch Handhabung seiner gesellschaftlichen Machtmittel, sei es durch vertragliche oder befehlsmäßige Bindung, jederzeit in der Lage ist, die Geschäftstätigkeit der Gesellschaft in allen Einzelheiten nach seinen Zwecken und seinen Entschließungen zu gestalten." Denn unter solchen Voraussetzungen habe es der Vertragspartner der Gesellschaft „in Wahrheit nicht mit einem selbständigen Gegner zu tun, der wie jeder andere Kaufmann aus freier Entschließung sein Geschäftskapital zu Erwerbszwecken nutzt, sondern mit einem Gegner, dessen freie Entschließung sich auf die technische Durchführung von Reichsaufgaben beschränkt, die ihm unter Ausschluß jeder eigenen Betätigung vom Reich zugemessen werden und die nach den Richtlinien des Auftraggebers abgewickelt werden müssen." Eine solche Gesellschaft führe kein „wirkliches gesellschaftliches Eigenleben", selbst wenn ihr ein namhaftes Geschäftskapital vom Reich zur Verfügung gestellt worden sei. Werde eine juristische Person des Privatrechts mit kriegsbedingten hoheitlichen Aufgaben des Reiches im wesentlichen aus internen Zweckmäßigkeitsgründen betraut, weil sich „die Gesellschaftsform und die in ihrem Rahmen eingesetzten Fachkräfte für die Durchführung besser eignen als der organisatorisch und fachlich anders orientierte Behördenapparat", so bedarf es nach Meinung des BGH einer sorgfältigen Prüfung, „ob diese ‚juristische Verselbständigung' einer Dienststelle überhaupt dazu bestimmt war, ... im Außenverkehr mit Vertragspartnern der Gesellschaft eine Rolle zu spielen, ob insbesondere die Beschränkung der gesellschaftlichen Haftung auf das Geschäftskapital mehr war als eine hingenommene Begleiterscheinung der gewählten der Gesellschaftsform ... ."

Im weiteren Verlauf hat der BGH diese Rechtsprechung auf andere Gesellschaften ausgedehnt, die weder Kriegsgesellschaften noch kapitalmäßig mit dem Reich verbunden waren, sofern sie nur im konkreten Einzelfall als Dienststelle des Reiches gehandelt hatten[380].

Hierbei handelt es sich zwar um eine Identifizierung nach internem Recht, das heißt um das Verhältnis einzelner Bürger zum Staat. Daß diese Sichtweise auch

---

[379] BGHZ 10, S. 205, 208 ff.
[380] Vgl. BGHZ 17, S. 19 ff.

auf völkerrechtlicher Ebene, also im Verhältnis von Staaten und ausländischen Unternehmen zueinander, Anknüpfungspunkt für eine Gleichstellung ist, beweist die nachfolgende Praxis.

(bb) Die Haltung der Gerichte in anderen Staaten

Der Cour d'appel d'Aix-en-Provence wies das Rechtsmittel der libyschen Gesellschaft General National Maritime Transport Company (G. N. M. T.) gegen die Beschlagnahme eines ihrer Schiffe zurück, die von der als Schiffsmakler für die Waffenlieferung einer libyschen Gesellschaft Ras el Hilal auftretende französische Société Marseille Fret erwirkt worden war[381]. Der Zweck des Arrestes war, eine Summe von $ 7 300 000 sicherzustellen, auf die Marseille Fret angeblich deshalb Anspruch hatte, weil eines ihrer Schiffe in Libyen willkürlich festgehalten worden war, nachdem ein libysches Gericht den Antrag der Ras el Hilal auf Arrestierung gebilligt hatte. Dem Antrag der Ras el Hilal lag zugrunde, daß sie Marseille Fret dafür verantwortlich machte, daß die von dieser auf ein deutsches Schiff vermittelten russischen Panzer für Idi Amin wegen fehlender Papiere in einem südafrikanischen Hafen beschlagnahmt wurden. Das Gericht begründete die Zurückweisung damit, daß erstens die Durchführung von Waffentransporten durch die Ras el Hilal nicht als ein kommerzielles Geschäft, sondern als eine dem Staat zukommende Tätigkeit zu qualifizieren sei und dem libyschen Staat daher sowohl die Vertragsvergabe im Zusammenhang mit dem Waffentransport als auch die daraus folgende Beschlagnahme des französischen Schiffes zuzurechnen sei. Und zweitens auch die G. N. M. T. wegen seiner engen Verflechtung mit dem libyschen Staat so weit mit diesem zusammenfiel, daß sie die Maßnahme wegen eines Anspruchs, der sich infolge doppelten Durchgriffs auch gegen sie richtete, hinnehmen mußte. Die Gleichsetzung der G. N. M. T. mit dem Staat begründete das Gericht damit, daß alle Anteile der Gesellschaft dem libyschen Staat gehörten und unübertragbar waren, daß die Gewinne in den Staatshaushalt überwiesen werden sollten, die von der Regierung ernannte Verwaltungsspitze auch Anweisungen hinsichtlich der Führung des Unternehmens gab und sich für den Fall, daß ihre Eingriffe in die Leitung Verluste nach sich ziehen sollten, zur Zahlung von Schadensersatz verpflichtet hatte.

Im Fall First National City Bank v. Banco para el Comercio Exterior de Cuba (Bancec), der in dritter Instanz vom Supreme Court der Vereinigten Staaten[382] entschieden wurde, ging es um die Aufrechnung eines Entschädigungsanspruchs der amerikanischen First National City Bank gegen den kubanischen Staat

---

381 Urteil vom 20.9.1984, Revue critique de droit international privé, 1985, S. 358 ff.

382 Urteil vom 17.6.1983, 462 U.S. 611, 77 L.Ed.2d 46, Supreme Court Reporter 103 A (October Term 1982), S. 2591 ff.

wegen Enteignung mit einem Anspruch der Bancec aufgrund eines Akkreditivs. Ausgehend von dem Grundsatz, daß die eigene Rechtspersönlichkeit eines Unternehmens zu beachten ist, hielt der Supreme Court vorliegend die Voraussetzungen für eine Ausnahme und damit die für die Aufrechnung erforderliche Parteienidentität für gegeben. „Thus, where a corporate entity is so extensively controlled by its owner that a relationship of principal and agent is created, we have held that one may be liable for the actions of the other.“[383] Das Unternehmen hatte die Richtlinien der Handelspolitik der Regierung zu beachten und besaß das Außenhandelsmonopol. Die Regierung stellte das gesamte Kapital der Bank; die Gewinne wurden in den Staatshaushalt überführt, den Vorstand bildeten Personen, die von den kubanischen Ministerien entsandt worden waren, der Vorsitzende war zugleich Staatsminister und Präsident der kubanischen Zentralbank. Das amerikanische Gericht beschränkte sein Ergebnis jedoch auf den hier spezifischen Fall, in dem ein Staatsunternehmen vor einem amerikanischen Gericht Erfolg haben sollte, während Kuba die Erfüllung seiner völkerrechtlichen Verpflichtungen verweigerte. Da die kubanische Regierung vor einem Gericht der Vereinigten Staaten keine Klage erheben konnte, ohne sich selbst den Gegenansprüchen ihres Gegners auszusetzen, und da die kubanische Regierung und Banco Nacional die einzigen Nutznießer eines günstigen Urteils wären, lehnte das Gericht es ab, blind der juristischen Form zu folgen, wenn dadurch Ungerechtigkeit geschaffen würde[384]. Es wendete damit die das Problem der Durchgriffshaftung im amerikanischen Recht regelnden „equitable principles“ an[385].

Das schweizerische Bundesgericht gab einer Klage der Polnischen Nationalbank statt, mit der diese sich gegen eine in ihr Vermögen durchgeführte Vollstreckung wegen einer Forderung gegen den polnischen Staat wehrte[386]. Das Gericht stellte entscheidend darauf ab, daß die Polnische Nationalbank „ein unentziehbares Dotationskapital erhalten hat und somit offenbar über eigenes Vermögen verfügt, im Verkehr unter ihrem eigenen Namen auftritt und aus den von ihr geschlossenen Rechtsgeschäften selber berechtigt und verpflichtet wird, auch dem Staate selber als Gläubiger gegenübertreten kann und eine besondere, außerhalb der allgemeinen Staatsverwaltung stehende Organisation besitzt, und

[383] AaO, S. 2591, 2601, Ziff. 629.

[384] „Giving effect to Bancec's separate juridical status in these circumstances, even thought it has long been dissolved, would permit the real beneficiary of such an action, the Government of the Republic of Cuba, to obtain in its own right without waiving its sovereign immunity and answering for the seizure of Citibank's assets - a seizure previously held by the Court of Appeals to have violated international law. We decline to adhere blindly to the corporate form where doing so would cause such an injustice.“ aaO, S. 2591, 2603, Ziff. 632.

[385] AaO, S. 2591, 2603, Ziff. 634.

[386] BGE 76 III, S. 60 ff.

daß der Staat für ihre Verbindlichkeiten nur subsidiär, aufgrund besonders übernommener Garantie haftet." Das von der Klägerin ins Feld geführte Argument, „daß in Polen die kollektivistische, hierarchisch geordnete und gelenkte Staatswirtschaft an die Stelle der früheren Privatwirtschaft getreten sei, und daß die Bekl. in dieser kommandierten Wirtschaft eine zentrale Stellung einnehme", ist nach Ansicht des BG nicht geeignet, die formale Rechtsform der Bank als vom Staat getrennte Rechtspersönlichkeit beiseite zu schieben: „Die Selbständigkeit einer öffentlichen Anstalt zeigt sich weniger im Verhältnis zum Staat als im Verhältnis zu den Dritten, mit denen sie den Vermögensverkehr pflegt; diesen gegenüber muß eine öffentliche Anstalt als berechtigt erscheinen, über die ihr zugewiesenen Mittel selbständig zu verfügen, wenn sie als juristische Person gelten soll."

Das 1981 durch die Verträge von Algier[387] mit Sitz in Den Haag gegründete Iran-United States Claims Tribunal stützte sich bei seinen Entscheidungen, die überwiegend Klagen amerikanischer Privatfirmen gegen die Islamische Republik Iran bzw. gegen iranische staatseigene Unternehmen zum Gegenstand hatte, zur Beantwortung der Frage, ob ein Durchgriff auf den iranischen Staat gerechtfertigt ist, im wesentlichen auf das Kriterium der Regierungskontrolle ab[388]. Meist tauchte diese Frage bereits im Rahmen der Zuständigkeitsprüfung auf, weil das Schiedsgericht nur über Klagen gegen „Iran, any political subdivision of Iran and any agency, intrumentality, or entity controlled by the Government of Iran or any political subdivision thereof" entscheiden kann. Die Frage des Durchgriffs ist jedoch auch Gegenstand der Fälle, in denen es materiell um die Haftung geht, wobei die Entscheidung, ob eine Kontrolle einen Durchgriff auf den Staat rechtfertigt, unter sorgfältiger Abwägung der Einzelumstände erfolgt. In einer Reihe von Entscheidungen sahen die Kammern des Schiedsgerichtshofs eine für den Durchgriff ausreichende Regierungskontrolle als gegeben an, wenn die Geschäftsführung von der iranischen Regierung nach der Revolution ernannt worden war[389]. Der Durchgriff wurde jedoch auch abgelehnt, wenn nicht konkret eine Kontrolle der Regierung nachgewiesen werden konnte[390]. So stellte das Iran-United States Claims Tribunal im Fall AMOCO International Finance Corporation v. Iran zwar fest: „It can be admitted that, in certain circumstances, the separate personality of an entity fully controlled by a State can be discarded and

[387] Vertragstext abgedruckt in YCA VII (1982), S. 256 f., 260 und YCA IX (1984), S. 186.

[388] Die Entscheidungen des Schiedsgerichtshofs werden in verschiedenen Veröffentlichungen regelmäßig abgedruckt, z. B. Iran-US Claims Tribunal Reports, Cambridge; vgl. BÖCKSTIEGEL, in: FS Seidl-Hohenveldern, S. 17, 29 ff.

[389] Awards 20-17-3; 21-132-3; 30-16-3; 46-57-2; 74-62-3; 133-340-3; 176-255-3; 201-174-1, zitiert nach BÖCKSTIEGEL, in: FS Seidl-Hohenveldern, S. 17, 30, Fn. 36.

[390] Awards 207-217-2 und 243-112-1, zitiert nach BÖCKSTIEGEL, in: FS Seidl-Hohenveldern, S. 17, 31, Fn. 41.

the State considered as bound by the terms of the contract entered into by such an entity. ... Such conclusion, however, can legitimately be drawn only if this entity acted as an intrument of the State."[391] Das Gericht sah die gegebenen Umstände jedoch nicht als ausreichend an, um einen Durchgriff zu rechtfertigen.

(2) Der Durchgriff in der Völkerrechtslehre

RIAD stellt für die Frage der Identifizierung eines staatseigenen Unternehmens mit dem dahinterstehenden Staat entscheidend darauf ab, ob das Unternehmen trotz seiner formalen Rechtsform als vom Staat getrennte Rechtspersönlichkeit, den Charakter einer Dienststelle des Staates hat („service de l'Etat")[392]. Vom völkerrechtlichen Standpunkt aus stelle sich der Staat als Einheit dar, der alle seine Organe und Dienststellen umfaßt, die von ihm abhängen; sobald ein Unternehmen als Dienststelle des Staates geschaffen wurde und damit Teil des Staates ist, präsentiere es sich auf der völkerrechtlichen Ebene als eins mit dem Staat[393]. Ob das Unternehmen eine Dienststelle des Staates ist, sei grundsätzlich nach dem Recht des Gründerstaates zu beurteilen[394]. Das Unternehmen könne jedoch auch dann mit dem Staat identifiziert werden, wenn es nach dem Recht des Gründerstaates zwar nicht als Dienststelle des Staates zu betrachten ist, der Staat dem Unternehmen jedoch die Wahrnehmung staatlicher Aufgaben bzw. Funktionen überträgt. Er weist in diesem Zusammenhang auf den Fall Époux Martin c. Banque d'Espagne hin, in dem es um die Handlung der spanischen Staatsbank ging, die im Zusammenhang mit einer Aufgabe stand, deren Ausführung der spanische Staat angeordnet hatte. Die Handlungen des Unternehmens seien in diesem Fall als Akte des Staates anzusehen, denn das Unternehmen nehme die staatlichen Funktionen stellvertretend für den Staat wahr[395]. Im Hinblick auf eine Identifizierung zur Schuldenhaftung/Aufrechnung verweist er auf die Entscheidung des Bundesgerichtshofs, wonach eine Gesellschaft als „besondere Erscheinungsform des Reiches" zu betrachten ist, wenn sie staatliche

---

[391] Case No. 56, 15 Iran-U.S. Claims Tribunal Reports 189, S. 237 f.; eine solche Ausnahme erkannte das Gericht auch in Case No. 43, Oil Field of Texas v. Iran, 1 Iran-U.S. Claims Tribunal Reports 347, S. 358 f. an.

[392] RIAD, RdC 108 (1963 I), S. 561, 580, 648.

[393] RIAD, RdC 108 (1963 I), S. 561, 580.

[394] RIAD, RdC 108 (1963 I), S. 561, 582, der nationale Richter könne nur dann davon abweichen, wenn das Recht des Gründerstaates in einem krassen Widerspruch zu jenem des Forumstaates steht.

[395] „Il faut toutefois réserver le cas où, comme la jurisprudence n'a pas manqué de le relever, l'Etat confie à l'entreprise l'accomplissement d'une fonction étatique bien que cette entreprise ne soit pas considérée comme service de l'Etat. ... En pareil cas, on doit considérer l'acte accompli par ces entreprises publiques comme un acte émanant de l'Etat étranger lui-même, car le rôle de l'entreprise est en réalité ici celui d'un agent accomplissant un acte de fonction étatique". RIAD, RdC 108 (1963 I), S. 561, 629, Fn. 71.

Aufgaben wahrnimmt und direkte Anweisung des Staates erhält[396]. Hierbei handele es sich zwar um eine Identifizierung nach internem Recht, dieser Charakter erlaube es Staaten jedoch auch, ein ausländisches Unternehmen mit dem Staat, der es geschaffen hat, gleichzustellen und damit die vom Recht des Gründerstaates bestimmte Haftungstrennung zu mißachten[397].

Auch nach SEIDL-HOHENVELDERN ist die Unterscheidung zwischen dem Staat und seinen Unternehmen im Bereich der Staatenverantwortlichkeit unbeachtlich, wenn es um Akte iure imperii der Unternehmen geht, ob sie nun staatseigen sind oder nicht. Solche Akte werden dem Staat zugerechnet, wenn sie auf Anweisung und Veranlassung des Staates vorgenommen wurden[398].

In der jüngeren Literatur wird für die Frage des Durchgriffs und der Identifizierung von Staat und staatseigenem Unternehmen neben der Art der Aufgabe auf das konkrete Ausmaß der Beherrschung und der Kontrolle des Staates über das Unternehmen abgestellt[399]. Indizien für eine solche staatliche Beherrschung und Kontrolle des Unternehmens sei eine personelle, finanzielle oder organisatorische Verflechtung des Staates mit den Unternehmensstrukturen. Die sich daraus ergebenden Einflußmöglichkeiten des Staates auf die Entscheidungen und Handlungen des Unternehmens führten dazu, daß das Unternehmen faktisch nicht in der Lage sei, einen „eigenen", von der Regierung unabhängigen Willen in seinen Beziehungen zu Dritten zu bilden und zu äußern[400]. Die maßgeblich willensbildende Teilhabe des Staates an den Unternehmensentscheidungen bewirke die „Integration des Unternehmens als Teil der staatlichen Politik"[401] und damit seine Charakterisierung als Staatsorgan[402]. Der formalrechtlichen Verselbständigung der juristischen Person gegenüber dem Staat müsse daher in materieller Hinsicht ein ausreichendes Maß an organisatorischer Unabhängigkeit, geschäftlicher Entscheidungsfreiheit und finanzieller Autonomie entsprechen[403]. Allerdings soll in den force majeur-Fällen die umfassende oder wirt-

---

[396] RIAD, RdC 108 (1963 I), S. 561, 649.

[397] RIAD, RdC 108 (1963 I), S. 561, 648.

[398] SEIDL-HOHENVELDERN, Corporations In and Under International Law, S. 63.

[399] KHADJAVI-GONTARD/HAUSMANN, RIW 1980, S. 533, 540 f. und RIW 1983, S. 1, 11 ff. orientieren sich dabei auch an den im Zivilrecht entwickelten Kriterien einer Durchgriffshaftung; MANN, RIW 1987, S. 186, 192; NOLTING, RIW 1988, S. 511, 515.

[400] In dieser Deutlichkeit KHADJAVI-GONTARD/HAUSMANN, RIW 1980, S. 533, 541; in diesem Sinne auch NOLTING, RIW 1988, S. 511, 513 ff.

[401] NOLTING, RIW 1988, S. 511, 515.

[402] MANN, RIW 1987, S. 186 und S. 192 spricht davon, das Unternehmen als „Abteilung" oder „Organ der Regierung" zu betrachten bzw. ihm den „Charakter eines Staatsorgans" zuzusprechen.

[403] Vgl. KHADJAVI-GONTARD/HAUSMANN, RIW 1983, S. 1, 14.

schaftliche Kontrolle eines ausländischen Staatsunternehmens durch den Staat nicht ausreichen, um den Schleier seiner getrennten Rechtspersönlichkeit zu durchstoßen. Für eine Identifizierung des Unternehmens mit dem Staat bzw. um den Unternehmen staatliche Maßnahmen infolge Identifizierung zurechnen zu können, müsse diese rechtliche Konstruktion vielmehr zu Manipulationszwecken mißbraucht werden[404].

BÖCKSTIEGEL versucht im Zusammenhang mit der Frage, ob der Vertragspartner eines Privatunternehmens als „staatlich" zu qualifizieren ist, die Kategorisierung von Fallgruppen, bei denen jeweils ein staatseigenes Unternehmen trotz der vom Staat getrennten Rechtspersönlichkeit „wie der Staat selbst" behandelt werden muß[405]. Die Identifizierung des Unternehmens als „staatlich" sei in all den Fällen notwendig, in denen sich für die konkrete Rechtsfrage etwas anderes ergibt, wenn es sich bei dem zu prüfenden Rechtssubjekt um ein „staatliches" handelt[406]. Die erstrebenswerte Gleichbehandlung ließe sich nur dadurch erreichen, daß die Rechtsfragen, in denen auf sie nicht verzichtet werden könne, im Wege des „funktionellen"[407] Durchgriffs die Rechtsform mißachtet und den Staat und die vom ihm gegründete getrennte juristische Person ganzheitlich betrachtet werden[408]. So hält er den „internationalen Durchgriff auf den Staat"[409] für zulässig, wenn dem Vertragspartner gegenüber der Rechtsschein erweckt worden ist, daß trotz der formellen Trennung in der betreffenden Frage die juristische Person mit dem dahinterstehenden Staat identisch sei (Durchgriff kraft Vertrauensschutz)[410] oder wenn die juristische Person Aufgaben durchführt, die sich nur mit der Inanspruchnahme hoheitlicher Gewalt begründen lassen (Durchgriff kraft Funktionsausübung)[411]. Da in allen nationalen Rechtssystemen Hoheitsgewalt nur durch den Staat oder aufgrund staatlicher Ermächtigung ausgeübt werden könne, ergebe sich aus der Hoheitsgewalt zwingend der Schluß auf die staatliche Autorität[412]. Indem der Staat hoheitliche Funktionen auf die juristischen Person übertrage, setze er den Rechtsgrund, der

[404] KHADJAVI-GONTARD/HAUSMANN, RIW 1980, S. 533, 543, die von einem Durchgriff unter Berufung auf den (deutschen) ordre public ausgehen; NOLTING, RIW 1988, S. 511, 513 ff.

[405] BÖCKSTIEGEL, Der Staat als Vertragspartner ausländischer Privatunternehmen, 1971.

[406] BÖCKSTIEGEL, Der Staat als Vertragspartner ausländischer Privatunternehmen, S. 29.

[407] „So wie der Begriff der Staatlichkeit in seiner Aussage für die bestimmte Rechtsfrage ein relativer ist, so kann entsprechend auch der Durchgriff auf den Staat nur ein relativer sein.", BÖCKSTIEGEL, Der Staat als Vertragspartner ausländischer Privatunternehmen, S. 32.

[408] BÖCKSTIEGEL, Der Staat als Vertragspartner ausländischer Privatunternehmen, S. 58.

[409] BÖCKSTIEGEL, Der Staat als Vertragspartner ausländischer Privatunternehmen, S. 55.

[410] BÖCKSTIEGEL, Der Staat als Vertragspartner ausländischer Privatunternehmen, S. 59 ff.

[411] BÖCKSTIEGEL, Der Staat als Vertragspartner ausländischer Privatunternehmen, S. 61 ff.

[412] BÖCKSTIEGEL, Der Staat als Vertragspartner ausländischer Privatunternehmen, S. 61, 65.

es rechtfertigt, ihm im Wege des Durchgriffs deren Funktionsausübung insoweit zuzurechnen[413]. Ferner ist nach BÖCKSTIEGEL ein Durchgriff gerechtfertigt, wenn der Staat Handlungen durch (eine von ihm kontrollierte) juristische Person vornehmen läßt, durch die er, würde er sie selbst vornehmen, gegen eine völkerrechtliche Pflicht verstoßen würde (Durchgriff kraft völkerrechtlicher Verantwortlichkeit)[414]. Und schließlich sollen der juristischen Person im Wege des Durchgriffs diejenigen Verwaltungs- und Gesetzgebungsakte des Staates zugerechnet werden, die dieser aufgrund seiner Nähe zum Unternehmen speziell zu dessen Gunsten erlassen hat (Durchgriff kraft Einflußsphäre)[415].

(3) Zusammenfassung und Stellungnahme

Die Untersuchung der Staatenpraxis und der Völkerrechtslehre ergibt, daß die nach ausländischem Recht begründete formale Rechtsform eines staatseigenen Unternehmens als von dem Staat getrennte Rechtspersönlichkeit aus Respekt vor der Souveränität des Staates mit all ihren Konsequenzen für andere Staaten grundsätzlich beachtlich ist. Die zu beachtende formale Rechtsform steht damit einer Gleichsetzung des Unternehmens mit dem hinter ihm stehenden Staat in seinen Rechtsbeziehungen zu Dritten und umkehrt grundsätzlich entgegen. Die formale Trennung des Unternehmens vom Staat ist jedoch dann unbeachtlich, wenn das Unternehmen trotz der gegebenen Rechtsform mit dem dahinterstehenden Staat zu identifizieren ist. Dies ist dann der Fall, wenn die Beziehung des Staates zu seinem Unternehmen Faktoren aufweist, die dem Unternehmen den „Charakter einer Dienststelle des Staates“ verleihen und die Tätigkeit des Unternehmens somit aus völkerrechtlicher Sicht dem Staat unabhängig von der für das Unternehmen gewählten Rechtsform zugerechnet werden muß. Staatenpraxis und Völkerrechtslehre haben insoweit klare Kriterien entwickelt, welche die Annahme eines solchen „staatlichen“ Charakters des Unternehmens und damit eine Identifizierung von Unternehmen und Staat unter Mißachtung der formalen Rechtsform des Unternehmens (Durchgriff) rechtfertigen.

So wird bei der Beurteilung des Verhältnisses zwischen staatseigenen Unternehmen und Staat entscheidend auf die Art der von dem Unternehmen ausge-

[413] BÖCKSTIEGEL, Der Staat als Vertragspartner ausländischer Unternehmen, S. 61.

[414] die Beachtung der Eigenpersönlichkeit der juristischen Person würde insoweit zu einer Umgehung allgemeiner Schranken staatlicher Tätigkeit führen, BÖCKSTIEGEL, Der Staat als Vertragspartner ausländischer Unternehmen, S. 68 ff.

[415] „Durch die freie Wahl der Rechtsform wird eine all diese möglichen Rechtsformen staatlicher Tätigkeit umfassende ‚Einflußsphäre' des Staates abgesteckt, in deren Rahmen sein Verhalten zu prüfen und eventuell auch mittels Durchgriffs der vorgeschobenen juristischen Person zuzurechnen ist.“, BÖCKSTIEGEL, Der Staat als Vertragspartner ausländischer Privatunternehmen, S. 70 ff.

übten Funktion abgestellt. Staatliche Aufgaben können nur von Staaten kraft ihrer hoheitlichen Gewalt vorgenommen werden[416]. In der Übertragung staatlicher Aufgaben auf das Unternehmen liegt damit auch die Ermächtigung zur Wahrnehmung staatlicher Gewalt. Wegen der notwendigen Zuordnung der Aufgabe zum Staat kann ein Unternehmen staatliche Aufgaben nicht im eigenen Namen, sondern nur stellvertretend für den Staat wahrnehmen[417]. Die Charakterisierung einer Tätigkeit des Unternehmens als Wahrnehmung einer staatlichen Aufgabe bedeute somit, daß das Unternehmen aufgrund staatlicher Ermächtigung im Namen des Staates hoheitlich handelt und ein solches hoheitliches Handeln ist dem Staat zuzurechnen. So hat man insbesondere für die Zurechnung im Rahmen der Staatenhaftung im Völkerrecht an dem Kriterium des „in Ausübung öffentlicher Funktionen verursachten Geschehens" festgehalten[418]. Gemäß Art. 5 des ILC-Entwurfs zur Staatenverantwortlichkeit ist das Verhalten einer Person oder Einheit, die nicht Organ im Sinne des Art. 4 ILC-Entwurfs ist, völkerrechtlich als Verhalten des Staates betrachtet, wenn sie ermächtigt sind, Elemente öffentlicher Gewalt wahrzunehmen, vorausgesetzt, sie handeln im konkreten Fall in Wahrnehmung dieser Befugnis. Entscheidend ist insoweit nicht die Rechtsnatur der Einheit, die hier auch eine Gesellschaft des Privatrechts sein kann, sondern allein die berechtigte Ausübung öffentlicher Funktionen[419].

Ferner ist das Unternehmen dann mit dem Staat zu identifizieren, wenn die Strukturen des staatseigenen Unternehmens derart mit dem Staat verflochten sind, daß der Staat aufgrund der sich daraus ergebenden Kontrolle und Beherrschung des Unternehmens dessen Entscheidungen und Handlungen beeinflussen kann. Diese Möglichkeit der staatlichen Einflußnahme auf das Unternehmen bewirkt, daß in den (vorgeblichen) Entscheidungen und Handlungen des Unternehmens in Wahrheit der staatliche Wille zum Ausdruck kommt. Ist das Unternehmen damit „wie ein Staatsorgan" vom Willen des Staates abhängig, also der staatlichen Gewalt unterworfen, sind dem Staat seine Handlungen letztlich trotz der formalrechtlichen Trennung zuzurechnen. Auch dieses Kriterium weist Parallelen zur Zurechnung im Rahmen der Staatenverantwortlichkeit

---

[416] BÖCKSTIEGEL, Der Staat als Vertragspartner ausländischer Privatunternehmen, S. 65.

[417] vgl. RIAD, RdC 108 (1963 I), S. 561, 629, Fn. 71; BÖCKSTIEGEL, Der Staat als Vertragspartner ausländischer Privatunternehmen, S. 65.

[418] Vgl. Art. 5 des Konventionsentwurfs der ILC zur Staatenhaftung aus dem Jahre 2001: „The conduct of a person or entity which is not an organ of the States under article 4 but which is empowered by the law of that State to exercise elements of the governmental authority shall be considered an act of the State under international law, provided the person or entity is acting in that capacity in the particular instance."; vgl. IPSEN, in: Ipsen, Völkerrecht, S. 554 ff.

[419] Vgl. IPSEN, in: Ipsen, Völkerrecht, S. 555, Rn. 12.

im Völkerrecht auf. Gemäß Art. 8 des ILC-Entwurfs zur Staatenverantwortlichkeit wird das Verhalten einer Person oder einer Personengruppe aus der Sicht des Völkerrechts als Verhalten des Staates betrachtet, wenn dieses Verhalten seiner Weisung oder Kontrolle unterliegt[420]. Entscheidend ist, daß dem beherrschten Unternehmen praktisch keinerlei eigener Entscheidungsspielraum mehr bleibt. Indizien für eine staatliche Beherrschung und Kontrolle des Unternehmens sind vor allem weisungsabhängige Regierungsvertreter in leitenden Stellen des Unternehmens. Als ein Indiz für die faktische Unselbständigkeit des Unternehmens und damit der Abhängigkeit vom staatlichen Willen wird insbesondere auch eine finanzielle Verflechtung zwischen den beiden Rechtspersönlichkeiten angeführt. Entscheidend ist hier nicht, daß der Staat dem Unternehmen das Gründungskapital zur Verfügung gestellt hat, sondern ob dem Unternehmen überhaupt ein eigenes vom Staat getrenntes Vermögen zur Verfügung steht, über das es eigenständig, also unabhängig vom Willen des Staates, verfügen kann. Hintergrund dieses Kriteriums ist, daß die rechtliche Fähigkeit am Wirtschaftsverkehr teilzunehmen auch mit der Fähigkeit einhergehen muß, diese selbst begründeten Pflichten eigenständig erfüllen zu können[421]. Hängt die Erfüllung dieser Verpflichtungen jedoch von der Handlung bzw. Leistung und damit vom Willen eines Dritten, hier des hinter dem Unternehmen stehenden Staates, ab, ist eine Identifizierung von Staat und staatseigenem Unternehmen in dessen Vertragsbeziehungen und damit eine Verpflichtung des Staates selbst gerechtfertigt.

Bei BÖCKSTIEGELS „Durchgriff kraft Vertrauensschutzes" hingegen wird der Staat nicht aufgrund seines Verhältnisses zum staatseigenen Unternehmen mit diesem identifiziert, sondern er setzt gegenüber den Vertragspartnern des Unternehmens durch eigenes Verhalten den Rechtsschein, er sei trotz der formellen Trennung mit dem Unternehmen identisch[422].

Im Bereich der force majeur-Fälle entsteht der Eindruck, daß eine Identifizierung bzw. ein Durchgriff erst dann gerechtfertigt ist, wenn der Staat eine Maßnahme zugunsten des Unternehmens erläßt und damit rechtsmißbräuchlich handelt („Durchgriff kraft Einflußsphäre"[423]). In der Tat kann sich ein staats-

[420] „The conduct of a person or group of persons shall be considered an act of a State under international law if the person or group of persons is in fact acting on the instructions of, or under the direction or control of, that State in carrying out the conduct."

[421] Vgl. HARTWIG, Die Haftung der Mitgliedstaaten für Internationale Organisationen, S. 116.

[422] Vgl. HARTWIG, Die Haftung der Mitgliedstaaten für Internationale Organisationen, S. 118.

[423] BÖCKSTIEGEL, Der Staat als Vertragspartner ausländischer Privatunternehmen, S. 70 ff.

eigenes Unternehmen nur dann nicht auf force majeur berufen, wenn die staatliche Maßnahme, die ihm die Erfüllung seiner Verbindlichkeiten unmöglich macht, unternehmensstrategischer Natur ist. Allgemeinpolitisch motivierte Maßnahmen des hinter dem Unternehmen stehenden Staates werden ihm hingegen nicht zugerechnet. Die Frage, ob eine staatliche Maßnahme als force majeur für das Unternehmen anerkannt wird oder nicht, stellt sich jedoch erst dann, wenn seine Identifizierung mit dem hinter ihm stehenden Staat wegen der Wahrnehmung hoheitlicher Aufgaben oder staatlicher Kontrolle bereits feststeht[424]. Die Identifizierung von Staat und Unternehmen reicht jedoch als solche nicht aus, um jede einzelne Handlung des Staates als eine solche des Unternehmens selbst anzusehen. Unternehmen und Staat sind nur innerhalb der Unternehmenssphäre identisch. Das heißt, eine staatliche Maßnahme ist dem Unternehmen damit nur dann zuzurechnen, wenn sie der Unternehmenssphäre und damit im Bereich der vertraglichen Sonderbeziehung dem Geschäftskreis des Unternehmens zuzuschlagen ist, also unternehmensstrategischer Natur ist[425]. Maßnahmen, die ausschließlich allgemeinpolitisch veranlaßt sind, können dem Unternehmen trotz seiner Identität mit dem Staat hingegen nicht zugerechnet werden[426]. Auch bei BÖCKSTIEGELS „Durchgriff kraft völkerrechtlicher Verantwortlichkeit" ist eine Heranziehung des Gedankens des Rechtsmißbrauchs nicht erforderlich, um einen Durchgriff zu rechtfertigen[427]. Das Unternehmen ist nicht erst dann mit dem Staat zu identifizieren, wenn das Unternehmen Handlungen vornimmt, die gegen völkerrechtliche Pflichten des Staates verstoßen. Das Unternehmen verstößt vielmehr gegen Völkerrecht, wenn es aufgrund der allgemeinen Identifizierungs- und Durchgriffskriterien mit dem Staat identisch ist[428].

KHADJAVI-GONTARD/HAUSMANN, RIW 1980, S. 533, 543; NOLTING, RIW 1988, S. 511, 513 ff., 518: „Die protegierten Unternehmen werden hier nur wieder insoweit gleichgestellt, als ihr Rechts- und Verantwortungskreis demjenigen eines ‚staatsfreien' Unternehmens angepaßt wird, ihm also die Möglichkeit genommen wird, die Verantwortung gegenüber seinem Vertragspartner im Krisenfall bequem auf den mit identischen Interessen handelnden Staat abzuwälzen."

[424] Vgl. BÖCKSTIEGEL, Der Staat als Vertragspartner ausländischer Privatunternehmen, S. 73 zum „Durchgriff kraft Einflußsphäre": „Wenn der Staat zunächst durch das *seinen Weisungen unterstehende* Staatsunternehmen sich zum Export einer bestimmten Quantität verpflichtet hatte, konnte er nicht nachträglich diese Entscheidung wieder in der Form eines auf diese spezielle Frage gerichteten Exekutivaktes mit der Folge revidieren, daß das Staatsunternehmen sich auf force majeur berufen kann und von seiner Verpflichtung frei werden konnte."

[425] Vgl. NOLTING, RIW 1988, S. 511, 516.

[426] Vgl. NOLTING RIW 1988, S. 511, 513.

[427] So jedoch HARTWIG, Die Haftung der Mitgliedstaaten für Internationale Organisationen, S. 117.

[428] Vgl. BÖCKSTIEGEL, Der Staat als Vertragspartner ausländischer Privatunternehmen, S. 69: „..., denn genau so wie sonst der Staat sein innerstaatliches Recht zur Umgehung seiner

bb) Identifizierung von Gemeinschaft und Mitgliedstaaten im Rahmen des NAFOÜ

Im folgenden soll die Beziehung der Gemeinschaft und ihrer Mitgliedstaaten daraufhin untersucht werden, ob ihr die Kriterien immanent sind, die eine Identifizierung der Nichtbeachtung der von den Mitgliedstaaten getrennten Völkerrechtspersönlichkeit der Gemeinschaft und damit eine Identifizierung mit den Mitgliedstaaten im Rahmen des NAFOÜ rechtfertigen.

(1) Wahrnehmung staatlicher Aufgaben durch die Gemeinschaft

Möglicherweise läßt sich eine Identifizierung damit begründen, daß die Gemeinschaft mit dem Abschluß des NAFOÜ eine staatliche Aufgabe erfüllt und dabei wegen der notwendigen Zuordnung der Aufgabe zum Staat „hoheitlich" handelt. Einen solche Ansatz verfolgen in der Völkerrechtslehre etwa PESCATORE[429] und NETTESHEIM[430]. Die Gemeinschaft nehme beim Vertragsabschluß die auf sie übertragene echte staatliche Hoheitsgewalt der einzelnen Mitgliedstaaten wahr und handele somit an Stelle der Mitgliedstaaten[431]. Der Vertrag der Gemeinschaft ersetze die Verträge der einzelnen Mitgliedstaaten und hätte daher die gleiche Wirkung wie die Verträge, die die Mitgliedstaaten selbst abschließen[432]. Die Mitgliedstaaten könnten sich nicht durch Übertragung von Vertragsschließungsbefugnissen auf eine von ihnen selbst ins Leben gerufene, rechtlich verselbständigte und aktionsfähige Organisation der durch die Wahrnehmung ihrer Hoheitsrechte erzeugten Ansprüche Dritter entziehen[433]. Daß die Mitgliedstaaten von einer solchen Bindungswirkung ausgegangen seien, erkläre, daß sie sich beim Abschluß eines Vertrages durch die Gemeinschaft einer Kontrolle und Einflußnahme durch die obligatorische Zustimmung des

---

völkerrechtlichen Pflichten ändern könnte, so könnte er auch ... die entsprechenden Handlungen durch eine von ihm *kontrollierte* juristische Person vornehmen lassen."

[429] PESCATORE, RdC 103 (1961 II), S. 1, 133 ff.

[430] NETTESHEIM, Die Vertragsschließungskompetenz der Europäischen Atomgemeinschaft, S. 81 ff.

[431] PESCATORE, RdC 103 (1961 II), S. 1, 134: „Ici nous sommes en présence d'un véritable transfert de pouvoirs à la Communauté dans le domaine des relations extérieures, dans la sphère visée par le traité, c'est désormais la Communauté qui agit en lieu et place des Etats, c'est elle qui engage les Etats par ses engagements."; NETTESHEIM, Die Vertragsschließungskompetenz der Europäischen Atomgemeinschaft, S. 84.

[432] PESCATORE, RdC 103 (1961 II), S. 1, 134: „Les accords de commerce et les accords tarifaires de la Communauté économique se substituent désormais aux accords commerciaux et tarifaires des Etats membres et produisent, à l'égard de ceux-ci, le même effet que des accords qu'ils auraient eux-mêmes conclus."

[433] NETTESHEIM, Die Vertragsschließungskompetenz der Europäischen Atomgemeinschaft, S. 84 f.

Rates versichert haben[434]. Im Gegensatz dazu binden die Verträge, die die Organe der Gemeinschaft im Zusammenhang mit den Organisations- und Verwaltungsaufgaben der Gemeinschaft schließen, nur die Gemeinschaft selbst, da sie insoweit aufgrund autonomer Befugnisse handelt[435].

Dieser Begründung einer Bindung der Mitgliedstaaten an die Verträge der Gemeinschaft liegt die Annahme zugrunde, die Gemeinschaft handele beim Vertragsschluß aufgrund der ihr zur Wahrnehmung dieser „staatlichen" Aufgabe „übertragenen" Hoheitsgewalt der einzelnen Mitgliedstaaten. Das Handeln der Organisation im Bereich echter staatlicher Gewalt begründe Rechte und Pflichten auch für die Staaten, weil staatliche Aufgaben nur von Staaten kraft ihrer hoheitlichen Gewalt oder aufgrund staatlicher Ermächtigung, also stellvertretend für diese, wahrgenommen werden können. In der Tat haben die Mitgliedstaaten die Gemeinschaft, wie im Bereich der Fischerei, ermächtigt, Aufgaben wahrzunehmen, die sie sonst selbst wahrnehmen müßten[436]. Fraglich ist jedoch, ob die Tätigkeit der Gemeinschaft deshalb als Wahrnehmung „staatlicher" Aufgaben qualifiziert werden kann, die, wie bei den staatseigenen Unternehmen festgestellt, zwingend den Schluß auf die staatliche Autorität und damit eine Identifizierung rechtfertigt. Während der Grund für die Übertragung staatlicher Aufgaben auf eine juristische Person des Privatrechts bei den staatseigenen Unternehmen darin liegt, daß sich die Rechtsformen des Privatrechts für die Wahrnehmung wirtschaftlicher Aktivitäten der Staaten besser eignen als die Mittel im Rahmen der staatlichen Handlungsstrukturen, liegt der Anstoß für die Konstituierung eines „überstaatlichen Verbandes" bei der Gemeinschaft in der Erkenntnis der Begrenztheit staatlicher Wirksamkeit und Leistungsfähigkeit[437].

---

434 PESCATORE, RdC 103 (1961 II), S. 1, 134 f.: „C'est cet effet qui explique pourquoi la capacité des Communautés et les modalités de la procédure ont été définies, même pour la période définitive du marché commun, en des termes aussi strictes et c'est pourquoi les Gouvernements se sont ménagé un contrôle aussi étroit au sein du Conseil de Ministres."; KRÜCK, Völkerrechtliche Verträge im Recht der Europäischen Gemeinschaften, S. 125, sieht allerdings in der Mitwirkung der Mitgliedstaaten im Abschlußorgan die Begründung PESCATORES für die Bindungswirkung.

435 PESCATORE, RdC 103 (1961 II), S. 1, 136, weist insoweit auf Art. 101 Abs. 3 Euratom hin: „ ... ce régime s'appliquant exclusivement aux accords suspectibles d'être exécutés au moyen des pouvoirs ordinaires de la Commission et dans le cadre des appropriations budgétaires existantes ..."; NETTESHEIM, Die Vertragsschließungskompetenz der Europäischen Atomgemeinschaft, S. 85 f.

436 Vgl. KLEIN, La responsabilité des organisations internationales, S. 462; vgl. auch EuGHE 1972, S. 1219, 1227 f., wo der EuGH im Zusammenhang mit der Zoll- und Handelspolitik der Gemeinschaft feststellt, daß die Gemeinschaft aufgrund der Art. 111 und Art. 113 EGV a.F. die *entsprechenden Aufgaben der Mitgliedstaaten* übernommen habe.

437 Vgl. HARTWIG, Die Haftung der Mitgliedstaaten für Internationale Organisationen, S. 281; PERNICE AVR 26 (1988), S. 406, 428.

Die Mitgliedstaaten bündeln und institutionalisieren die Wahrnehmung von Aktivitäten im Bereich ihrer hoheitlichen Aufgaben und gehen nicht mehr jeder für sich, sondern gemeinschaftlich vor[438]. Die Übertragung dieser Aufgaben auf die Gemeinschaft ist die institutionelle Antwort auf einen Handlungsbedarf, der das Niveau und die Leistungsfähigkeit des Staates in Bezug auf klassische und neue „Staatsaufgaben" übersteigt[439]. Die Funktion der Gemeinschaft reicht daher über die Wahrnehmung der Summe „übertragener" staatlicher Aufgaben hinaus[440]. Die Verleihung eigener Rechtspersönlichkeit und die „Übertragung" von Handlungskompetenzen soll dabei nicht nur vermeiden, daß bei der gemeinschaftlichen Wahrnehmung dieser Aufgaben immer der Umweg über die Außenbeziehungen der einzelnen Mitgliedstaaten genommen werden muß, sie dienen auch dazu, eine Autorität zu schaffen, die den Willen und die Aktivitäten der Mitgliedstaaten harmonisiert. Der Gedanke der „Übertragung" von Aufgaben und Kompetenzen ist hier überhaupt irreführend. Die Mitgliedstaaten übertragen nicht ihre Hoheitsgewalt, sie verzichten auf hoheitliche Handlungen im Bereich der auf die Gemeinschaft „übertragenen" Aufgaben, die diese dann aufgrund eigener Gewalt erfüllt[441]. Es wird eine neue originäre Kompetenz auf höherer Ebene geschaffen[442], in deren Wahrnehmung nicht die hoheitliche Gewalt der einzelnen Mitgliedstaaten, sondern eine eigene infolge Harmonisierung von den Mitgliedstaaten abstrahierte Gewalt der Gemeinschaft zum Ausdruck kommt. Die Feststellung, daß die Mitgliedstaaten der Gemeinschaft Aufgaben „übertragen" haben, die sie zuvor als „staatliche" Aufgaben selbst wahrgenommen haben, reicht damit - im Gegensatz zu dem Befund bei den staatseigenen Unternehmen - nicht aus, um die Tätigkeit der Gemeinschaft als Wahrnehmung „staatlicher" Aufgaben und damit als Wahrnehmung hoheitliche Gewalt zu qualifizieren. Die Gemeinschaft kann somit nicht aufgrund ihrer Funktion mit den sie konstituierenden Mitgliedstaaten im Rahmen ihrer Vertragsbeziehungen identifiziert werden.

---

[438] Vgl. MENG, ZaöRV 45 (1985), S. 324, 330.

[439] PERNICE, AVR 26 (1988), S. 406, 428 f.: "Zusammenarbeit über die Staatsform hinweg ist kein Reservat des Staates in dem vom Völkerrecht gepflegten personifizierten Sinne, sondern ein neben diese, durch ihn über ihn tretendes Instrument der Selbstorganisation einer international werdenden Gesellschaft."

[440] Vgl. PERNICE, AVR 26 (1988), S. 406, 431; HARTWIG, Die Haftung der Mitgliedstaaten für Internationale Organisationen, S. 281; HERDEGEN, ZaöRV 47 (1987), S. 537, 552.

[441] Vgl. SEIDL-HOHENVELDERN, Corporations In and Under International Law, S. 71: "What really happens is that each member State, when joining an international organization, agrees not to use its own legislative and executive power in the area allegedly 'transferred' to the organization. However, none of the States divest themselves of that part of their own power in favour of the organization. The power is retained by the State but it is dormant. The temporary vaccum is filled by the organization, which thereby avails itself of a legislative and executive power of its own."

[442] Vgl. PERNICE, AVR 26 (1988), S. 406, 431.

(2) Beherrschung der Gemeinschaft durch die Mitgliedstaaten im Rahmen der vertraglichen Mechanismen

Möglicherweise läßt sich eine Identifizierung auf die bestehenden Einfluß- und Kontrollmöglichkeiten der Mitgliedstaaten im Rahmen der vertraglichen Mechanismen stützen.

(a) Kontroll- und Einflußmöglichkeiten der Mitgliedstaaten beim Vertragsschluß

Der Rat, das Vertragsschlußorgan der Gemeinschaft, setzt sich aus weisungsgebundenen Vertretern der Mitgliedstaaten zusammen[443]. Bei den staatseigenen Unternehmen ist diese personelle Verquickung durch Besetzung leitender Entscheidungsträger des Unternehmens mit Regierungsvertretern Indiz für die Kontrolle und Einflußnahme des Staates auf den Willen des Unternehmens und rechtfertigt eine Gleichstellung der formal voneinander getrennten Rechtspersönlichkeiten[444]. Fraglich ist daher, ob die Besetzung des Rates mit weisungsgebundenen Vertretern der einzelnen Mitgliedstaaten eine Kontrolle und damit die Möglichkeit der staatlichen Einflußnahme auf die Willensbildung der Gemeinschaft beinhaltet[445]. Als Mitglieder des Rates bilden die Vertreter der Mitgliedstaaten durch ihr jeweiliges Abstimmungsverhalten bei der Beschlußfassung zum Abschluß eines völkerrechtlichen Vertrages der Gemeinschaft gemeinsam den Willen der Gemeinschaft, der ihren Handlungen als von den Mitgliedstaaten formal getrennter Rechtspersönlichkeit zugrundeliegt[446].

Eine staatliche Einflußnahme im Rahmen der Organisationsstrukturen setzt voraus, daß der Vertreter des Staates seinen Handlungen als Mitglied der Organisation innerhalb der Organisationsstrukturen jeweils den souveränen Willen seines Staates zugrundelegt. HARTWIG verneint dies mit Hinweis darauf, daß die Handlungen der Mitgliedstaaten als Mitglieder des Organs den Regeln des Sonderrechts der Organisation unterworfen seien und daher nicht auf einem souveränen Willen der Staaten beruhe[447]. Das Recht der Gemeinschaft legt den Mitgliedstaaten für ihre Mitgliedschaft in den Organen jedoch nicht nur Pflichten auf. Die Teilnahme der einzelnen Vertreter der Mitgliedstaaten an der Willensbildung der Gemeinschaft im Rat gewährt den einzelnen Mitgliedstaaten ein regelrechtes Mitwirkungsrecht. Sinn und Zweck dieses Mitwirkungsrechts

---

443 Vgl. oben 3. Kapitel, B., I., 1., a).

444 Vgl. oben 3. Kapitel, B., I., 1., c), aa), (3).

445 So MENG, ZaöRV 45 (1985), S. 324, 333: „Gerade was die auswärtigen Beziehungen betrifft, haben die Mitgliedstaaten über ihren Einfluß auf die Willensbildung der Organisation faktisch die Entscheidungsgewalt."

446 Vgl. oben 3. Kapitel, B., I. 1., a).

447 HARTWIG, Die Haftung der Mitgliedstaaten für Internationale Organisationen, S. 275.

ist die Wahrung der Partikularinteressen der einzelnen Mitgliedstaaten, ohne die eine aktive Teilnahme an einer Vereinigung nicht denkbar wäre[448]. Das heißt, obwohl sie als Mitglieder des Gemeinschaftsorgans Rat nicht als Vertreter ihrer Staaten auftreten und damit (formell) nicht im Namen ihrer jeweiligen Staaten handeln[449], liegt ihrem Handeln innerhalb des Rates materiell der außerhalb des Gemeinschaftsrechts gebildete und damit souveräne Wille ihres jeweiligen Staates zugrunde. Um eben diesen, dem Handeln der juristischen Person zugrundeliegenden staatlichen Willen geht es bei der Frage der Identifizierung: Die formale Rechtsform einer von einem Staat geschaffenen juristischen Person als von ihm getrennte Rechtspersönlichkeit ist ausnahmsweise unbeachtlich, wenn die durch die Organisationsstrukturen bedingte staatliche Einflußnahme die Bildung und Äußerung eines eigenen Willens der juristischen Person unmöglich macht und in ihren Handlungen letztlich der Wille und damit die Gewalt des hinter ihr stehenden Staates zum Ausdruck kommt[450].

Während bei den staatseigenen Unternehmen, hinter denen jeweils nur ein Staat steht, die Äußerung des staatliche Willens durch die Regierungsvertreter in den Organen zwingend den Schluß auf den staatlichen Willen und damit die staatliche Gewalt hinter den Unternehmenshandlungen zuläßt, sind an der Willensbildung der Gemeinschaft alle Mitgliedstaaten beteiligt. Durch das Verfahren der Koordinierung und Harmonisierung der einzelnen mitgliedstaatlichen Interessen im Rat bilden die Mitgliedstaaten einen gemeinschaftlichen Willen, den Willen der Gemeinschaft. Das heißt, jeder Mitgliedstaat ist grundsätzlich frei seinen Einfluß durch seine Vertreter im Rat geltend zu machen, sein Einfluß wird jedoch durch die Koordinierung mit den anderen Mitgliedstaaten relativiert[451]. Der Wille der einzelnen Mitgliedstaaten ist damit nur ein Teil des Organisationswillens und daher nicht mit ihm identisch. In den Handlungen des Rates kommt somit nicht nur formell, sondern auch materiell ein von den einzelnen Mitgliedstaaten abstrahierter eigener Wille der „Gemeinschaft" im wahrsten Sinne des Wortes zum Ausdruck. Die Teilnahme der Mitgliedstaaten an der Willensbildung der Gemeinschaft im Rat bei Abschluß des Vertrages kann eine Identifizierung von Gemeinschaft und Mitgliedstaaten im Rahmen des NAFOÜ somit nicht rechtfertigen.

---

[448] Vgl. SEIDL-HOHENVELDERN/LOIBL, Das Recht der Internationalen Organisationen einschließlich der Supranationalen Organisationen, S. 142, Rn. 1110 und S. 143, Rn. 1112; vgl. auch PITSCHAS, Die völkerrechtliche Verantwortlichkeit der Europäischen Gemeinschaft und ihrer Mitgliedstaaten, S. 51.

[449] Vgl. oben 3. Kapitel, B., I., 1., a).

[450] Vgl. oben 3. Kapitel, B., I., 1., c), aa), (3).

[451] Vgl. HARTWIG, Die Haftung der Mitgliedstaaten für Internationale Organisationen, S. 278; PITSCHAS, Die völkerrechtliche Verantwortlichkeit der Europäischen Gemeinschaft und ihrer Mitgliedstaaten, S. 51 und S. 218.

(b) Kontroll- und Einflußmöglichkeiten der Mitgliedstaaten bei der Erfüllung der Verträge

Auch im Hinblick auf die Erfüllung der Verträge läßt sich eine strukturelle Verflechtung der Gemeinschaft mit den Mitgliedstaaten erkennen. Die Gemeinschaft ist gemäß Art. XVII NAFOÜ verpflichtet, die erforderlichen Maßnahmen einschließlich Sanktionen zu ergreifen, um die Einhaltung der NAFO-Vorschriften durch die Fischer der Mitgliedstaaten sicherzustellen[452]. Die völkerrechtlichen Abkommen der Gemeinschaft gelten als integrierende Bestandteile des Gemeinschaftsrecht in den Mitgliedstaaten zwar einheitlich und unmittelbar[453]. Um die Einhaltung der NAFO-Vorschriften zu gewährleisten, bedarf es jedoch der unmittelbaren Anwendung des Gemeinschaftsabkommens gegenüber den Fischern[454]. Gemäß dem Prinzip der begrenzten Einzelzuweisung, das man auch insoweit entsprechend heranziehen darf, ist die Gemeinschaft zur unmittelbaren Ausführung des Gemeinschaftsrechts gegenüber den der Gemeinschaftsgewalt unterworfenen Stellen und Personen nur insoweit zuständig, als behördlichen Stellen auf Gemeinschaftsebene zulässigerweise der „direkte Vollzug"[455] des Gemeinschaftsrechts zugewiesen wurde[456]. Wie sich jedoch aus Nr. 1 der Erklärung nach Art. 5 Abs. 1 der Anlage IX des SRÜ[457] ergibt, bleibt die Ausübung der Hoheitsgewalt über die Schiffe einschließlich der Verhängung straf- und verwaltungsrechtlicher Sanktionen in der Zuständigkeit der Mitgliedstaaten unter Einhaltung des Gemeinschaftsrechts. Während die Gemeinschaft ermächtigt ist, das NAFO-Übereinkommen ohne Beteiligung der Mitgliedstaaten zu schließen, hängt die wirksame Durchführung dieses Abkommens nach der Kompetenzverteilung im Rahmen der Organisationsstrukturen somit davon ab, daß die Mitgliedstaaten die Vorschriften des NAFOÜ durch entsprechende nationale Maßnahmen ihrer Behörden gegenüber ihren Fischern auf Hoher See zur Anwendung bringen[458].

Im Zusammenhang mit den staatseigenen Unternehmen wurde festgestellt, daß das Unternehmen dann mit dem Staat zu identifizieren ist, wenn es über keine eigenen vom Staat getrennten (dort insbesondere „finanziellen") Mittel verfügt, um seine Verbindlichkeiten eigenständig, also unabhängig vom Staat erfüllen zu können[459]. Fraglich ist daher, ob diese durch die Kompetenz-

---

452 Vgl. oben 3. Kapitel, B., I.
453 Vgl. EuGHE 1974, S. 449, 460 (Haegeman ./. Belgien).
454 Vgl. OPPERMANN, Europarecht, S. 237, Rn. 635.
455 Im Unterschied zum „indirekten Vollzug" durch die Behörden der Mitgliedstaaten.
456 Vgl. OPPERMANN, Europarecht, S. 237, Rn. 636.
457 EG ABl. L 179 vom 23.6.1998, S. 130.
458 Vgl. REUTER, YILC 1977 II 1, S. 129 ff.
459 Vgl. oben 3. Kapitel, B., I., 1., c), aa), (3).

strukturen der Gemeinschaft bedingte, bei der wirksamen Erfüllung der Gemeinschaftsabkommen erforderliche Mitwirkung der Mitgliedstaaten die materielle Eigenständigkeit der Gemeinschaft in Frage stellt und damit eine Identifizierung von Gemeinschaft und Mitgliedstaaten rechtfertigt.

Diesen Gedanken legen etwa HARTWIG[460] und HERDEGEN[461] bei ihren Untersuchungen zugrunde, inwieweit die Kontrolle der Mitgliedstaaten über die finanzielle Leistungsfähigkeit der Internationalen Organisation Rückschlüsse auf die Haftung der Mitgliedstaaten zulassen. HERDEGEN zieht die im Zusammenhang mit den staatseigenen Unternehmen gefundenen Kriterien der Einfluß- und Kontrollmöglichkeiten der Gründer im Hinblick auf die Leistungsfähigkeit der Internationalen Organisation im Rahmen der vertraglichen Mechanismen zwar für einen Durchgriff heran[462]. Aus seinen Ausführungen[463] ergibt sich jedoch, daß er im Grunde nicht für eine Haftung der Mitgliedstaaten infolge Identifizierung plädiert, sondern für eine „Vertrauenshaftung" der Mitgliedstaaten in Bezug auf eine ausreichende Kapitalausstattung der Internationalen Organisation[464]. HARTWIG hingegen fragt danach, ob nicht die hinter einer Internationalen Organisation stehenden Staaten unmittelbar verpflichtet werden, wenn die Internationale Organisation infolge Abhängigkeit von entsprechenden Leistungen der Mitgliedstaaten über keine eigenen Mittel verfügt, um ihre Verbindlichkeiten zu decken[465]. Er stellt fest, daß die Verpflichtungen der Internationalen Organisation im Verhältnis zu Dritten zwar insoweit auf die Mit-

---

[460] HARTWIG, Die Haftung der Mitgliedstaaten für Internationale Organisationen, S. 245 ff.

[461] HERDEGEN, ZaöRV 47 (1987), S. 535, 551 ff.

[462] „Im Verhältnis der Mitgliedstaaten zu Drittstaaten, welche die internationale Organisation anerkannt haben, muß der Grundsatz gelten, daß sich die Mitgliedstaaten durch die Zwischenschaltung einer Einheit mit eigener Völkerrechtssubjektivität zur Verfolgung gemeinsamer Zwecksetzung einer völkerrechtlichen Haftung nicht völlig entziehen können, welche sich im Hinblick auf ihre Mitwirkung und Kontrolle auf allgemeine Zurechnungskriterien zurückführen läßt.", HERDEGEN, ZaöRV 47 (1987), S. 535, 551; „Wohl aber läßt sich ähnlich wie bei Unternehmen, die nach nationalem Recht mit staatlicher Beteiligung errichtet sind, ein Durchgriff auf die bestehenden Einfluß- und Kontrollmöglichkeiten der Gründer stützen.", aaO., S. 535, 552; Grundlage einer konkurrierenden Haftung der Mitgliedstaaten für die Verbindlichkeiten der internationalen Organisation sind einmal an den Gründungsakt und im Anschluß an bestehende Kontrollmöglichkeiten auf die Organe der internationalen Organisation im Rahmen der vertraglichen Mechanismen.", aaO., S. 535, 553.

[463] „Eine Vertrauenshaftung der Mitgliedstaaten läßt sich nur insoweit begründen, als diese für eine ausreichende Kapitalausstattung der internationalen Organisation Sorge zu tragen und bestimmten Kontrollpflichten nachzukommen haben.", HERDEGEN, ZaöRV 47 (1987), S. 535, 554.

[464] Vgl. PERNICE, AVR 26 (1988), S. 406, 415; zu einer „Vertrauenshaftung" der Mitgliedstaaten vgl. 3. Kapitel, B., II.

[465] HARTWIG, Die Haftung der Mitgliedstaaten für Internationale Organisationen, S. 245.

gliedstaaten „durchschlagen“, als sie nach den Satzungsbestimmungen zur Leistung an die Internationale Organisation verpflichtet seien[466]. Er lehnt eine Verpflichtung der Mitgliedstaaten im Verhältnis zu den Vertragspartnern jedoch letztlich mit dem bloßen Hinweis darauf ab, daß sich aus den Satzungsbestimmungen keine Rechte Dritter ableiten lassen[467]. Bei der hier behandelten Frage geht es jedoch nicht um die Rechte Dritter aus dem von den Mitgliedstaaten geschlossenen Gründungsvertrag, sondern um die Rechte Dritter aus einem Vertrag, welchen sie mit der Gemeinschaft geschlossen haben[468]. Ein solcher Vertrag kann die Mitgliedstaaten im Verhältnis zu den Vertragspartnern der Gemeinschaft nach den Grundsätzen der Identifizierung von Staat und staatseigenem Unternehmen verpflichten, wenn die formale Rechtsform der Gemeinschaft als von den Mitgliedstaaten getrennte Rechtsperson aufgrund der sich aus den Organisationsstrukturen ergebenden Einflußmöglichkeiten der Mitgliedstaaten für die Vertragspartner der Gemeinschaft ausnahmsweise unbeachtlich ist.

Insoweit gilt es festzustellen, ob die oben dargestellte Abhängigkeit der Gemeinschaft von den Mitwirkungshandlungen der Mitgliedstaaten eine solche Einflußmöglichkeit der Mitgliedstaaten auf die Leistungsfähigkeit der Gemeinschaft zum Gegenstand hat.

Entscheidend für eine solche die Identifizierung rechtfertigende Einflußmöglichkeit der Mitgliedstaaten ist jedoch nicht die Abhängigkeit der Gemeinschaft von einer Mitwirkungshandlung der Mitgliedstaaten, sondern die Abhängigkeit der Gemeinschaft von einem dieser Handlung zugrundeliegenden souveränen Willen der Mitgliedstaaten[469]. Im Gegensatz zur Willensäußerung im Rat bei Abschluß des Vertrages haben die Mitgliedstaaten, wenn der Vertrag einmal abgeschlossen ist, nicht mehr das Recht, einen gegen den Vertrag gerichteten Willen zum Ausdruck zu bringen. Sie sind der Gemeinschaft gegenüber verpflichtet, im Hinblick auf die Verträge mit ihr zu kooperieren. Diese sich bereits aus dem Wesen der Gemeinschaft ergebende Kooperationspflicht der Mitgliedstaaten wird in Art. 10 Abs. 3 und Art. 300 Abs. 7 EGV noch einmal

---

466 Vgl. HARTWIG, Die Haftung der Mitgliedstaaten für Internationale Organisationen, S. 260.

467 HARTWIG, Die Haftung der Mitgliedstaaten für Internationale Organisationen, S. 269; er verweist jedoch insoweit auf seine Ausführungen zum Haftungsdurchgriff auf die Mitgliedstaaten nach den Regeln des nationalen Gesellschaftsrechts, für den Fall, daß ein Mitgliedstaat seine Leistungspflichten gegenüber der Gemeinschaft nicht erfüllt, vgl. dazu unter 3. Kapitel, C., II. 2. c).

468 Inwieweit die Kooperationspflicht der Mitgliedstaaten im Verhältnis zur Gemeinschaft die Mitgliedstaaten auch im Verhältnis zu Dritten binden kann, vgl. 3. Kapitel, B., II.

469 Vgl. 3. Kapitel, B., I., 1., c), aa), (3).

ausdrücklich angesprochen[470]. Mißachten die Mitgliedstaaten, wie etwa Spanien im Rahmen des NAFOÜ[471], ihre Kooperationspflicht gegenüber der Gemeinschaft, verletzen sie das Gemeinschaftsrecht. Die Gemeinschaft hat gemäß Art. 226 Unterabschnitt 2 EGV die Möglichkeit, dies im Wege des Vertragsverletzungsverfahren vor dem EuGH geltend zu machen und die entsprechenden Mitwirkungshandlungen der Mitgliedstaaten einzufordern. Aus der Verurteilung eines Mitgliedstaates ergibt sich ohne weiteres dessen Pflicht, im jeweiligen nationalen Zuständigkeitsbereich die Durchführung des Urteils zu gewährleisten[472].

Allerdings ist hier zu berücksichtigen, daß die aus einem klagestattgebenden (Feststellungs-) Urteil des EuGH resultierenden Verpflichtungen der Mitgliedstaaten nicht zwangsweise durchgesetzt werden können. Hat der Gerichtshof abschließend rechtsverbindlich festgestellt, daß ein Mitgliedstaat gegen den Vertrag verstoßen hat, so hat dieser Staat, und nicht die Gemeinschaft, die Maßnahmen zu ergreifen, die sich aus dem Urteil des Gerichtshofes ergeben (vgl. Art. 228 Abs. 1 EGV)[473]. Gemäß Art. 228 Abs. 2 hat der EuGH seit dem Vertrag von Maastricht zwar die Möglichkeit, nicht mehr nur in einem zweiten Verfahren die Nichtbefolgung des ersten Urteils festzustellen, er kann gegen den renitenten Mitgliedstaat auch die Zahlung eines Pauschalbetrags oder Zwangsgeldes verhängen (sog. Follow-up-Verfahren)[474]. Solche Urteile werden jedoch gemäß Art. 244 in Verbindung mit Art. 256 Abs. 2 – 4 EGV nach innerstaatlichem Recht und durch die innerstaatlichen Behörden vollstreckt[475]. Die eigentliche Zwangsgewalt, mittels deren die Vollstreckung effektuiert werden kann, ist also auch hier bei den Mitgliedstaaten verblieben, und „Sanktion im höheren Sinne" ist die Einsicht des Staates, rechtmäßig handeln zu müssen[476]. Die Gemeinschaft ist insoweit auf den „guten Willen" der Mitgliedstaaten angewiesen, um den Normen der von ihnen geschaffenen und getragenen Gemein-

---

[470] Vgl. OPPERMANN, Europarecht, S. 238 f., Rn. 640.

[471] Vgl. 1. Kapitel, A.

[472] EuGHE, 1980, S. 1319 ff.; EuGH, Verb. Rs 24 und 97/80 R „Schaffleisch", EuGHE 1988, S. 2271 ff. - Rz. 225/86 st. Rspr., vgl. auch SCHOCKWEILER, in: FS Pescatore 1987, S. 613 ff.; vgl. OPPERMANN, Europarecht, S. 274, Rn. 725; CREMER, in: Calliess/Ruffert, Kommentar zu EU-Vertrag und EG-Vertrag, Art. 228 EGV, Rn. 3.

[473] Vgl. CREMER, in: Calliess/Ruffert, Kommentar zu EU-Vertrag und EG-Vertrag, Art. 228, Rn. 8; OPPERMANN, Europarecht, S. 261, Rn. 697 und S. 273, Rn. 725.

[474] Vgl. CREMER, in: Calliess/Ruffert, Kommentar zu EU-Vertrag und EG-Vertrag, Art. 228, Rn. 9; KARPENSTEIN/KARPENSTEIN, in: Grabitz/Hilf, Das Recht der Europäischen Union, Kommentar II, Art. 228, Rn. 18 ff.; OPPERMANN, Europarecht, S. 259, Rn. 692 und S. 274, Rn. 726.

[475] RUFFERT, in: Calliess/Ruffert, Kommentar zu EU-Vertrag und EG-Vertrag, Art. 256, Rn. 3.

[476] Vgl. OPPERMANN, Europarecht, S. 259, Rn. 691.

schaft zu entsprechen bzw. ihnen gegenüber den eigenen Staatsbürgern zur Durchsetzung zu verhelfen[477]. Das bedeutet aber nicht, daß die Mitgliedstaaten grundsätzlich frei sind zu entscheiden, ob sie den Urteilen des EuGH Folge leisten und die erforderlichen Maßnahmen ergreifen. Selbst wenn der Gemeinschaft letzten Endes weitgehend die Macht fehlt, nötigenfalls den Respekt der Gemeinschaftsordnung selbst zu erzwingen, sind die Mitgliedstaaten der Gemeinschaft gegenüber verpflichtet, die sich aus einem Urteil des EuGH ergebenden Maßnahmen zu ergreifen[478], und die Sanktionsmechanismen haben insoweit (zumindest) einen entsprechenden Beugecharakter[479]. Die Gemeinschaft verfügt kraft Gründungsvertrag über die Rechtsmacht, zur Verfolgung eigener Interessen von den Mitgliedstaaten ein bestimmtes Verhalten verlangen zu können. Als Mitglieder der Organisation sind die Mitgliedstaaten damit aufgrund ihrer Kooperationspflicht der Autorität und damit der Gewalt der Gemeinschaft unterworfen. Diese Macht der Gemeinschaft im engeren Sinne endet jedoch dort, wo die Mittel der Gemeinschaft zur Wahrung ihrer Autorität erschöpft sind. Das heißt, weigert sich ein Mitgliedstaat trotz Sanktionen endgültig zu kooperieren, steht eine Abhängigkeit der Gemeinschaft von einem entsprechenden Willen der Mitgliedstaaten und damit die Einflußnahme des Staates auf die Erfüllung der Verträge fest. Allein damit, daß die Mitgliedstaaten faktisch die Möglichkeit haben sich der Gewalt der Gemeinschaft zu entziehen, indem sie sich über ihre Rolle als Mitglieder der Gemeinschaft hinwegzusetzen und aus eigener Machtvollkommenheit die Befehle des Gemeinschaftsrechts ins Leere laufen zu lassen, kann eine Identifizierung jedoch nicht begründet werden[480]. Insoweit ist der Nachweis einer konkreten Einflußnahme erforderlich[481].

Nach den Organisationsstrukturen sind die Mitgliedstaaten der Rechtsmacht der Gemeinschaft unterworfen und haben nicht die Möglichkeit, die wirksame Erfüllung der Gemeinschaftsabkommen von ihrem Willen abhängig zu machen. Die erforderliche Mitwirkung der Mitgliedstaaten bei der Erfüllung der Gemeinschaftsabkommen führt somit nicht zu einer Überlagerung der Völkerrechtspersönlichkeit der Gemeinschaft durch jene der Mitgliedstaaten, sondern umge-

---

[477] OPPERMANN, Europarecht, S. 258, Rn. 689; KARPENSTEIN/KARPENSTEIN, in: Grabitz/Hilf, Das Recht der Europäischen Union, Kommentar II, Art. 228, Rn. 43.

[478] EuGHE 1993 I, S. 201 ff. - Rs. C 101/91.

[479] Vgl. CREMER, in: Calliess/Ruffert, Kommentar zu EU-Vertrag und EG-Vertrag, Art. 228, Rn. 11; vgl. OPPERMANN, Europarecht, S. 259, Rn. 692; "Abschreckungseffekt", KARPENSTEIN/KARPENSTEIN, in: Grabitz/Hilf, Das Recht der Europäischen Union, Kommentar II, Art. 228, Rn. 28.

[480] So jedoch MENG, ZaöRV 45 (1985), S. 324, 332 ff.

[481] Vgl. Case No. 56, 15 Iran-U.S. Claims Tribunal Reports 189, S. 237 f.; Case No. 43, Oil Field of Texas v. Iran, 1 Iran-U.S. Claims Tribunal Reports 347, S. 358 f; in diesem Sinne auch HERDEGEN, ZaöRV 47 (1987), S. 535, 553.

kehrt wird die Völkerrechtspersönlichkeit der Mitgliedstaaten durch die gemeinschaftsinterne Verpflichtung zur Kooperation zugunsten der Völkerrechtpersönlichkeit der Gemeinschaft zurückgedrängt[482]. Im Rahmen der Organisationsstrukturen ist die Kooperation der Mitgliedstaaten somit vollständig zugunsten der Gemeinschaft mediatisiert[483]. Sie ist Teil einer „objektiven Ordnung“, die in dem Institut der Gemeinschaft zusammengefaßt ist[484] und damit ein eigenes Mittel der Gemeinschaft, mittels dessen sie ihre Verpflichtungen unabhängig vom Willen der Mitgliedstaaten erfüllt[485].

Auch die für die wirksame Erfüllung der NAFO-Vorschriften erforderlichen Mitwirkungshandlungen der Mitgliedstaaten können eine Identifizierung der beiden Rechtspersönlichkeiten im Rahmen des Übereinkommens nicht rechtfertigen.

2. Zusammenfassung und Ergebnis

Schließt ein Drittstaat einen Vertrag mit der Gemeinschaft, erkennt er die Gemeinschaft als von den Mitgliedstaaten getrenntes Völkerrechtssubjekt an. Die Mitgliedstaaten sind in den Vertragsverhältnissen der Gemeinschaft daher grundsätzlich als „Dritte“ anzusehen, die nach dem Grundsatz der relativen Wirkung von Verträgen (gemäß Art. 35 WVK II) nicht ohne ihr Einverständnis gebunden werden (Art. 35 WVK II). Die Mitgliedstaaten haben einer Bindung im Verhältnis zu den Vertragspartnern der Gemeinschaft aber weder durch ihr Abstimmungsverhalten im Rat noch durch die Bestimmungen des Art. 300 Abs. 7 EGV im Sinne von Art. 35 WVK II zugestimmt. Eine solche Zustimmung der Mitgliedstaaten ist jedoch nach geltendem Völkerrecht trotz ihres besonderen Verhältnisses zur Gemeinschaft grundsätzlich erforderlich. Etwas anderes könnte sich nur dann ergeben, wenn die formale Rechtsform der Gemeinschaft als von ihren Mitgliedstaaten getrennte Rechtspersönlichkeit ausnahmsweise unbeachtlich wäre. Bei den staatseigenen Unternehmen ist ein solcher Durchgriff auf den jeweils hinter ihnen stehenden Staat und damit eine Identifizierung gerechtfertigt, wenn in den Handlungen der jeweiligen Unternehmens der Wille und damit die Gewalt des Staates zum Ausdruck kommt. Dies ist der Fall, wenn das Unternehmen hoheitliche Funktionen erfüllt oder der Staat aufgrund der sich

[482] Vgl. HARTWIG, Die Haftung der Mitgliedstaaten für Internationale Organisationen, S. 196 f.; gemäß ihrer Kooperationspflicht obliegt den Mitgliedstaaten die Anwendung des Gemeinschaftsrechts über ihren nationalen Behördenapparat *als Teile der Gemeinschaft*, vgl. OPPERMANN, Europarecht, S. 237, Rn. 636.

[483] Vgl. insoweit für die finanziellen Zuwendungen der Mitgliedstaaten an die Internationale Organisation, v. MÜNCH, Das völkerrechtliche Delikt, S. 264.

[484] HARTWIG, Die Haftung der Mitgliedstaaten für Internationale Organisationen, S. 299.

[485] Vgl. KLEIN, La responsabilité des organisations internationales, S. 449.

aus seiner Stellung im Rahmen der Organisationsstrukturen ergebenden Einflußmöglichkeiten die Willensbildung oder etwa die Leistungsfähigkeit des Unternehmens beherrscht. Die einzelnen Mitgliedstaaten haben die Gemeinschaft im Bereich der Fischerei zwar mit der Wahrnehmung von Aktivitäten im Bereich ihrer hoheitlichen Aufgaben betraut, ihre Aufgabe besteht jedoch darin, das Vorgehen der einzelnen Mitgliedstaaten zu harmonisieren. Ihre Funktion reicht daher über die bloße Wahrnehmung der Summe „übertragener“ staatlicher Aufgaben hinaus. Als Mitglieder der Organisation wirken die Mitgliedstaaten bei der Wahrnehmung dieser Aufgaben durch die Gemeinschaft mit. Die Mitgliedstaaten handeln dabei im Rahmen der Organisationsstrukturen als Teile der Gemeinschaft. So bilden sie durch die jeweilige Stimme ihrer Regierungsvertreter im Rat gemeinsam den Beschluß, durch den die Gemeinschaft ein völkerrechtliches Abkommen schließt. Der einzelne Wille der Mitgliedstaaten ist jedoch nur Teil des Gemeinschaftswillens und daher nicht mit ihm identisch. Darüber hinaus ist die Gemeinschaft nach dem Prinzip der begrenzten Einzelzuweisung zur wirksamen Erfüllung ihrer Verpflichtungen darauf angewiesen, daß die Mitgliedstaaten das Abkommen durch nationale Maßnahmen ihrer Behörden gegenüber den der Gemeinschaftsgewalt unterworfenen Personen zur Anwendung bringen. Die Gemeinschaft ist jedoch insoweit nicht von einem entsprechenden Willen der Mitgliedstaaten abhängig, diese sind der Gemeinschaft gegenüber zur Kooperation verpflichtet. Die verschiedenen sich aus den Organisationsstrukturen ergebenden Mitwirkungsrechte und Mitwirkungspflichten der Mitgliedstaaten im Rahmen der Organisationsstrukturen rechtfertigen somit keine Identifizierung mit der Gemeinschaft. Die formale Trennung der beiden Rechtspersönlichkeiten bleibt trotz ihrer besonderen Beziehung zueinander für die Vertragspartner der Gemeinschaft beachtlich, solange sich die Mitgliedstaaten nicht über die Organisationsstrukturen hinwegsetzen, die ihnen ihre Stellung als Mitglieder der Organisation zuweisen. Mangels einer Bindung an das NAFOÜ, scheidet eine Haftung Spaniens wegen Vertragsbruchs im Verhältnis zu den Vertragspartnern der Gemeinschaft daher aus.

II. Verpflichtung Spaniens kraft Schutz des Vertrauens

Im folgenden soll geprüft werden, ob Spanien den Vertragspartnern der Gemeinschaft gegenüber kraft Schutz des Vertrauens verpflichtet ist, entsprechende Maßnahmen gegenüber ihren Fischern zu ergreifen.

Die Maßnahmen der Mitgliedstaaten gegenüber ihren Fischern sind erforderlich, um die Einhaltung der NAFO-Vorschriften sicherzustellen[486]. Nach dem

[486] Vgl. 3. Kapitel, B., I., 1., c), bb), (2), (b).

Gemeinschaftsvertrag sind die Mitgliedstaaten der Gemeinschaft gegenüber verpflichtet, diese Maßnahmen zu ergreifen[487]. Die Pflicht der Mitgliedstaaten, bei der Durchführung der Gemeinschaftsabkommen mit der Gemeinschaft zu kooperieren, beruht zwar auf einem Vertrag zwischen den Mitgliedstaaten und stellt für Dritte zunächst eine res inter alios actae dar, aus dem sie unmittelbar keine Rechte herleiten können[488]. Die Vertragspartner der Gemeinschaft könnten die Mitgliedstaaten jedoch dann an ihren Pflichten im Organisationsrahmen festhalten lassen, wenn sie durch die Statuierung einer entsprechenden Pflicht im Gründungsvertrag ein berechtigtes Vertrauen der Vertragspartner in ihre Kooperation mit der Gemeinschaft zur Durchführung der Verträge begründet haben. Nach der sog. Lehre von estoppel besteht auch im Völkerrecht eine Gebundenheit an das eigene Verhalten, ein Gebot des widerspruchsfreien Verhaltens bzw. ein Verbot des widersprüchlichen Verhaltens[489]. Allgemeingültiger und tragender Gedanke der Lehre von estoppel ist der Vertrauensschutz. Danach ist eine Partei an die Erwartungen gebunden, die die andere nach Treu und Glauben in ausdrückliche oder im Verhalten implizierte Äußerungen der ersten setzen durfte. Ein nach der Lehre von estoppel verpöntes widersprüchliches Verhalten ist gegeben, wenn die Änderung in der Haltung eines Staates einen Vertrauensbruch zum Nachteil des Rechtsgenossen darstellt[490].

HARTWIG begründet ein Vertrauen Dritter auf die in der Satzung niedergelegten Einstandspflichten der Mitgliedstaaten damit, daß die Leistungspflichten der Mitgliedstaaten einzige Grundlage zur Deckung der vertraglich begründeten Verbindlichkeiten der Gemeinschaft seien[491]. Dritte müssen jedoch nach der Lehre von estoppel erwiesenermaßen zu ihrem Schaden auf ein entsprechendes Verhalten vertraut haben[492]. Dies würde zunächst einmal voraussetzen, daß dritte Staaten, die mit der Gemeinschaft einen Vertrag schließen, die sich aus dem Gründungsvertrag nur mittelbar ergebende Kooperationspflicht der Mitgliedstaaten kennen. Eine solche Kenntnis Dritter kann jedoch nicht einfach unterstellt werden[493].

Selbst wenn Dritten bei Vertragsschluß mit der Gemeinschaft die Kooperationspflicht der Mitgliedstaaten gegenüber der Gemeinschaft bekannt ist, bleibt fraglich, ob die Mitgliedstaaten dadurch ein berechtigtes Vertrauen der Dritten

---

[487] Vgl. 3. Kapitel, B., I., 1., c), bb), (2), (b).

[488] Vgl. 3. Kapitel, B., I., 1., a), aa).

[489] MÜLLER, Vertrauensschutz im Völkerrecht, S. 9 f.; HEINTSCHEL VON HEINEGG, in: Ipsen, Völkerrecht, S. 203, Rn. 7.

[490] Vgl. MÜLLER, Vertrauensschutz im Völkerrecht, S. 256.

[491] HARTWIG, Die Haftung der Mitgliedstaaten für Internationale Organisationen, S. 302.

[492] MÜLLER, Vertrauensschutz im Völkerrecht, S. 6.

[493] Vgl. 3. Kapitel, B., I., 1., a), bb).

in ihre Kooperation mit der Gemeinschaft begründet haben. Die Kooperation der Mitgliedstaaten unterliegt aufgrund der im Gründungsvertrag statuierten Verpflichtung der Rechtsmacht der Gemeinschaft und ist daher ein eigenes Mittel der Gemeinschaft mittels dessen sie ihre Verbindlichkeiten unabhängig vom Willen der Mitgliedstaaten erfüllt[494]. Das heißt im Rahmen der Organisationsstrukturen wird die Völkerrechtssubjektivität der Mitgliedstaaten zugunsten der Gemeinschaft zurückgedrängt. Als Mitglieder der Organisation treten sie den Vertragspartnern daher nicht als Völkerrechtssubjekte, sondern als Teile der Organisation gegenüber[495]. Schließen Dritte einen Vertrag mit der Gemeinschaft, vertrauen sie nicht in die Kooperation der Mitgliedstaaten als Völkerrechtssubjekte, sondern in die sich aus der Kooperationspflicht der Mitgliedstaaten ergebende Rechtsmacht der Gemeinschaft diesen gegenüber und damit in die materielle Eigenständigkeit der Gemeinschaft[496].

Haben die Mitgliedstaaten die Gemeinschaft durch die Statuierung der Kooperationspflicht mit eigenen Mitteln zur Erfüllung ihrer Verbindlichkeiten ausgestattet, sind sie den Vertragspartnern der Gemeinschaft gegenüber nach der Lehre von estoppel jedoch insoweit gebunden, als sie der Gemeinschaft diese Mittel nicht wieder entziehen können. Fraglich ist daher, ob Spanien durch das bloße Unterlassen entsprechender behördlicher Maßnahmen gegenüber seinen Fischern das Vertrauen der NAFO-Partner in die materielle Eigenständigkeit der Gemeinschaft enttäuscht hat. Erfüllt ein Mitgliedstaat seine Kooperationspflicht nicht, hat die Gemeinschaft nach dem Gemeinschaftsrecht ihren Mitgliedstaaten gegenüber das Recht und ihren Vertragspartnern gegenüber gemäß Art. XVII NAFOÜ die Pflicht, entsprechende Maßnahmen gegenüber ihren Mitgliedstaaten zu ergreifen, um diese zur Kooperation anzuhalten[497]. Damit bleibt die Gemeinschaft trotz Mißachtung der Kooperationspflicht grundsätzlich in der Lage, ihre Verpflichtung aus Art. XVII NAFOÜ zu erfüllen. Von einem Entzug der Mittel und damit einem widersprüchlichen Verhalten im Sinne von der Lehre von estoppel kann erst dann gesprochen werden, wenn die Mitgliedstaaten sich über ihre Rolle als Mitglieder der Gemeinschaft hinwegsetzen und an der sich aus den Organisationsstrukturen ergebenden Rechtsmacht der Gemeinschaft ihnen gegenüber rühren. Das Vertrauen Dritter verbietet es den Mitgliedstaaten daher als „Herren der Verträge“ etwa die Kooperationspflicht abzuschaffen oder aber sich aus eigener Machtvollkommenheit endgültig über ihre Verpflichtung hinwegzusetzen[498]. Durch die Mißachtung der Kooperationspflicht als solche

[494] Vgl. 3. Kapitel, B., I., 1., c), bb), (2), (b).
[495] Vgl. 3. Kapitel, B., I., 1., c), bb), (2), (b).
[496] Vgl. KRÜCK, Völkerrechtliche Verträge im Recht der Europäischen Gemeinschaften, S. 127.
[497] Vgl. 3. Kapitel, B., I., 1., c), bb), (2), (b).
[498] Vgl. 3. Kapitel, B., I., 1., c), bb), (2), (b).

hingegen entzieht sich ein Mitgliedstaat noch nicht der Rechtsmacht der Gemeinschaft und damit der Gemeinschaft nicht ihre Mittel zur Erfüllung ihrer Verbindlichkeiten.

III. Ergebnis

Im Ergebnis ist festzuhalten, daß die Gemeinschaft als Vertragspartei gemäß Art. XVII NAFOÜ ihren Vertragspartnern gegenüber verpflichtet ist, die Einhaltung der NAFO-Vorschriften durch entsprechende Maßnahmen einschließlich Sanktionen sicherzustellen. Die Mitgliedstaaten als von der Gemeinschaft getrennte Völkerrechtssubjekte sind den Vertragspartnern der Gemeinschaft gegenüber weder durch Vertrag noch kraft Schutz des Vertrauens unmittelbar verpflichtet dafür zu sorgen, daß ihre Fischer die NAFO-Vorschriften einhalten. Sie sind den Vertragspartnern der Gemeinschaft gegenüber nur insoweit gebunden, als sie sich durch Mißachtung der Kooperationspflicht nicht in Widerspruch zur von ihnen behaupteten materiellen Eigenständigkeit der Gemeinschaft setzen dürfen. Die materielle Eigenständigkeit der Gemeinschaft und deren Behauptung durch die Mitgliedstaaten ergibt sich zwar aus der im Gründungsvertrag statuierten Verpflichtung der Mitgliedstaaten, im Hinblick auf deren Verträge mit Dritten zu kooperieren. Ein Widerspruch zur behaupteten materiellen Eigenständigkeit durch Mißachtung der Kooperationspflicht kann aber nur dann angenommen werden, wenn die Mittel der Gemeinschaft zur Durchsetzung ihrer Rechtsmacht erschöpft sind (subsidiäre Haftung der Mitgliedstaaten). Nimmt die Gemeinschaft diese ihr nach dem Gründungsvertrag zur Verfügung stehenden Mittel nicht in Anspruch, verletzt sie ihre Verpflichtung gemäß Art. XVII NAFOÜ. Eine Haftung Spaniens für das Verhalten seiner Fischer nach dem Grundsatz der Haftung für eigenes völkerrechtswidriges Verhalten scheidet mangels Verletzung einer ihm im Verhältnis zu den Vertragspartnern der Gemeinschaft obliegenden Verpflichtung bzw. begründeten Vertrauens aus[499].

C. Die Haftung Spaniens für die Pflichtverletzung der Gemeinschaft

Grundsätzlich haftet ein Staat nur für ihm zurechenbare Handlungen, durch die eine ihm obliegende völkerrechtliche Pflicht verletzt wird[500]. Die Tatsache, daß die Gemeinschaft im völkerrechtlichen Verkehr als von den Mitgliedstaaten

[499] Vgl. KLEIN, La responsabilité des organisations internationales, S. 452.
[500] Vgl. 3. Kapitel, A.

getrennte Rechtspersönlichkeit auftritt, spricht somit grundsätzlich für die Annahme, daß die Mitgliedstaaten nicht für die Verletzung einer der Gemeinschaft obliegenden Pflicht im Verhältnis zu Dritten haften. Mit der Aufnahme Internationaler Organisationen in den Kreis möglicher Völkerrechtssubjekte wird jedoch zugleich unterstrichen, daß sie den Staaten nicht grundsätzlich gleichgestellt sind. So stellt der IGH in seinem Bernadotte-Urteil im Hinblick auf die Vereinten Nationen fest: „That is not the same thing as saying that it is a State, which it certainly is not, or that its legal personality and rights and duties are the same as those of a State."[501] Die Rechtspersönlichkeit Internationaler Organisationen ist beschränkt[502] und die Beziehung der Mitgliedstaaten zu ihrer Internationalen Organisation geht über die bloße gemeinsame Mitgliedschaft als Völkerrechtssubjekte in der internationalen Gemeinschaft hinaus. Stellt man in Rechnung, daß der Grundsatz der Haftung ausschließlich für eigenes Verhalten für die Rechtsbeziehungen zwischen Staaten entwickelt wurde, bedarf es daher der Überprüfung, ob dieser Grundsatz bei Internationalen Organisationen, wie der Gemeinschaft, und ihren Mitgliedstaaten Anwendung findet.

I. Das Haftungsverhältnis bei Internationalen Organisationen in der Staatenpraxis

Um die Frage nach dem Haftungsverhältnis bei Internationalen Organisationen zu beantworten, bedarf es der Heranziehung von Rechtsnormen, die das Haftungsverhältnis von Internationalen Organisationen und ihren Mitgliedstaaten regeln. Art. 38 IGH-Statut nennt verschiedene Erscheinungsformen des Völkerrechts, die der Internationale Gerichtshof zur Entscheidung ihm unterbreiteter Streitigkeiten nach dem Völkerrecht anzuwenden hat. Hierzu gehören „internationale Übereinkünfte allgemeiner oder besonderer Natur, in denen von den streitenden Staaten ausdrücklich anerkannte Regeln festgelegt sind" (lit. a), „das internationale Gewohnheitsrecht als Ausdruck einer allgemeinen, als Recht anerkannten Übung" (lit. b) sowie „die von den Kulturvölkern anerkannten allgemeinen Rechtsgrundsätze" (lit. c). Er stellt nicht nur eine Anweisung an den Internationalen Gerichtshof dar, sondern umfaßt nach nahezu einhelliger Auffassung[503] die wichtigsten Quellen des Völkerrechts, die zur Lösung von Völkerrechtsproblemen herangezogen werden[504]. Darüber hinaus sollen gemäß Art. 38 Abs. 1 lit. d richterliche Entscheidungen und „die Lehrmeinungen der fähigsten Völkerrechtler der verschiedenen Nationen" als „Hilfsmittel zur Feststellung

[501] ICJ Reports 1949, S. 174, 179.
[502] Vgl. 2. Kapitel, B., II.
[503] A. A. nur die Vertreter des amerikanischen Rechtsrealismus.
[504] Vgl. HEINTSCHEL VON HEINEGG, in: Ipsen, Völkerrecht, S. 93 Rn. 3.

von Rechtsnormen" dienen. An der in Art. 38 Abs. 1 IGH-Statut beschriebenen Methode soll sich die folgende Suche nach einer das Haftungsverhältnis zwischen Internationalen Organisationen und ihren Mitgliedstaaten regelnden Völkerrechtsnorm orientieren.

1. Die Regelung des Haftungsverhältnisses zwischen Internationalen Organisationen und ihren Mitgliedstaaten in völkerrechtlichen Verträgen

a) Völkerrechtliche Verträge als unmittelbare Rechtsquelle

Die Völkerrechtsverträge im Sinne von Art. 38 Abs. 1 lit. a IGH-Statut scheiden als wichtigste unmittelbare Quelle für eine Regelung des Haftungsverhältnisses zwischen der Gemeinschaft und ihren Mitgliedstaaten allerdings aus. Soweit eine Vertragsbestimmung die Frage der Haftung der Mitgliedstaaten für die Gemeinschaft im Verhältnis zu dritten Staaten regeln soll, bedarf es dazu eines Vertrages zwischen den Mitgliedstaaten der Gemeinschaft und dem Drittstaat. Vorliegend haben die Mitgliedstaaten und Kanada als Vertragspartner der Gemeinschaft jedoch keinen Vertrag geschlossen[505], in dem eine Haftung der Mitgliedstaaten für die Verbindlichkeiten der Gemeinschaft hätte geregelt werden können.

b) Völkerrechtliche Verträge als Ausdruck von Völkergewohnheitsrecht

Völkerrechtliche Abkommen können jedoch als Ausdruck von Völkergewohnheitsrecht bindende Wirkung auch für Nicht-Vertragsparteien entfalten. Nach herrschender Meinung entsteht Völkergewohnheitsrecht durch die von einer Rechtsüberzeugung (opinio iuris sive necessitatis) getragene internationale Übung der Rechtssubjekte (Staatenpraxis)[506]. Völkerrechtliche Verträge stellen zwar keine Übung im Sinne von Art. 38 Abs. 1 lit. b IGH-Statut dar, die in ihnen enthaltenen Regelungen können jedoch gewohnheitsrechtliche Geltung erlangen, wenn sie durch Hinzutreten einer entsprechenden Rechtsüberzeugung allgemeinverbindlich werden[507].

aa) Universelle Kodifikationsverträge

Universelle Kodifikationsverträge etwa, die von ihrer ganzen Intention her weniger vom Synallagma zwischen den einzelnen Vertragsparteien als von dem

---

[505] Vgl. 3. Kapitel, B., I.

[506] Vgl. HEINTSCHEL VON HEINEGG, in: Ipsen, Völkerrecht, S. 183, Rn. 2.

[507] Vgl. HEINTSCHEL VON HEINEGG, in: Ipsen, Völkerrecht, S. 189, Rn. 22.

Willen, eine vom Einzelfall gelöste allgemeingültige Regelung zu schaffen, geprägt sind, können zur Entstehung von Gewohnheitsrecht führen[508]. Für die vorliegende Frage kämen hier aufgrund ihrer Regelungsmaterie die Wiener Konvention zum Vertragsrecht internationaler Organisationen[509] sowie der Konventionsentwurf der ILC zur Staatenverantwortlichkeit[510] in Betracht. Beide Instrumente sind zwar noch nicht in Kraft, Kodifikationsverträge können jedoch grundsätzlich bereits vor ihrem Inkrafttreten zur Ermittlung von völkergewohnheitsrechtlichen Normen herangezogen werden, soweit über die Anwendbarkeit bestimmter im Vertrag niedergelegter Regeln bei den Staaten eine einhellige Überzeugung vorliegt[511]. Allerdings klammert die Wiener Konvention in Art. 74 Abs. 2[512] alle Fragen der Verantwortlichkeit und der Konventionsentwurf der ILC zur Staatenverantwortlichkeit in Art. 57[513] alle Fragen der völkerrechtlichen Verantwortlichkeit Internationaler Organisationen oder eines Staates für das Verhalten einer Internationalen Organisation ausdrücklich aus.

Am 8. Mai 2002 entschied die ILC, das Thema der „Haftung Internationaler Organisationen" in ihr Langzeitarbeitsprogramm aufzunehmen[514]. Bisher, nämlich im August 2003, wurden ein erster Entwurf und die Kommentierung der ersten drei Artikel angenommen[515]. Sie regeln den Anwendungsbereich („Scope of the present draft articles", Article 1)[516], Begriffsbestimmungen („Use of

---

[508] Vgl. HARTWIG, Die Haftung der Mitgliedstaaten für Internationale Organisationen, S. 15 f.

[509] Abgedruckt in GYIL 29 (1986), S. 516 ff.

[510] Vgl. GAOR, Fifty-sixth session, Supplement No. 10 (A/56/10), chp.IV.E.1.

[511] HARTWIG, Die Haftung der Mitgliedstaaten für Internationale Organisationen, S. 16.

[512] "The provisions of the present Convention shall not prejudge any question that may arises in regard to a treaty from the international responsibility of an international organization, from the termination of the existence of the organization or from the termination of participation by a State in the membership of the organization."

[513] "These articles are without prejudice to any question of the responsibility under international law of an international organization, or of any State for the conduct of an international organization."

[514] GAOR, Fifty-seventh session, Supplement No. 10 (A/57/10), chap. VIII.B., para. 461; am 2. August 2002 nahm die ILC den ersten Bericht der Arbeitsgruppe an, in dem der Rahmen und einzelne Teilbereiche des Themas kurz dargelegt werden, vgl. GAOR, Fifty-seventh session, Supplement No. 10 (A/57/10), chap. VIII.C.

[515] GAOR, Fifty-eighth session, Supplement No. 10 (A/58/10), chap. IV.

[516] "1. The present draft articles apply to the international responsibility of an international organization for an act that is wrongful under international law.

2. The present draft articles also apply to the international responsibilty of a State for the internationally wrongful act of an international organization.", vgl. GAOR, Fifty-eighth session, Supplement No. 10 (A/57/10), chap. IV.C.1., para. 53.

terms“, Article 2)[517] und allgemeine Grundsätze („General principles“, Article 3)[518]. Art. 1 Abs. 2 bestimmt, daß die Vorschriften des Konventionsentwurfs auch auf die Haftung eines Staates für das völkerrechtswidrige Verhalten einer Internationalen Organisation Anwendung finden soll. Wie eine solche Haftung begründet wird, bleibt jedoch einer Regelung durch die folgenden, bisher noch nicht entworfenen Bestimmungen vorenthalten. In der folgenden Kommentierung der Vorschrift wird daher auch darauf hingewiesen, daß die Bezugnahme auf die Haftung eines Staates für völkerrechtswidriges Verhalten einer Internationalen Organisation nicht impliziere, daß eine solche Haftung für existent gehalten werde[519]. Auf der Grundlage der bisher entworfenen Bestimmungen läßt sich jedenfalls noch kein Völkergewohnheitsrecht erkennen, welches das Haftungsverhältnis zwischen Mitgliedstaaten und ihrer Internationalen Organisation regelt.

bb) Verträge, die die Aktivitäten Internationaler Organisationen und Haftungsfragen zum Gegenstand haben

Vertragsrecht kann sich jedoch auch dann zu Völkergewohnheitsrecht entwickeln, wenn eine Vielzahl von Abkommen über denselben Gegenstand gleichlautende Bestimmungen treffen[520]. Die Vielzahl gleicher Bestimmungen bringt eine Rechtsüberzeugung zum Ausdruck, die sich nicht auf das jeweilige Vertragsverhältnis beschränkt, sondern gesichert durch die Zahl der Vertrags-

---

[517] “For the purposes of the present draft articles, the term “international organization” refers to an organization established by a treaty or other instrument governed by international law and possessing its own international legal personality. International organizations may include as members, in addition to States, other entities.”, vgl. GAOR, aaO.

[518] “1. Every internationally wrongful act of an international organization entails the international responsibiltiy of the international organization.

2. There is an internationally wrongful act of an international organization when conduct consisting of an action or omission:

Is attributable to the international organization under international law;

and

(b) Constitutes a breach of international obligation of that international organization.”, vgl. GAOR, aaO.

[519] “While article 1 covers all the issues that are to be addressed in the following articles, this is without prejudice to any solution that will be given to those issues. Thus, for instance, the reference in paragraph 2 to the international responsibility of a State for the internationally wrongful act of an international organization does not imply that such a resonsibility will be held to exist.”, vgl. GAOR, aaO, chap. IV.C.2., para. 54.

[520] „An international convention admittedly established rules binding the contracting parties only, and based on reciprocity: but it must be remembered that these rules become generalized through the conclusion of other similar conventions containing identical or similar provisions, and also through the operation of the most-favoured-clause.”, YILC 1960 II, S. 143, 145.

parteien einheitlich ist und sich damit vom Einzelfall löst[521]. Allerdings ist hierbei zu beachten, daß gleichlautende Bestimmungen einer Vielzahl von Verträgen unter Umständen gerade eine von bestehendem Völkergewohnheitsrecht abweichende Regelung treffen. Ob die Vertragsbestimmungen von bestehendem Völkerrecht abweichen oder solches widerspiegeln, läßt sich nur mit Blick auf das „rechtliche Umfeld" der betreffenden Rechtsfrage ermitteln. Sie weichen ab, wenn sich aufgrund der sonstigen völkerrechtlichen Praxis eine Norm des Völkergewohnheitsrechts finden läßt, die eine gegenteilige Regelung trifft. Treffen die Vertragsbestimmungen hingegen in einen bis dahin gewissermaßen „rechtsfreien" Raum, sind sie Indiz dafür, daß sich eine dahingehende Rechtsüberzeugung und damit eine entsprechende Norm des Völkergewohnheitsrechts gebildet hat[522].

(1) Die Haftungsverhältnisse bei Internationalen Organisationen in den Abkommen zur Regelung der Weltraumaktivitäten

(a) Der Weltraumvertrag von 1967

Als die ersten Satelliten, der sowjetische „Sputnik 1" am 4.10.1957 und der amerikanische „Explorer 1" am 31.1.1958, in den Weltraum starteten, erkannte die Staatengemeinschaft die Notwendigkeit die aufgrund der technischen Möglichkeiten zu erwartenden ansteigenden Weltraumaktivitäten einem zwischenstaatlichen Regime zu unterwerfen[523]. Der Vertrag über die Grundsätze zur Regelung der Tätigkeit von Staaten bei der Erforschung und Nutzung des Weltraums einschließlich des Mondes und anderer Himmelskörper vom 27.01.1967[524] war der erste entscheidende Schritt zur vertraglichen Regelung des Weltraumrechts. Er beinhaltet die vom Committee on the Peaceful Uses of Outer Space (COPUOS)[525] erarbeiteten und als Resolution[526] von der UN-Generalversammlung angenommenen Prinzipien zum Rechtsstatus und zur Nutzung des Weltraums. In der Erwartung einer sich aufgrund der hohen Kosten der Forschung im Bereich der Weltraumaktivitäten verstärkenden internationalen Zusammenarbeit wurden in den Vorarbeiten auch die Fragen im

---

[521] Vgl. HARTWIG, Die Haftung der Mitgliedstaaten für Internationale Organisationen, S. 16 f.

[522] Vgl. HARTWIG, Die Haftung der Mitgliedstaaten für Internationale Organisationen, S. 18 f.

[523] FISCHER, in: Ipsen, Völkerrecht, S. 820, Rn. 2.

[524] BGBl. 1969 II, S. 1969.

[525] Als ständiger Ausschuß der Generalversammlung der UN am 12.12.1959 gegründet, UN GA Res. 1472 XIV.

[526] Declaration of Legal Principles Governing the Activities of States in the Exploration and Use of Outer Space vom 13.12.1963, UN GA Res. 1962 XVIII.

Zusammenhang mit den Aktivitäten Internationaler Organisationen, insbesondere die Frage des Haftungsverhältnisses von Internationalen Organisationen und ihren Mitgliedstaaten, eingehend behandelt[527]. Art. VI des Vertrages sieht schließlich eine Verantwortlichkeit der Mitgliedstaaten einer Internationalen Organisation für die Befolgung des Vertrages neben der Internationalen Organisation vor, soweit diese zugleich Parteien des Vertrages sind: „Wird eine internationale Organisation im Weltraum ... tätig, so sind sowohl die internationale Organisation als auch die dieser Organisation angehörenden Vertragsstaaten für die Befolgung dieses Vertrages verantwortlich."

(b) Die Weltraumrettungskonvention

Die Todesfälle der drei amerikanischen Astronauten Grissom, White und Chaffee am 27.01.1967 und des russischen Kosmonauten Komarov am 24.4.1967 gaben Anstöße zum erfolgreichen Abschluß der bereits seit den frühen sechziger Jahren laufenden Bemühungen zum Abschluß des Übereinkommen über die Rettung und Rückführung von Raumfahrern sowie die Rückgabe von in den Weltraum gestarteten Gegenständen[528]. Diese Konvention ergänzt durch die Festlegung detaillierter Verhaltenspflichten die im Weltraumvertrag enthaltenen Prinzipien über die Kooperation bei Weltraumunfällen und war damit der erste einer Reihe von Verträgen, die infolge der sich rapide erweiternden Möglichkeiten der Weltraumnutzung und den damit verbundenen Gefahren das Weltraumrecht fortentwickelten[529]. Art. V Abs. 5 der Weltraumrettungskonvention bestimmt, daß die Aufwendungen einer Vertragspartei bei der Bergung und Rückgabe eines Weltraumgegenstandes von der Start-Behörde zu tragen sind. „Start-Behörde" ist gemäß Art. VI der Konvention ein Staat oder eine Internationale Organisation, die für die Entsendung eines Gegenstandes verantwortlich ist. Da Internationale Organisationen jedoch nicht Vertragspartei werden können, sind diese nur dann als Start-Behörde im Sinne der Konvention zu qualifizieren, wenn sie die Annahme der durch den Vertrag begründeten Rechte und Pflichten erklärt haben und ihre Mitglieder mehrheitlich Parteien sowohl dieses Abkommens als auch des Weltraumvertrages sind. Die Frage des Haftungsverhältnisses zwischen Internationaler Organisation und ihren Mitgliedstaaten für den Fall, daß die Internationale Organisation Start-Behörde ist, wurde im Vertragstext nicht behandelt. Dem Wortlaut nach ist demnach gemäß

---

[527] Vgl. Ziff. 5 der Resolution UN GA Res. 1962 XVIII: „When activities are carried on in outer space by an international organization, responsibility for compliance with the principles set forth in this Declaration shall be borne by the international organization and by the States participating in it."

[528] BGBl. 1971 II, S. 237.

[529] Vgl. FISCHER, in: Ipsen, Völkerrecht, S. 821, Rn. 4.

Art. V Abs. 5 der Weltraumrettungskonvention allein die Internationale Organisation verpflichtet, die Kosten einer Rettungsaktion zu tragen.

(c) Die Weltraumhaftungskonvention

Vor dem Hintergrund von Abstürzen von Satellitenteilen auf das Territorium verschiedener Staaten in den sechziger Jahren und zu Beginn der siebziger Jahre forderte die Generalversammlung das Komitee über die friedliche Nutzung des Weltraums[530] auf über eine eigene Haftungskonvention zu verhandeln[531]. In den Vorarbeiten zum Übereinkommen über die völkerrechtliche Haftung für Schäden durch Weltraumgegenstände[532] standen die Frage der rechtlichen Stellung Internationaler Organisationen (innerhalb der Konvention) und die Frage des Haftungsverhältnisses zwischen Internationalen Organisationen und ihren Mitgliedstaaten im Mittelpunkt der Diskussion. Internationale Organisationen fanden nach den Vorschlägen einiger Staaten zunächst keine Berücksichtigung in der Konvention[533]. Mehrere, insbesondere westliche Staaten forderten jedoch unter Hinweis auf die Rechtspersönlichkeit Internationaler Organisationen, daß diesen innerhalb der Konvention die gleiche Stellung wie Staaten eingeräumt werden sollte[534]. Nach Art. XXII Abs. 1 der Konvention gelten ihre Vorschriften grundsätzlich auch für Internationale Organisationen, welche die aus dem Abkommen fließenden Rechte und Pflichten durch eine Erklärung angenommen haben und soweit deren Mitglieder mehrheitlich selbst Vertragsparteien sind. Im Hinblick auf das Haftungsverhältnis zwischen Internationalen Organisationen und ihren Mitgliedstaaten war man sich weitgehend einig, daß die Mitgliedstaaten neben der Internationalen Organisation haften sollten. Gemäß Art. XXII Ziff. 3 der Konvention haften Internationale Organisationen und ihre Mitgliedstaaten, soweit diese Vertragsparteien sind, gesamtschuldnerisch. Der Schadensersatzanspruch ist jedoch gemäß Art. XXII Ziff. 3 a) zunächst bei der Internationalen Organisation geltend zu machen. Gegen die Mitgliedstaaten kann erst vorgegangen werden, wenn die Internationale Organisation die Ansprüche nicht binnen sechs Monaten befriedigt hat[535]. Während die Internationale Organisation

---

[530] Errichtet am 13.12.1958, UN GA Res. 1348 XIII.

[531] UN GA Res. 2345 XXII.

[532] BGBl. 1975 II, S. 1209.

[533] Die Sowjetunion wollte das Recht, Weltraumaktivitäten durchzuführen, überhaupt auf Staaten beschränken: „All activities of any kind pertaining to the exploration and use of outer space shall be carried out solely by States.“, UN Doc.A/AC. 105/12, Annex I, S. 2 Ziff. 7.

[534] Vgl. Stellungnahme des australischen Vertreters, UN Doc.A/AC. 105/C.2/SR.29 37, 70; Stellungnahme des italienischen Vertreters, im selben Dokument, S. 67; später forderte Australien sogar die Zulassung von Internationalen Organisationen als Vertragspartei.

[535] „XXII (3) Ist eine internationale zwischenstaatliche Organisation nach diesem Übereinkommen für einen Schaden haftbar, so haften die Organisationen und diejenigen ihrer Mitglieder, die Vertragsstaaten sind, als Gesamtschuldner, wobei jedoch

nach den Grundsätzen der völkerrechtlichen Verantwortlichkeit unmittelbar für den durch ihre Aktivitäten verursachten Schaden haften, liegt der Rechtsgrund für die Haftung der Mitgliedstaaten in einer vertraglichen Garantenstellung für die Pflichten ihrer Internationalen Organisation, die sie durch ihren Beitritt zur Haftungskonvention übernommen haben[536]. Dem Grunde nach entsteht die Forderung gegen die Mitgliedstaaten gleichzeitig mit dem Eintritt der Verantwortlichkeit der Internationalen Organisation, primär haftet jedoch die Internationale Organisation, die Haftpflicht der Mitgliedstaaten ist subsidiär.

(d) Der Mondvertrag von 1979

Gemäß Art. 14 in Verbindung mit Art. 16 des Mondvertrages[537] haften Internationale Organisationen, soweit sie die vertraglichen Verpflichtungen ausdrücklich anerkannt haben und die Mehrheit ihrer Mitgliedstaaten diesen Vertrag unterzeichnet hat ohne eine ergänzende Verantwortlichkeit der Mitgliedstaaten zu begründen. Dem Wortlaut nach ist hiernach eine Alleinhaftung der Internationalen Organisation gegeben.

(2) Die UN-Seerechtskonvention

Der Beitritt zur UN-Seerechtskonvention[538] steht gemäß Art. 307 in Verbindung mit Art. 305 Abs. 1 lit. f und Art. 2 von Anlage IX neben Staaten auch Internationalen Organisationen offen, wenn die Mehrheit ihrer Mitgliedstaaten Unterzeichner des Übereinkommens ist. Gemäß Art. 4 Abs. 2 von Anlage IX ist eine Internationale Organisation in dem Umfang Vertragspartei des Übereinkommens, in dem sie entsprechend einer Erklärung gemäß Art. 5 von Anlage IX zuständig ist. Die Verantwortlichkeit für die Erfüllung der Vertragspflichten regelt Art. 6 von Anlage IX[539]. Gemäß Art. 6 Abs. 1 von Anlage IX haftet eine Internationale Organisation als Vertragspartei selbst für die Nichter-

---

a) ein Anspruch auf Ersatz eines solchen Schadens zuerst gegen die Organisation geltend zu machen ist; ..."

[536] HARTWIG, Die Haftung der Mitgliedstaaten für Internationale Organisationen, S. 177.

[537] Agreement Governing the Activities of States on the Moon and Other Celestial Bodies vom 18.12.1979, UN GA Res. 34/68.

[538] BGBl. 1994 II, S. 1799.

[539] „(1) Vertragsparteien, die nach Artikel 5 dieser Anlage Zuständigkeit besitzen, sind für die Nichteinhaltung von Verpflichtungen und für alle sonstigen Verstöße gegen dieses Übereinkommen verantwortlich.

(2) Jeder Vertragsstaat kann eine Internationale Organisation oder ihre Mitgliedstaaten, die Vertragsparteien dieses Übereinkommens sind, um Auskunft ersuchen, wem für eine bestimmte Angelegenheit die Verantwortlichkeit zukommt. Die Organisation und die betreffenden Mitgliedstaaten müssen diese Auskunft erteilen. Das Nichterteilen dieser Auskunft innerhalb einer angemessenen Frist oder das Erteilen widersprüchlicher Auskünfte hat gesamtschuldnerische Haftung zur Folge."

füllung des Übereinkommens. Gemäß Art. 6 Abs. 2 von Anlage IX haften die Mitgliedstaaten gesamtschuldnerisch für eine Pflichtverletzung der Internationalen Organisation jedoch dann, wenn sie oder die Internationale Organisation auf entsprechende Anfrage eines Vertragsstaates nicht Auskunft darüber erteilt haben, daß die Internationale Organisation für die betreffende Angelegenheit verantwortlich ist. Fraglich ist, ob die Erklärung über die Verantwortlichkeit der Internationalen Organisation im Hinblick auf eine bestimmte Angelegenheit gegenüber den Vertragspartnern erst den Ausschluß einer grundsätzlich gegebenen Haftung der Mitgliedstaaten für Pflichtverletzungen der Internationalen Organisation im Verhältnis zu den Vertragspartnern bewirken soll. Dagegen sprechen jedoch mehrere Gründe: Die Aufklärung Dritter, wer, die Internationale Organisation oder die Mitgliedstaaten, im Hinblick auf die betreffende Angelegenheit haftet, wäre zunächst einmal überflüssig, wenn die Mitgliedstaaten grundsätzlich für die Pflichtverletzungen der Internationalen Organisation haften[540]. Ferner entsteht eine gesamtschuldnerische Haftung der Mitgliedstaaten nur dann, wenn die Vertragsstaaten eine Auskunft verlangt haben und diese nicht erfüllt worden ist. Aus dem Umkehrschluß ergibt sich, daß die Mitgliedstaaten ihre Haftung für Pflichtverletzungen der Internationalen Organisation zurückweisen können, wenn diese Auskunft nicht verlangt worden ist. Bei dieser Regelung handelt es sich somit um eine „Sanktion" auf unterlassene Aufklärung zum Schutz der Vertragspartner davor, die Ungewißheit über die Person des Anspruchsgegners tragen zu müssen. Eine gesamtschuldnerische Haftung von Internationaler Organisation und ihren Mitgliedstaaten kommt ferner gemäß Art. 139 Abs. 2[541] in Betracht. Hiernach „... haftet ein Vertragsstaat oder eine internationale Organisation für einen Schaden, der auf das Versäumnis zurückzuführen ist, die ihnen aus diesem Teil erwachsenden Verantwortlichkeiten zu erfüllen; Vertragsstaaten oder internationale Organisationen, die gemeinsam handeln, haften gesamtschuldnerisch. ... ." Diese gesamtschuldnerische Haftung ist jedoch nicht auf das Verhältnis von Internationalen Organisationen und ihren Mitgliedstaaten beschränkt. Diese Regelung begründet eine Haftung für jeden Vertragsstaat, der mit einem anderen Vertragsstaat oder einer Internationalen Organisation gemeinsame Aktivitäten durchführt. Sie beruht damit nicht auf der Mitgliedschaft, sondern auf dem gemeinschaftlichen Betreiben eines Projekts. Der Seerechtskonvention liegt somit das Konzept einer

---

540 So auch HARTWIG, Die Haftung der Mitgliedstaaten für Internationale Organisationen, S. 182.

541 „Unbeschadet der Regeln des Völkerrechts und der Anlage III Artikel 22 haftet ein Vertragsstaat oder eine internationale Organisation für einen Schaden, der auf das Versäumnis zurückzuführen ist, die ihnen aus diesem Teil erwachsenden Verantwortlichkeiten zu erfüllen; Vertragsstaaten oder internationale Organisationen, die gemeinsam handeln, haften gesamtschuldnerisch. ..."

getrennten Verantwortlichkeit von Mitgliedstaaten und ihren Internationalen Organisationen zugrunde[542].

2. Die Rechtsprechung zum Verantwortlichkeitsverhältnis zwischen Internationalen Organisationen und ihren Mitgliedstaaten

Die in Art. 38 Abs. 1 lit. c IGH-Statut genannten richterlichen Entscheidungen sind zwar keine Rechtsquellen, sie dienen aber - wie es ausdrücklich heißt - als „Hilfsmittel zur Feststellung von Rechtsnormen“[543]. So wird bei der Ermittlung von Völkerrecht regelmäßig auch auf die völkerrechtliche Rechtsprechung zurückgegriffen. Urteile bedeutsamer repräsentativ zusammengesetzter Gerichte wie des IGH oder internationaler Schiedsgerichte werden als autoritative Manifestation allgemeiner Rechtsüberzeugung gewertet und selbst die Entscheidungen nationaler Gerichte können als Teil der Staatenpraxis insoweit Indiz für ein bestehendes Völkerrecht sein[544]. Im folgenden sollen daher die allerdings wenigen Fälle darstellt werden, in denen Gerichte mit der Frage des Haftungsverhältnisses zwischen Internationalen Organisationen und ihren Mitgliedstaaten befaßt waren.

a) Die Urteile im Westland-Fall

aa) Die Entscheidung der ICC

Im Jahre 1984 hatte der Court of Arbitration of the International Chamber of Commerce (ICC) über eine Forderung der britischen Westland Helicopters Gesellschaft (WHL) gegen die Arab Organization for Industrialization (AOI) sowie deren Mitgliedstaaten[545] und gegen die Arab British Helicopter Company (ABH) zu entscheiden[546]. Die WHL machte eine Forderung aus Geschäften der ABH geltend, die WHL am 27. Februar 1978 zusammen mit der AOI als eine „Joint Stock Company“ für Geschäfte mit einem Hubschrauber-Typ der WHL

---

[542] Vgl. CONZE, Die völkerrechtliche Haftung der Europäischen Gemeinschaft, S. 77; HARTWIG, Die Haftung der Mitgliedstaaten für Internationale Organisationen, S. 184.

[543] Vgl. HEINTSCHEL VON HEINEGG, in: Ipsen, Völkerrecht, S. 93, Rn. 2.

[544] Vgl. HARTWIG, Die Haftung der Mitgliedstaaten für Internationale Organisationen, S. 19 f.

[545] Die Vereinigten Arabischen Emirate, Saudi-Arabien, Qatar und Ägypten.

[546] Westland Helicopters Ltd. v. Arab Organization for Industrialization, United Arab Emirates, Saudi Arabia, Qatar, Egypt, Arab British Helicopter Company, ILR 80 (1989), S. 595 ff.

gegründet hatte[547]. Am 4. Januar 1978 hatte das durch den Gründungsvertrag der AOI errichtete und mit Ministern der vier Mitgliedsstaaten besetzte „Higher Commitee“ mit der britischen Regierung ein „Memorandum of Understanding“ unterzeichnet, in dem es insbesondere garantierte, ihr Bestes zu tun („to use best efforts“), um die Erfüllung der von der AOI oder von dieser kontrollierten Unternehmen gegenüber britischen Unternehmen übernommene Verpflichtungen sicherzustellen[548]. Nach Ansicht der WHL hafteten die AOI und ihre Mitgliedstaaten gesamtschuldnerisch.

Die ICC hatte zunächst über ihre Zuständigkeit für ein Verfahren auch gegen die Mitgliedstaaten der AOI zu entscheiden. Die entsprechende Schiedsklausel[549] war nur zwischen der WHL und der AOI vereinbart worden[550]. Der Auffassung des Gerichts zu folge war dieser Umstand jedoch nicht ausreichend, um eine Unterwerfung der Mitgliedstaaten unter die Schiedsklausel zu verneinen[551]. Die Frage der Bindung an die Schiedsklausel sei vielmehr exakt dieselbe wie jene nach der regelmäßigen Bindung der Mitgliedstaaten an die von der AOI durch Vertrag begründeten Verpflichtungen[552]. Die Bindungswirkung der Schiedsklausel könne nicht von jener der streitgegenständlichen vertraglichen Pflichten getrennt werden; die Antwort auf die Frage, ob die Mitgliedstaaten durch Handlungen der AOI gebunden werden, müsse dieselbe sein, ob es nun um die prozessualen Aspekte der Schiedsklausel oder um die materiellrechtlichen Verpflichtungen gehe[553].

---

[547] Die Vereinigten Arabischen, Saudi-Arabien und Qatar hatten wegen des Camp David-Abkommens zwischen Israel und Ägypten aus dem Jahre 1979 inzwischen beschlossen, die AOI aufzulösen, während Ägypten erklärte, daß diese als juristische Person mit Sitz in Kairo fortbestehe, vgl. ILR 80 (1989), S. 595, 597.

[548] ILR 80 (1989), S. 595, 603.

[549] Art. 12 des „Shareholders Agreement“ vom 27. Februar 1978 zwischen der WHL und der AOI, zitiert in ILR 80 (1989), S. 595, 596 f.

[550] “The four States never themselves directly signed any contract with Westland”., ILR 80 (1989), S. 595, 609.

[551] ILR 80 (1989), S. 595, 609.

[552] “The question whether the four States are bound by the arbitration clause concluded by the AOI in its own name (Shareholders Agreement contracted with Westland, Clause 12.1) is exactly the same as the substantive law question whether the four States are bound in general by the obligations contracted by the AOI.”, ILR 80 (1989), S. 595, 610.

[553] “The mandatory force of the arbitration clause cannot be dissociated from that of the substantive contractual commitments; the reply to the question as to whether the four States are bound by the acts of the AOI must always be the same, whether the procedural aspects of the arbitration clause is involved or that of the substantive law concerning the financial obligations of the four States.”, ILR 80 (1989), S. 595, 610.

Das Schiedsgericht stellt zunächst fest, daß aus der Rechtspersönlichkeit der AOI nichts für die Beantwortung dieser Frage hergeleitet werden könne[554]. Es weist in diesem Zusammenhang auf die Haftungsregeln des Gesellschaftsrechts einzelner nationaler Rechtsordnungen hin. Nach einer weitverbreiteten Meinung sei die Haftung juristischer Personen zwar von jener der sie konstituierenden Personen zu unterscheiden. Doch fänden sich in allen Rechtsordnungen zu viele Durchbrechungen einer solchen Konstruktion, als das sie sich als Prinzip verstehen ließe, aus dem weitere Schlußfolgerungen abgeleitet werden könnten[555]. Aus der Zuerkennung der Rechtspersönlichkeit, der Unabhängigkeit im Bereich von Verwaltung und Finanzen sowie der Prozeßfähigkeit der Organisation ließe sich ebensowenig der Ausschluß der Haftung der Mitgliedstaaten folgern wie daraus, daß die Organisation über ein eigenes Kapital verfüge, als insofern die Haftung nicht darauf beschränkt worden sei[556]. Die Frage des Haftungsverhältnisses zwischen der Organisation und ihren Mitgliedstaaten war weder im Gründungsvertrag noch in der Satzung geregelt[557]. Das Schiedsgericht ging von einer Regelungslücke aus, um dann gleichwohl aus allgemeinen Grundsätzen des Rechts sowie aus dem Treueprinzip die Haftung der Mitgliedstaaten zu begründen. Diese beruhe dem Gericht zufolge auf dem allgemeinen Grundsatz, daß diejenigen, die sich vertraglich binden, für die daraus entstehenden Verbindlichkeiten haften[558]. Das Schiedsgericht legt hier zugrunde, daß die AOI aufgrund der gegebenen Umstände in Wahrheit mit den sie konstituierenden Mitgliedstaaten identisch sei[559]. Denn das „Higher Committee" der AOI, welches als „dominating authority" mit der Gestaltung und Leitung der Politik der AOI betraut war, setze sich aus Ministern der Mitgliedstaaten zusammen.

---

[554] "The observations show that the designation of an organization as 'legal person' and the attribution of an independent existence do not provide any basis for a conclusion as to whether or not those who compose it are bound by obligations undertaken by it.", ILR 80 (1989), S. 595, 612.

[555] Die ICC weist hier auf Art. 688, 764, 868 des Schweizer Code des obligations sowie auf die Regelungen im französischen Recht – société en nom collectif – und auf die Rechtsform des „partnership" im anglo-amerikanischen Recht bzw. der Genossenschaft im Sinne O. v. Gierkes hin, ILR 80 (1989), S. 595, 612.

[556] ILR 80 (1989), S. 595, 613.

[557] Vgl. ILR 80 (1989), S. 595, 613.

[558] „In absence of any provision expressly or impliedly excluding the liability of the four States, this liability subsists since, as a general rule, those who engage in transactions of an economic nature are deemed liable for the obligations which flow therefrom. In default by the four States of formal exclusion of their liability, third parties which have contracted with the AOI could legitimately count on their liability. This rule flows from general principles of law and from good faith. ... As a general rule, the founding members or the members of such bodies were held liable unless they had excluded their liability in a manner which could not escape third parties' notice ... ", ILR 80 (1989), S. 595, 613.

[559] ILR 80 (1989), S. 595, 614 f.

Darüber hinaus bestimmt Art. 56 des Statuts, daß im Falle von Meinungsverschiedenheiten die Regierungsoberhäupter der Mitgliedstaaten anzurufen waren. Das Komitee besetze insoweit eine Doppelrolle: In seiner Rolle als Organ der AOI kontrolliere es die Tätigkeiten der AOI und in seiner Rolle als Gruppe von Staaten („grouping of States") habe es das „Memorandum of Understanding" unterzeichnet[560]. Indem das „Higher Committee" sich gegenüber der Britischen Regierung verpflichtet hatte, ihr Bestes zu tun, um die Erfüllung der von der AOI begründeten Verbindlichkeiten gegenüber britischen Unternehmen sicherzustellen, seien die Mitgliedstaaten selbst gegenüber britischen Unternehmen, wie der WHL, an diese Garantie gebunden[561]. Eine solche Bindung der Mitgliedstaaten an die von der AOI durch Vertrag übernommenen Verpflichtungen begründe insoweit auch eine Bindung der Mitgliedstaaten an die von der AOI unterzeichneten Schiedsklausel, als die materiell-rechtlichen Verpflichtungen nicht von den prozessualen getrennt werden könnten[562].

Der Grund für eine Haftung der Mitgliedstaaten für die Verbindlichkeiten der AOI ist dem Gericht zufolge damit die vertragliche Übernahme einer Garantenstellung im Hinblick auf die Erfüllung der von der AOI begründeten Verbindlichkeiten durch das „Memorandum of Understanding", welches die Mitgliedstaaten insoweit nicht als Mitglieder des Organs der AOI, sondern als gemeinsame Konferenz der Staaten geschlossen hätten.

bb) Die Entscheidungen der schweizerischen Gerichte

Ein Schweizer Untergericht hob die Entscheidung der ICC über ihre Zuständigkeit für ein Schiedsverfahren gegen Ägypten auf, welches als einziges der vier Mitglieder der AOI die Entscheidung der ICC angefochten hatte[563]. Es stellte fest, daß es zwar richtig sei, daß das „Higher Committee" als Organ der AOI die Tätigkeit der AOI kontrollierte und das „Memorandum of Understanding" als Staatengruppe geschlossen hatte. Im Verhältnis zu WHL, die nicht

[560] ILR 80 (1989), S. 595, 615.

[561] "First, these States represented vis-à-vis the British Government by the Egyptian Minister of War signing in the name of the Higher Committee, undertook, in this Memorandum, to ensure that the AOI and such companies as it controlled 'will properly execute their obligations to all the British companies participating under the provisions of this Memorandum', which undertaking necessarily bound these States and was to Westland's benefit.", ILR 80 (1989), S. 595, 615.

[562] „If it is true that the four States are bound by the obligations entered into by the AOI, these four States are equally bound by the arbitration clause concluded by the AOI, since the obligations under substantive law cannot be dissociated from those which exist on the procedural level.", ILR 80 (1989), S. 595, 615.

[563] Die übrigen Mitgliedstaaten der AOI haben diese Entscheidung der ICC nicht angefochten.

Partei dieses Vertrages gewesen sei, sei dieses Memorandum jedoch eine res inter alios actae[564]. Darüber hinaus könne die Erklärung „alles zu tun, um die Erfüllung der Verbindlichkeiten der AOI sicherzustellen“ nicht als Erklärung der Mitgliedstaaten gewertet werden, in der Zukunft durch von der AOI unterzeichneten Schiedsklausel gebunden zu sein; diese Formulierung schließe eine Haftung der Mitgliedstaaten vielmehr aus[565]. Das Shareholders Agreement habe die AOI hingegen als von den Mitgliedstaaten unabhängige Einheit geschlossen[566].

Das Schweizerische Bundesgericht, welches in letzter Instanz mit der von Ägypten angefochtenen Entscheidung der ICC befaßt war, bestätigte die Aufhebung des Schiedsspruchs durch das Untergericht[567]. Dem Gericht zufolge war die AOI als eine juristische Person des Völkerrechts anzusehen, deren Eigenständigkeit sich aus den Bestimmungen der Satzung, aus der Verwaltungs- und Finanzautonomie, aus dem ausdrücklich verliehenen Recht, Schiedsabreden zu schließen, aus der Rechtsfähigkeit bezüglich des Vermögens sowie der Prozeßfähigkeit und schließlich aus der Freistellung von nationalen Rechtsordnungen ergab[568]. Die Kontrolle einer rechtlichen Einheit durch den Staat oder die enge Beziehungen zwischen dieser Einheit und dem Staat sei nicht ausreichend, um die Vermutung zu widerlegen, daß wenn der Staat die Schiedsklausel nicht unterzeichnet habe, die Einheit, die sie unterzeichnet hat, einzige Partei der Schiedsklausel sei[569]. In diesem Fall könne in der Billigung dieser Abrede durch die Minister nicht der Ausdruck des Willens des Staates gesehen werden, Partei der Schiedsabrede zu werden[570]. Indem die Mitgliedstaaten allein

564 „ ...; according to the tribunal, this instrument shows that this Committee, as an organ of the AOI, has effectively controlled the operations of the AOI and has executed that instrument as a collectivity of States. This is certainly correct but, vis-à-vis WHL, that instrument is not relevant ("res inter alios actae") since it was not a party to it.", ILM 28 (1989), S. 687, 690.

565 „It cannot be concluded from this undertaking to ‚use one's best efforts' that the States members of the AOI meant to be bound in the future by any arbitration clause subscribed by the AOI or the corporations controlled by it; to the contrary, to use one's best efforts excludes, as such, any financial liability.", ILM 28 (1989), S. 687, 690.

566 ILM 28 (1989), S. 687, 690 f.

567 ILM 28 (1989), S. 687, 691 f.

568 ILM 28 (1989), S. 687, 692.

569 „The strict control of a legal entity by the State or the close relationship between that entity and the States is not sufficiently pertinent to overcome the presumption that, when the State has not signed the arbitration clause, the entity which signed it should be regarded as the sole party to the arbitration clause.", ILM 28 (1989), S. 687, 691 f.

570 „If the State is not a party to the instrument containing the arbitration agreement, the approval of that instrument by a Minister – i.e. a representative of the State – is not sufficient to imply the intention of the State to be a party to that instrument ... .", ILM 28 (1989), S. 687, 692.

die AOI das Shareholders Agreement unterzeichnen ließen, haben sie eindeutig zum Ausdruck gebracht, daß sie nicht an die Schiedsklausel gebunden werden wollten[571].

b) Die Urteile im Zinnratsfall[572]

Am 24. Oktober 1985 erklärte der „Buffer Stock Manager" des Internationalen Zinnrats seine Organisation für zahlungsunfähig. Der Internationale Zinnrat (International Tin Council, ITC) war eine von zahlreichen Rohstofforganisationen, die für die Stabilisierung von Marktgleichgewichten und Preis der betreffenden Produkte auf dem Weltmarkt zu sorgen und damit dem entwicklungspolitischen Anliegen der Stabilisierung der Exporterlöse für die Erzeugerländer zu dienen bestimmt war[573]. Er wurde erstmals 1954 durch das 1. und in seiner Form zum Zeitpunkt seines Zusammenbruchs im Jahre 1985 durch das 6. Internationale Zinn-Übereinkommen von 1982 errichtet[574]. Mitglieder waren 23 Zinnerzeuger- und Verbraucherländer, darunter die Mitgliedstaaten der EG vom Stand 1982 sowie die EG selbst[575]. Wegen des Fernbleibens der USA und wichtiger Erzeugerländer trat das Abkommen gemäß Art. 56 Abs. 1 und 2 nur provisorisch in Kraft. Das Internationale Zinn-Übereinkommen[576] bestimmte in Art. 16 Abs. 1, daß der ITC Rechtspersönlichkeit besitzt[577] und konstituierte für diese Organisation mehrere Organe. Das wichtigste von ihnen war der Internationale Zinnrat, die Mitgliederversammlung. Dieser ist von der Rohstofforganisation als solche zu unterscheiden, die unglücklicherweise denselben Namen führt wie das Organ[578]. Im Zinnrat hatte jedes Mitglied, vertreten durch einen Delegierten, einen Sitz und verfügte jeweils über 5 Grundstimmen

---

571 „...: by letting the AOI alone subscribe to the ‚Shareholders Agreement' with WHL, the founding States (...) have manifestly shown that they did not want to be bound by the arbitration agreement.", ILM 28 (1989), S. 687, 692.

572 Soweit sie die Frage der völkerrechtlichen Haftung der Mitgliedstaaten zum Gegenstand haben.

573 PERNICE, AVR 26 (1988), S. 406, 408.

574 Vgl. KERR, AER 1988, Band 3, S. 257, 268.

575 Vgl. AER 1988, Band 3, S. 257 zu Maclaine Watson & Co. Ltd. v. Department of Trade and Industry and related appeals; das Übereinkommen ist abgedruckt EG ABl. L 342 vom 3.12.1982, S. 3; s. auch BGBl. 1984 II, S. 15.

576 Soweit im folgenden Artikel ohne weitere Angaben zitiert werden, sind es solche des 6. Internationalen Zinn-Übereinkommens.

577 Er verfügt über alle für die Verwaltung und Durchführung des Übereinkommens erforderlichen Kompetenzen, hat die Fähigkeit Verträge zu schließen, bewegliches Vermögen zu erwerben, vor Gericht zu stehen und hat die Befugnis, Anleihen zugunsten des Verwaltungs- sowie Ausgleichslagerkontos aufzunehmen, vgl. PERNICE, AVR 26 (1988), S. 406, 408; HARTWIG, Die Haftung der Mitgliedstaaten für Internationale Organisationen, S. 310.

578 Vgl. HARTWIG, Die Haftung der Mitgliedstaaten für Internationale Organisationen, S. 317.

sowie über eine Zahl weiterer Stimmen, die vom Zinnverbrauch respektive der –erzeugung abhingen, Art. 14. Erzeuger- und Verbraucherländer verfügten gleichgewichtig über insgesamt 1000 Stimmen[579]. Alle Beschlüsse des Zinnrates bedurften einer „beiderseitigen" einfachen Mehrheit, d.h. sowohl bei den Verbraucher- als auch bei den Erzeugerländern bzw. einer Zweidrittel-Mehrheit. Ihm standen dabei detaillierte Möglichkeiten der Einflußnahme auf die Politik des geschäftsführenden Vorsitzenden sowie des Geschäftsleiters des Ausgleichslagers („Buffer Stock Manager") zur Verfügung[580]. Das Ausgleichslager war das zentrale Handlungsmittel des ITC, welches nach Art. 21 50.000 Tonnen umfassen sollte, von denen 30.000 Tonnen von den Mitgliedstaaten und der Rest über Kreditaufnahme, die durch Zinnlagerscheine und erforderlichenfalls durch Regierungsgarantien zu sichern waren, finanziert werden sollten. Wegen des nur provisorischen Inkrafttretens des Übereinkommens umfaßte das Lager entsprechend Art. 22 Abs. 7 nur knapp 40.000 Tonnen Zinn. Knapp eine Hälfte davon wurde durch Beiträge der Mitgliedstaaten und die andere Hälfte über bei Banken aufgenommene Kredite finanziert, die allein mit Zinnlagerscheinen und nicht mit Regierungsgarantien gesichert wurden[581].

Der Zusammenbruch des ITC wurde durch mehrere Ursachen bewirkt[582]. Der Marktpreis für Zinn war bedingt durch verschiedene Faktoren unter den vom ITC festgelegten Mindestpreis gesunken. Gemäß Art. 28 Abs. 3 e war der „Buffer Stock Manager" in diesen Fällen, sofern er nicht vom Rat eine andere Weisung erhielt und sofern er Mittel zur Verfügung hatte, verpflichtet, auf anerkannten Märkten als Käufer von Zinn zum Marktpreis aufzutreten, bis der Marktpreis für Zinn den Mindestpreis überschreitet oder die ihm zur Verfügung stehenden Mittel erschöpft sind. Es stellte sich heraus, daß der „Buffer Stock Manager" nicht nur die finanziellen Reserven des Ausgleichslagers ziemlich verringert hatte, sondern auch Termingeschäfte mit Darlehen von Brokern und Banken in einer Höhe von insgesamt 900 Million Pfund finanziert hatte, durch die Abnahmeverpflichtungen in Höhe von über 100.000 Tonnen[583] Zinn entstanden waren[584]. Abgesehen von den vom Übereinkommen vorgeschriebenen Einlagen in das Ausgleichslager waren die finanziellen Verpflichtungen der

---

[579] PERNICE, AVR 26 (1988), S. 406, 408; HARTWIG, Die Haftung der Mitgliedstaaten für Internationale Organisationen, S. 318.

[580] HARTWIG, Die Haftung der Mitgliedstaaten für Internationale Organisationen, S. 318.

[581] HARTWIG, Die Haftung der Mitgliedstaaten für Internationale Organisationen, S. 308.

[582] Weitere Einzelheiten zum wirtschaftlichen Hintergrund und zur Entwicklung der Zinnkrise finden sich bei EISEMANN, AFDI 31 (1985), S. 730 ff.; MCFADDEN, AJIL 80 (1986), S. 811 ff.

[583] Diese Menge wird weltweit innerhalb von sechs Monaten verbraucht, vgl. MCFADDEN, AJIL 80 (1986), S. 811, 813.

[584] MCFADDEN, AJIL 80 (1986), S. 811, 812 f.

Mitglieder auf Beiträge zu den Verwaltungskosten beschränkt. Für den Fall der Auflösung war die Verteilung der Überschüsse geregelt, der Fall eines Defizitsaldos war nicht vorgesehen. Nachschußpflichten konnten nur durch einstimmigen Beschluß begründet werden[585]. Broker der Londoner Warenbörse wie auch Großbanken aus aller Welt standen vor dem Nichts.

Die Gläubiger haben zunächst versucht, ihre teilweise durch Schiedsspruch schon anerkannten Forderungen im Wege der Zwangsliquidation gegen den Zinnrat durchzusetzen. Das Sitzabkommen für den Zinnrat mit England macht in bezug auf die Vollstreckung von Forderungen von der Immunität der Organisation eine Ausnahme[586]. Dennoch hat der High Court of Justice den Antrag auf eine „winding up oder" abgewiesen; die Zwangsliquidation sei eine Maßnahme, die die Internationale Organisation in ihrem Bestand trifft und wesentlich weiter geht als die Vollstreckung einer Einzelforderung[587]. Ebenso erfolglos war der Versuch, die Bestellung eines Treuhänders zu erreichen, der zugunsten der Gläubiger Forderungen des Zinnrats gegen seine Mitglieder durchsetzt. Diesen Antrag wies der High Court mit der Begründung ab, daß solche Forderungen allenfalls auf einem völkerrechtlichen Vertrag beruhen könnten, der seiner Jurisdiktion nicht unterliegt[588].

aa) Maclaine Watson & Co Ltd. v. Department of Trade and Industry and related appeals

(1) Urteil des Court of Appeal, Civil Division, vom 27. April 1988

Der Court of Appeal war im Jahre 1988 mit der Klage der Maclaine Watson & Co Ltd. gegen das britische Department of Trade and Industry befaßt[589]. Die Klägerin stützte ihre Klage auf drei alternative Begründungen für eine Haftung der Mitgliedstaaten vor:

1. Der Internationale Zinnrat sei keine eigenständige Rechtsperson, sondern falle mit der Rechtspersönlichkeit der Mitgliedstaaten zusammen.

2. Selbst wenn der Zinnrat eine selbständige Rechtsperson sei, bedeute dies nicht, daß die Mitgliedstaaten deshalb nicht haften müßten; sie weisen insoweit

---

585 Vgl. PERNICE, AVR 26 (1988), S. 406, 408.

586 Vgl. PERNICE, AVR 26 (1988), S. 406, 409.

587 In re International Tin Council, England, High Court, Chancery Division, 22.1.1987, ILR 77 (1988), S. 18 ff.

588 "But here the members are independent sovereign states with the power to enter into an international treaty which is governed by the law, and enforceable by the national courts, of no single country.", Maclaine Watson v. The International Tin Council, Justice Millett, England, High Court, Chancery Division, 13.5.1987, ILR 77 (1988), S. 41, 52 f.

589 AER 1988 Band 3, S. 257 ff.

auf das Scottish partnership hin, in welcher die Mitglieder neben der juristischen Person haften bzw.

3. habe der Zinnrat insoweit als Vertreter der Mitgliedstaaten gehandelt.[590]

Richter KERR stellt zunächst fest, daß der Internationale Zinnrat eine Internationale Organisation mit eigener Rechtspersönlichkeit auf völkerrechtlicher Ebene sei, und als solche hafte er für seine Verbindlichkeiten[591]. Eine Vertretung der Mitgliedstaaten durch den Zinnrat weist er als nicht belegbar zurück[592]. Im Hinblick auf die Frage der konkurrierenden oder subsidiären Haftung der Mitgliedstaaten weist KERR die Haftungsregelungen im Hinblick auf das Scottish partnership als nicht verallgemeinerungsfähig zurück; im englischen Common Law habe sich ein solches Konzept nicht entwickelt. Eine Haftungsbeschränkung erfolge entgegen der Ansicht der Kläger nicht nur aufgrund einer gesetzlichen Anordnung, sondern aufgrund der Tatsache, daß die Gesellschaft eine von ihren Mitgliedern getrennte Rechtsperson sei[593]. Er verwirft auch das Argument der Kläger, die Haftungsbeschränkung werde durch entsprechende Bestimmung der Companies Acts begründet. Tatsächlich gebe es nämlich keine entsprechenden Vorschriften. Es sei vielmehr so, daß die Haftung der Mitglieder beschränkt werde, wenn bestimmte formale Erfordernisse bei Gründung einer Gesellschaft erfüllt würden, und was dann beschränkt werde, sei nicht die Haftung der Mitglieder im Verhältnis zu den Gläubigern der Gesellschaft, sondern die Haftung der Mitgliedstaaten im Verhältnis zur Gesellschaft selbst[594]. Es sei sinnlos, die Frage zu diskutieren, ob die Haftung der Mitglieder einer rechtlichen Einheit beschränkt oder ausgeschlossen sei, bevor nicht die Grundlage für die Existenz einer solchen Haftung feststehe[595]. KERR prüft daher,

---

[590] AER 1988 Band 3, S. 257, 274.

[591] AER 1988 Band 3, S. 257, 294 ff.

[592] AER 1988 Band 3, S. 257, 307 ff.

[593] AER 1988 Band 3, S. 257, 301, KERR zitiert insoweit Professor GOWER, Principles of Modern Company Law, 4. Auflage, 1979, S. 100: „It follows from the fact that a corporation is a separate person that its members are not as such liable for its debts."

[594] „They elided the legislative position concerning the limited liability of the members of corporations by presenting a picture suggesting that this was the consequence of provisions enacted in the Companies Acts. But in fact there is no provision which provides that the shareholders of a company have no liability for the debts of the company. The effect of the legislation is merely that the liability of shareholders will only be limited if certain formal requirements of incorporation are complied with, and what is then limited is not the liability of the shareholders to the creditors of the company but to the company itself.", AER 1988, Band 3, S. 257, 301.

[595] „As counsel for the member states repeatedly pointed out, it is meaningless to discuss the question whether the liability of the members of a legal entity is limited or excluded unless and until the basis for the existence of any liability has been established.", AER 1988, Band 3, S. 257, 301.

ob sich aus dem Völkerrecht eine solche konkurrierende oder subsidiäre Haftung der Mitgliedstaaten ableiten läßt. Er untersucht insoweit zunächst die Finanzierungsbestimmungen des Sechsten Internationalen Zinn Übereinkommens und kommt zu dem Schluß, daß etwaige Garantieverpflichtungen der Mitgliedstaaten im Hinblick auf Kredite zur Finanzierung des Ausgleichslagers nur gegenüber dem ITC bestehen[596]. Seiner Ansicht nach findet sich im Völkerrecht keine Regel, wonach die Mitgliedstaaten gegenüber den Gläubigern des ITC für Verbindlichkeiten des ITC haften, die dieser durch Vertragsschluß im eigenen Namen übernommen habe[597].

Richter GIBSON hält als Ergebnis zu Submission A fest, daß der ITC stets eine eigene von seinen Mitgliedstaaten getrennte Rechtspersönlichkeit hatte und soweit er als solche Verträge im eigenen Namen schließt, er damit die Mitgliedstaaten nicht allein aufgrund ihrer Mitgliedschaft zu einer direkten und primären Haftung aus seinen Verträgen verpflichte[598]. Im Hinblick auf Submission B stellt er fest, daß der Gründungsvertrag weder eine Bestimmung enthalte, die eine Haftung der Mitgliedstaaten im Verhältnis zu den Gläubigern statuiert, noch eine solche, welche eine Haftung der Mitgliedstaaten ausschließe[599]. Er verwirft das Vorbringen der Kläger mit Hinweis darauf, daß sich seiner Ansicht nach eine Regel, die bestimme, daß die Mitgliedstaaten haften, wenn ihre Haftung im Gründungsvertrag nicht ausgeschlossen ist, im Völkerrecht nicht ausmachen lasse[600]. Nach allgemeinen Rechtsprinzipien hätte die von den Mitgliedstaaten geschaffene und im Verhältnis zu dritten Staaten gültige Rechtspersönlichkeit im Verhältnis zu Staaten zur Folge, daß die Haftung aus Verträgen auf die Vertragsparteien beschränkt sei, solange nicht eine positive Regel oder Vorschrift etwas anderes bestimmt[601]. Eine Haftung der

---

596 AER 1988 Band 3, S. 257, 304.

597 „In sum, I cannot find any basis for concluding that it has been shown that there is any rule of international law, binding on the member states of the ITC, whereby they can held liable, let alone jointly and severally, in any national court to the creditors of the ITC for the debts of the ITC resulting from contracts concluded by the ITC in its own name.", AER 1988, Band 3, S. 257, 307.

598 "The ITC has at all times had legal personality separate from its members and of such nature that, when it contracts in its own name, it contracts for itself and it does not thereby engage its members by reason only of their membership in any direct and primary liability on its contracts.", AER 1988, Band 3, S. 257, 345.

599 AER 1988, Band 3, S. 257, 351.

600 AER 1988, Band 3, S. 257, 351.

601 "..., principle should require that, so far as concerns those states who must recognise the validity of the legal personality so created, including those who are party to the constituent agreement, liability on the contracts of the organisation are limited, in the absence of agency, to the parties to the contract unless some positive rule or provision should impose liability.", AER 1988, Band 3, S. 257, 351.

Mitgliedstaaten könne sich daher ausdrücklich oder implizit aus den Vorschriften des Gründungsvertrages ergeben[602], nicht jedoch aus dem bloßen Fehlen einer Bestimmung, die den Ausschluß einer Haftung enthält[603]. Etwas anderes gelte nur im Hinblick auf die Pflicht der Mitgliedstaaten, die Organisation für die Schulden zu entschädigen, welche dieser dadurch entstehen, daß die Mitgliedstaaten die Organisation dazu veranlassen, ihre Geschäfte durch Kredite zu finanzieren. Eine solche Entschädigungspflicht der Mitgliedstaaten gegenüber der Organisation, die jedoch vorliegend irrelevant sei[604], könne nur durch eine entsprechende Bestimmung im Gründungsvertrag ausgeschlossen werden[605]. Bei der Analyse der Staatenpraxis auf der Suche nach einer Regel des Völkerrechts, die eine Haftung der Mitgliedstaaten begründet, hält Richter GIBSON die Entscheidung der ICC im Westland-Fall für verfehlt[606] und stellt fest, daß die Haftungsausschlußklauseln in den untersuchten 16 Gründungsverträgen Internationaler Organisationen insoweit lediglich eine klarstellende Funktion haben könnten[607]. Er kommt zu dem Schluß, daß jede Form direkter Haftung der Mitgliedstaaten aufgrund der Existenz der eigenen Rechtspersönlichkeit des ITC ausgeschlossen sei und weil es keine Bestimmung oder Regel gebe, die eine solche Haftung begründe[608].

Im Gegensatz zu Richter KERR und Richter GIBSON ist Richter NOURSE der Auffassung, daß das Englische Recht und das Völkerrecht zusammen eine rechtliche Grundlage für eine Haftung der Mitgliedstaaten liefern[609]. Er stützt

---

602 "A provision to that effect might be found in the terms, express or implied, of the constituent document of the organisation.", AER 1988, Band 3, S. 257, 351.

603 "Such liability, therefore, is not, in my judgement, to be founded simply on the absence of a provision excluding it.", AER 1988, Band 3, S. 257, 351.

604 AER 1988, Band 3, S. 257, 353.

605 "Different principles should apply to the concept of an obligation of members to indemnify the organisation. If members of an international organisation can and do cause it to trade on credit, principle should impose a liability to indemnify the organisation in respect of the debts which it has been caused to incur unless the nature of the organisation, under the relevant law, provides otherwise. In the absence of an effective rule or provision in the constituent document excluding that obligation to indemnify, international law should, in accordance with general principle, retain the liability of members in respect of it.", AER 1988, Band 3, S. 257, 351 f.

606 AER 1988, Band 3, S. 257, 352 f.

607 AER 1988, Band 3, S. 257, 354.

608 "I would therefore hold that any form of direct liability to members is excluded by reason of the existence of the separate legal personality of the ITC, and because of the absence of any express or implied term or rule of law imposing such liability.", AER 1988, Band 3, S. 257, 353.

609 "Amidst doubts commensurate with the difficulties by which every view of this extraordinary case is attended, I have formed the opinion, contrary to that shared by Kerr and

sich dabei auf die Vertreter der Völkerrechtslehre und auf die Entscheidung der ICC im Westland-Fall. Auch wenn es nicht möglich sei, wie im Westland-Fall, anzunehmen, der ITC sei in Wirklichkeit eins mit seinen Mitgliedstaaten, so übten die Mitgliedstaaten dennoch in weitem Umfang Mitbestimmung und Kontrolle im Hinblick auf seine Geschäfte aus[610]. Die wesentlichen Entscheidungen, nicht zuletzt jene im Hinblick auf die Leitung der Tätigkeit des „buffer stock“, würden von dem Rat als Versammlung der Mitgliedstaaten getroffen[611]. Er weist auf Art. 28 Abs. 3 e hin, der bestimmt, daß wenn der Marktpreis für Zinn den Mindestpreis erreicht oder unterschreitet, der Geschäftsleiter, sofern er nicht vom Rat eine andere Weisung erhält und sofern er Mittel zur Verfügung hat, verpflichtet ist, vorbehaltlich der Art. 29 und 31 auf anerkannten Märkten als Käufer von Zinn zum Marktpreis aufzutreten, bis der Marktpreis für Zinn den Mindestpreis überschreitet oder die ihm zur Verfügung stehenden Mittel erschöpft sind[612]. Daraus folge, daß jeder, der dem ITC unter diesen Umständen Zinn verkauft und dabei Kredit gewährt habe, annehmen durfte, daß der Geschäftsleiter entweder über die Mittel zur Begleichung der Schulden oder aber über die Vollmacht des Rates und damit der Mitgliedstaaten verfügte, diese ohne entsprechende Mittel einzugehen[613]. Diese Mitbestimmung und Kontrolle der Mitgliedstaaten bei den Geschäften des ITC sei ein Faktor, der stark auf eine Haftung der Mitgliedstaaten für dessen Verpflichtungen hindeute; würde man hier eine Haftung ablehnen, wäre das Recht Dritter auf Deckung durch die Mitgliedstaaten mit Unsicherheiten belastet und hinge von Umständen ab, die sich ihrer Kenntnis und Kontrolle entziehen[614]. Die Mitgliedstaaten hätten ihre

---

Ralph Gibson LJJ, that English law and international law together provide a sound basis on which the defendants ought to be liable in these actions.", AER 1988, Band 3, S. 257, 323.

[610] „While it may not be possible to say here, as was said by the Westland tribunal, that the ITC is in reality one with the member states (a possibility considered also by Shihata), they nevertheless retain an extensive participation and control in its affairs.", AER 1988, Band 3, S. 257, 333.

[611] „Here it must be observed that all important decisions in regard to the affairs of the ITC, not least in regard to the management of buffer stock operations (arts 28 to 31), are reserved to the council (i.e. to the members) or its subsidiary bodies.", AER 1988, Band 3, S. 257, 331.

[612] AER 1988, Band 3, S. 257, 332.

[613] „It follows that anyone who sold tin to the ITC under such conditions would be entitled to assume either that the manager had funds at his disposal or, if he did not, that the council had instructed him to buy tin without having funds at his disposal. Indeed, it is, I think, in general correct to say that anyone who gave credit to the ITC on its buffer stock operations would be entitled to assume that the manager either had funds in hand to meet the debt or the authority of the members to incur it without them.", AER 1988, Band 3, S. 257, 332.

[614] „As Adam recognises, that (extensive participation and control) must be a factor which points strongly towards their (the members') liability for its obligations. It does not seem to me that an equivalent case can be made on the other side for no liability without fault, because

Haftung für die Verbindlichkeiten des ITC nicht ausdrücklich beschränkt oder ausgeschlossen, obwohl ihnen dies ohne weiteres möglich gewesen wäre[615]. Mangels eindeutiger Regelung zieht Richter NOURSE die allgemeinen Begriffe „reason and justice" heran; damit sei nicht zu vereinbaren, daß die Staaten durch die Schaffung einer Internationalen Organisation sich ihrer Verantwortlichkeit entziehen könnten[616].

(2) Das Urteil des House of Lords vom 26. Oktober 1989

Das House of Lords kommt in diesem Fall zu demselben Ergebnis wie der Court of Appeal[617]. Die Richter TEMPLEMAN, GRIFFITH und OLIVER lassen die Frage jedoch offen, ob nach dem Vertrag die Staaten neben dem ITC haften; dies sei ein Problem, das nicht von englischen Gerichten untersucht werden könne[618]. Lord OLIVER führt allerdings hilfsweise aus, daß sich weder in der Literatur noch in der Völkerrechtspraxis ein Prinzip ausmachen lasse, demzufolge die Mitgliedstaaten einer Internationalen Organisation für deren Handlungen haften[619]. GRIFFITH gibt jedoch der Hoffnung Ausdruck, daß die Mitgliedstaaten den Zinnrat mit dem nötigen Kapital versehen[620]. Er zitiert dabei eine Stellungnahme des Minister of State anläßlich der Debatte über die Diplomatic Privileges (Extension) Bill von 1944, in der dieser versicherte, daß die

---

that would make third parties' rights of recovery against the members precarious and dependent on circumstances outside their knowledge and control.", AER 1988, Band 3, S. 257, 333.

[615] "... the members did not, as they easily could have done, expressly exclude or limit their liability for the obligations of the ITC.", AER 1988, Band 3, S. 257, 333.

[616] „Above all, there being no clear and definite consensus amongst the sources which we may consult, we ought to welcome an opportunity of supplementing them with reason and justice. ... When the gift of legal personality is explicable on grounds of expedience and practice, it is hardly respectful of such motives to hold that the members made it so as to escape liability for themselves.", AER 1988, Band 3, S. 257, 334.

[617] AER 1989, Band 3, S. 523 ff.

[618] „My Lords, if there existed a rule of international law which implied in a treaty or imposed on sovereign states which enter into a treaty an obligation (in default of a clear disclaimer in the treaty) to discharge the debts of an international organisation estabished by that treaty, the rule of international law could only be enforced under international law. Treaty rights and obligations conferred or imposed by agreement or by international law cannot be enforced by the courts of the United Kingdom.", TEMPLEMAN, AER 1989, Band 3, S. 523, 529; GRIFFITH, AER 1989, Band 3, S. 523, 532; OLIVER, AER 1989, Band 3, S. 523, 554.

[619] AER, 1989, Band 3, S. 523, 554.

[620] „I can only hope that the assurance given on behalf of the government in 1944 still hold true because it seems to me that the obvious just solution is that the governments that contributed to the buffer stock should provide it with funds to settle its debts in the some proportion that they contributed to the buffer stock. But this end must be pursued through diplomacy and an international solution must be found to an international problem; it can not be solved through English domestic law."

britische Regierung eintreten werde, wenn eine Internationale Organisation ihre Verpflichtungen gegenüber britischen Bürgern nicht erfüllt[621].

bb) Der Beschluß des EuGH vom 10. Mai 1990 in Maclaine Watson & Company Limited gegen Rat und Kommission der Europäischen Gemeinschaften[622]

Das Europäische Parlament ersucht in seiner Entschließung vom 10. Juli 1987 die Gemeinschaftsinstitutionen und alle betroffenen Parteien, außergerichtliche Verhandlungen mit den Gläubigern einzuleiten, um die etwaigen Verantwortlichkeiten abzugrenzen[623]. So viel Geduld haben die Gläubiger jedoch nicht. Durch Klage vom 6. August 1987 gegen den Rat und die Kommission der EG verlangt die Firma Maclaine Watson & Co. Ltd. gemäß Art. 178 und 215 Abs. 2 EGV a.F. Ersatz des Schadens, den sie dadurch erlitt, daß der Zinnrat seine Verpflichtungen nicht erfüllte. Maclaine Watson bringt folgende neun Klagegründe vor:

1. Die Gemeinschaft hafte für die Machenschaften des ITC, der vor seinem Zusammenbruch mehr Schulden eingegangen als zu begleichen er in der Lage gewesen sei; sei der ITC keine juristische Person, dann sei sein Fehlverhalten unmittelbar seinen Mitgliedern zuzurechnen; sei er hingegen als juristische Person anzusehen, dann hafteten seine Mitglieder nach den allgemein anerkannten Rechtsgrundsätzen der Mitgliedstaaten über die Verantwortlichkeit der Geschäftsführer von Handelsgesellschaften.
2. Die Gemeinschaft habe es unterlassen, die Klägerin über das Risiko einer Geschäftsverbindung mit der Organisation aufzuklären und ganz allgemein ihre Fürsorgepflicht verletzt.
3. Die Gemeinschaft habe mit der Unterzeichnung des Sechsten Übereinkommens und der Teilnahme an dessen vorläufiger Inkraftsetzung wegen dessen inhaltlicher Mangelhaftigkeit und Unvereinbarkeit mit dem EWG-Vertrag rechtswidrig gehandelt.
4. Die Gemeinschaft habe es versäumt, bei der Aushandlung des Sechsten Übereinkommens und beim Beitritt ihre Befugnisse vollumfänglich auszuüben und habe insbesondere nicht von den Mitgliedsländern die Beachtung ihres Rechts zur Entscheidung der in ihre ausschließliche Zuständigkeit fallenden Fragen gefordert.
5. Rat und Kommission hätten nie das Europäische Parlament angehört, obwohl eine solche Anhörung nützlich gewesen wäre, weil das Bekanntwerden der Mängel des Übereinkommens die Gemeinschaft bewogen hätte, wie die Vereinigten Staaten und Bolivien von einem Beitritt abzusehen.

---

[621] AER 1989, Band 3, S. 257, 532.
[622] EuGH, Rs. C-241/87, Beschluß vom 10.Mai 1990, EuGHE 1990 I/3, S. 1797 ff.
[623] EG ABl. C 246 v. 14.9.1987, S. 132, Ziff. 7.

6. Die Kommission habe bei den Mitgliedstaaten der Gemeinschaft nicht die notwendigen Schritte im Hinblick auf die Ratifikation des Übereinkommens sowie auf ihre Beiträge zum Ausgleichslager einschließlich der Zahlung von Folgebeiträgen unternommen; es handele sich hier um eine Verletzung des Artikel 5 EGV a.F., bei deren Vorliegen es Sache der Organe gewesen sei, die notwendigen Maßnahmen zu ergreifen wie etwa - von seiten der Kommission - die Einleitung eines Verfahrens nach Artikel 169 EGV a.F..

7. Die Gemeinschaft sei in Anbetracht der Zahl ihrer Stimmen rechtlich für „Handlungen und Unterlassungen“ des ITC wegen ihres Einflusses verantwortlich, den sie nicht im Gemeinschaftsinteresse und nicht so ausgeübt habe, daß die Geschäftstätigkeit der Organisation einer Kontrolle unterworfen gewesen wäre.

8. Die Gemeinschaft habe pflichtwidrig gehandelt, indem sie den Mißbrauch der beherrschenden Stellung nicht verhindert habe, den die Tätigkeit des ITC dargestellt habe.

9. Ohne Rücksicht auf rechtswidriges Verhalten müsse die Gemeinschaft den von der Klägerin erlittenen Schaden unter dem Gesichtspunkt des mit dem Sechsten Übereinkommens und der Betätigung des ITC verbundenen Risikos ersetzen[624].

Kommission und Rat, unterstützt vom Vereinigten Königreich als Streithelfer, erhoben die Einrede der Unzulässigkeit, die drei selbständige Rügen umfaßt:

1. Die Klage sei unzulässig, weil sie auf Akte und Verhaltensweisen der Gemeinschaft bei der Gestaltung der internationalen Beziehungen abziele.

2. Die Klage stelle einen Mißbrauch der Klagemöglichkeit des Artikel 215 dar, insbesondere weil sie in Wirklichkeit versuche, der Gemeinschaft die vertragliche Haftung des ITC aufzubürden, eine große Anzahl von Akten der Gemeinschaft, des ITC oder seiner Mitgliedstaaten für nichtig erklären zu lassen und der Beklagten die Verantwortung für die Organisation anzulasten, die nicht Ihrer Gerichtsbarkeit unterworfen sei.

3. Die Klage sei, da von Ihnen die grundsätzliche Feststellung einer hypothetischen und bedingten Haftung verlangt werde, verfrüht und abstrakt, solange nicht das Scheitern der vor den britischen Gerichten gegen den ITC erhobenen Klagen endgültig feststehe[625].

Der Generalanwalt DARMON weist zunächst die letzte Unzulässigkeitsrüge der Gemeinschaft aus hier nicht relevanten Gründen zurück[626]. Auch die Ausführungen zu seinem Vorschlag, die Entscheidung über die erste Unzulässig-

---

[624] EuGHE , 1990 I/3, S. 1797, 1804.

[625] EuGHE, 1990 I/3, S. 1797, 1805.

[626] EuGHE, 1990 I/3, S. 1797, 1805 f.

keitsrüge dem Endurteil vorzubehalten, befassen sich nicht mit dem Problem des Haftungsverhältnisses[627]. Interessant im Zusammenhang mit dem hier behandelten Problem ist insoweit jedoch seine Stellungnahme im Rahmen der zweiten Unzulässigkeitsrüge[628]. Im Hinblick darauf, daß die vorliegende Klage nach Ansicht der Gemeinschaftsorgane in Wahrheit eine Vertragshaftung wegen der Schulden eines Dritten zum Gegenstand habe, stellt DARMON fest, daß die Klägerin selbst darlege, daß die Mitglieder des ITC „vertraglich" verpflichtet seien, die Schulden dieser Organisation zu begleichen[629]. Damit versuchten die Kläger der Gemeinschaft wegen ihrer Zugehörigkeit zum ITC eine angebliche Haftung dieser Organisation anzulasten und damit den Rechtsstreit vor den Gerichtshof zu bringen, dessen Gerichtsbarkeit der ITC nicht unterliege[630]. DARMON sieht die Kriterien, die der IGH in seinem Gutachten „Wiedergutmachung der im Dienste der Vereinten Nationen erlittenen Schäden"[631] zur Ermittlung der Rechtspersönlichkeit der Vereinten Nationen entwickelt hat, beim ITC vollauf erfüllt. Der ITC erscheine aufgrund seiner Zielsetzung, aufgrund der Beschlußfassungen mit einfacher oder qualifizierter Mehrheit sowie aufgrund der unabhängigen Stellung des Präsidenten des Zinnrates als eine von seinen Mitgliedern verschiede Einheit, die über einen „eigenen Willen" verfügt[632]. Den Mitgliedstaaten das Verhalten des ITC zuzurechnen, bedeute, diese „Individualisierung" der Organisation im Verhältnis zu ihren Mitgliedern zu verkennen. Eine analoge Anwendung der für Geschäftsführer von Handelsgesellschaften geltenden Lösungen (Durchgriffshaftung) sei im Hinblick auf den privaten Charakter der Gesellschaften als mißbräuchlich abzulehnen[633]. Die Annahme einiger Autoren, die selbständige Rechtspersönlichkeit lasse eine grundsätzliche Haftung der Mitglieder für die Schulden der juristischen Person unberührt, weist er ohne weitere Begründung zurück[634]. Die eigene Rechtspersönlichkeit der Organisation stehe einer Zurechnung auch insoweit entgegen, als es um das Stimmverhalten der Gemeinschaft innerhalb des ITC gehe, nämlich die aufgrund ihrer Sperrminorität möglichen aber nicht wahrgenommenen Möglichkeit, die Pflichtverletzung des ITC zu verhindern[635].

---

[627] EuGHE, 1990 I/3, S. 1797, 1806 – 1816.
[628] EuGHE, 1990 I/3, S. 1797, 1816 – 1823.
[629] EuGHE, 1990 I/3, S. 1797, 1819, Ziff. 128.
[630] EuGHE, 1990 I/3, S. 1797, 1819, Ziff. 129.
[631] Vgl. 2. Kapitel, B., II., 1.
[632] EuGHE, 1990 I/3, S. 1797, 1820 f., Ziff. 134 – 136.
[633] EuGHE, 1990 I/3, S. 1797, 1821, Ziff. 136.
[634] EuGHE, 1990 I/3, S. 1797, 1821, Ziff. 137.
[635] EuGHE, 1990 I/3, S. 1797, 1821, Ziff. 139, 140.

3. Die Resolution des Institut de Droit International zur Frage der rechtlichen Konsequenzen für die Mitgliedstaaten, wenn ihre Internationale Organisation ihre Verpflichtungen gegenüber Dritten nicht erfüllt

Vor dem Hintergrund des Zusammenbruchs des Zinnrates setzte sich das Institut de Droit International eingehend mit der Frage auseinander, welche Konsequenzen sich für die Mitgliedstaaten ergeben, wenn ihre Internationale Organisation ihre Verpflichtungen gegenüber Dritten nicht erfüllt[636]. Wie HIGGINS, Berichterstatterin der Kommission, zusammenfaßt, ist die Mehrheit der Kommissionsmitglieder der Auffassung, daß die Haftung der Rechtspersönlichkeit folgt, daß die Mitgliedstaaten nicht haften, solange sie eine Haftung nicht übernommen haben, daß es keine allgemeine Regel des Völkerrechts gibt, die eine solche Haftung der Mitgliedstaaten bestimmt und daß es im konkreten Fall nicht auf eine allgemeine Regel, sondern auf den jeweiligen Gründungsvertrag ankommt. Im Gegensatz dazu ist nur eine Minderheit der Kommissionsmitglieder der Ansicht, daß die Mitgliedstaaten subsidiär neben der Organisation haften, wenn sie ihre Haftung nicht ausgeschlossen haben[637]. Im Hinblick auf die Haftung der Mitgliedstaaten für die Verbindlichkeiten ihrer Internationalen Organisation enthält die von HIGGINS entworfene und von den Mitgliedern der Kommission angenommenen Resolution folgende Bestimmungen:

„B. Current law

....

Article 5

a) The question of the liability of the members of an international organization for its obligations is determined by reference to the Rules of the organization.

b) In particular circumstances, members of an international organization may be liable for its obligations in accordance with a relevant general principle of international law, such as acquiescence and the abuse of rights.

---

[636] "The Legal Consequences for Member States of the Non-Fulfilment by International Organizations of Their Obligations Towards Third Parties", HIGGINS, AIDI 66-I (1995), S. 252 ff; AIDI 66-II (1996), S. 233 ff.

[637] HIGGINS, AIDI 66-II (1996), S. 233, 244.

c) In addition, a member State may incur liability to a third party
i) through undertakings by a State;
or
ii) if the international organization has acted as the agent of the State, in law or in fact.

Article 6

a) Save as specified above, there is no general rule of international law whereby States members are, due solely to their membership, liable concurrently or subsidiarily, for the obligations of an international organization of which they are members.

b) No interference of a general rule of international law providing for liability of States is to be deduced from the fact that the Rules of some organizations make specific provision:
i) for the limitation or exclusion of such liability;
or
ii) for the dissolution of these organizations.

c) No liability of a State arises merely by virtue of:

- having participated in the establishment of an international organization to serve the State's own purpose;

- the fact that the act of the organization giving rise to its liability to a third party is *ultra vires*.“[638]

Ausgehend von der in Teil B der Resolution getroffenen Feststellung, daß sich dem Völkerrecht keine allgemeine Regel für eine Haftung der Mitgliedstaaten entnehmen läßt, strebt die Kommission im Interesse der Staatengemeinschaft in Teil C („Desirable Developments“) der Resolution eine rechtspolitische Lösung der Problematik an[639]. Rechtspolitisch relevante Faktoren seien einerseits die effektive und unabhängige Funktion der Internationalen Organisation, andererseits der Schutz Dritter vor Beeinträchtigungen in ihren Bezie-

[638] HIGGINS, http://www.idi-iil.org/idiF/resolutionsF/1995_lis_02_fr.pdf; vgl. auch AIDI 66-II (1996), S. 233, 301 f.

[639] “The solution of the Commission, knowing that the present law was not satisfactory, was to offer a Part C, in which the Commission looked at the future, the starting point being also that there was no general rule as to member State liability.”, HIGGINS, AIDI 66-II (1996), S. 233, 245.

hungen mit Internationalen Organisationen[640]. Die Annahme einer regelmäßigen Haftung der Mitgliedstaaten für die Internationalen Organisation würde dazu führen, daß die Mitgliedstaaten notwendigerweise Einfluß auf die Entscheidungen der Internationalen Organisation nehmen müßten, was mit dem Status der Internationalen Organisation als von ihren Mitgliedstaaten unabhängiges Rechtssubjekt nicht zu vereinbaren sei[641]. Was den Schutz Dritter betreffe, habe die Vergangenheit gezeigt, daß gewisse Schutzmaßnahmen erforderlich seien[642]. Teil C der Resolution enthält daher Regelungen für die Zukunft, die die Transparenz des Haftungsverhältnisses bei Internationalen Organisationen in ihren Gründungsverträgen zur Grundlage machen[643]. Dritte Staaten seien berechtigt zu wissen, mit wem sie es im Haftungsfall zu tun hätten, und eine mangelnde Klarstellung in den Gründungsverträgen könne unmittelbar rechtliche Konsequenzen in Form einer mitgliedstaatlichen Haftung nach sich ziehen[644].

"C. Desirable Developments

Article 8

Important considerations of policy, including support for the credibility and independent functioning of international organizations, militate against the

---

[640] "The relevant policy factors are, on the one hand, the efficient and independent functioning of international organizations, and second, the protection of third parties from undue exposure to loss and damage, not of their own cause, in relationships with such organizations.", HIGGINS, AIDI 66-I (1995), S. 252, 288 und 419.

[641] "...; if members know that they are potentially liable for contractual damages or tortious harm caused by the acts of an international organization, they will necessarily intervene in virtually all decision-making by international organizations. It is hard to see how the degree of monitoring and intervention required would be compatible with the continuing status of the organization as truly independent, not only from the host state, but from its membership.", HIGGINS, AIDI 66-I (1995), S. 252, 288 und 419.

[642] "So far as the protection of third parties is concerned, the lesson of recent events indicate that a variety of protective measures should properly be taken – whether insurance, or the demand of secific *ad hoc* guarantees from members, or other measures.", HIGGINS, AIDI 66-I (1995), S. 252, 288.

[643] "So far as the protection of third states is concerned, there was general agreement among Commission members that openness and knowledge of the situation are essential.", HIGGINS, AIDI 66-I (1995), S. 252, 419; "There must be henceforth be transparency on the question of liability.", HIGGINS, AIDI 66-I (1995), S. 252, 462.

[644] "Third parties should know exactly with whom they are contracting and from whom they can expect compensation in the case of breach of failure to perform.", HIGGINS, AIDI 66-I (1995), S. 252, 419; "Third parties were entitled to know with whom they were dealing (Bowett) and legal consequences could be drawn from a failure to make that apparent. The constitutional instrument were the vehicle for this required transparency. A choice could be made therein for the acceptance of liability, or the exclusion or limitation of liability.", HIGGINS, AIDI 66-I (1995), S. 252, 462 f.

development of a general and comprehensive rule of liability of member States to third parties for the obligations of international organizations.

Article 9

1. Important considerations of policy entitle third parties to know, so that they may freely choose their course of action whether in relation to any particular transaction or to dealings generally with an international organization, the financial liabilities that may ensue are those of the organization alone or also of the members jointly and subsidiarily. Accordingly, an international organization should specify the position regarding liability either:

a) In its Rules and contracts;

b) in communications made to third party prior to the event or transaction leading to liability; or

c) In response to any specific request by any third party for information on the matter.

2. A failure to take any of the above actions should be taken as a relevant factor in considering liability of the States members.

3. Member States may, unless prohibited by the Rules of the organization, exclude or limit their liability for the obligations of the organization, provided that they do so before any relevant dealings with third parties and provided that such limitation or exclusion is specified in appropriate detail, in accordance with the provisions of paragraph 1 above. This is without prejudice to the duty of member States at all times to pay their assessed and apportioned contributions, or share capital, as the case may be.

Article 10

If, pursuant to the Rules, member States have an obligation to put an international organization in funds to meet its obligations, this obligation should (unless the Rules make different provision) be proportionate to their contribution to the regular budget or to its working capital, as the case may be.“[645]

---

[645] HIGGINS, http://www.idi-iil.org/idiF/resolutionsF/1995_lis_02_fr.pdf; vgl. auch AIDI 66-II (1996), S. 233, 302 f.

4. Zusammenfassung und Ergebnis der Analyse der völkerrechtlichen Praxis

Soweit die obengenannten Verträge eine Haftung der Mitgliedstaaten für ihre Internationale Organisation statuieren, wird deutlich, daß die Vertragsparteien nicht von einer Einstandspflicht ausgehen, die sich aus der Mitgliedschaft der Staaten in den Internationalen Organisationen ergibt. Die Haftung ist nämlich auf diejenigen Mitgliedstaaten einer Internationalen Organisation beschränkt, die Vertragstaaten des betreffenden Abkommens sind. Daraus folgt, daß die gesamtschuldnerische Haftung nur für die Mitgliedstaaten eintritt, die eine solche Haftung durch Beitritt zum Abkommen übernommen haben. Die Bestimmungen der UN-Seerechtskonvention zur Haftung ziehen sogar eine klare Trennung zwischen Internationaler Organisation und ihren Mitgliedstaaten. Auch in der Rechtsprechungspraxis überwiegt die Haftungstrennung. Die ICC begründet die Haftung der Mitgliedstaaten für die Verbindlichkeiten der AOI im Westland-Fall damit, daß diese vertraglich eine entsprechende Garantenstellung übernommen hätten. In den Entscheidungen zum Zinnratsfall wird, mit Ausnahme von Richter NOURSE in der Entscheidung des Court of Appeal, überwiegend die Auffassung vertreten, daß eine Haftung der Mitglieder für die Verbindlichkeiten des Zinnrats mangels entsprechender Regel des Völkerrechts ausscheidet. Auch in der Resolution des Institut de Droit International kommt die überwiegende Überzeugung der Kommissionsmitglieder zum Ausdruck, daß die Mitglieder einer Internationalen Organisation mangels entsprechender Regel des Völkerrechts nur dann für deren Nichterfüllung ihrer Verbindlichkeiten haften, wenn sie eine solche Haftung übernommen haben. Sie hält es jedoch im Interesse der Staatengemeinschaft für erforderlich, eine Regelung zum Schutz der Vertragspartner einer Internationalen Organisation für die Zukunft zu treffen. Wie die Haftung gemäß Art. 6 Abs. 2 von Anlage IX zur UN-Seerechtskonvention handelt es sich bei dieser Regelung um eine „Sanktion“ auf unterlassene Aufklärung zum Schutz der Vertragspartner davor, die Ungewißheit über die Person des Anspruchsgegners tragen zu müssen. In der analysierten Völkerrechtspraxis zeichnet sich somit eindeutig die Tendenz einer Haftungstrennung ab. Angesichts der insgesamt dürftigen Staatenpraxis im Zusammenhang mit dem Haftungsverhältnis von Internationalen Organisationen und Mitgliedstaaten im Verhältnis zu Dritten, muß jedoch bezweifelt werden, daß sich eine solche Haftungstrennung bereits gewohnheitsrechtlich verfestigt hat[646].

---

[646] PERNICE, AVR 26 (1988), 406, 422; KLEIN, La responsabilité des organisations internationales, S. 427 f.; HARTWIG, Die Haftung der Mitgliedstaaten für Internationale Organisationen, S. 199, sieht die Annahme einer gewohnheitsrechtlichen Haftungstrennung aufgrund der Vertragspraxis als vertretbar an.

II. Herleitung der Haftung aus allgemeinen Grundsätze des Völkerrechts

Läßt sich der völkerrechtlichen Praxis im Zusammenhang mit den Internationalen Organisationen somit kein klares Konzept des Haftungsverhältnisses entnehmen, soll im folgenden anhand des allgemeinen Völkerrechts eine Lösung des Problems gefunden werden.

1. Die Bedeutung der Völkerrechtssubjektivität der Gemeinschaft für die Haftungsfrage

Notwendiger Ausgangspunkt, um die rechtlichen Konsequenzen einer Nichterfüllung durch die Internationale Organisation für die Mitgliedstaaten im Verhältnis zu Dritten zu bestimmen, ist das Konzept der Rechtspersönlichkeit[647]. Der vorliegenden Untersuchung des Haftungsverhältnisses zwischen der Gemeinschaft und ihren Mitgliedstaaten liegt einerseits zugrunde, daß Internationale Organisationen Staaten aufgrund ihrer grundsätzlich beschränkten Völkerrechtssubjektivität und Völkerrechtspersönlichkeit nicht grundsätzlich gleichgestellt werden können[648]. Andererseits bedeutet die Völkerrechtssubjektivität einer Internationalen Organisation, daß diese als von ihren Mitgliedstaaten getrennte Rechtsperson Träger eigener völkerrechtlicher Rechte und Pflichten ist und insoweit das ursprünglich ausschließlich für Staaten geltende Völkerrecht auf diese entsprechende Anwendung findet[649]. Erkennt ein Drittstaat die Gemeinschaft als Völkerrechtssubjekt und damit als von den Mitgliedstaaten getrennte Rechtspersönlichkeit an, muß er grundsätzlich die sich daraus ergebenden Rechtsfolgen gegen sich gelten lassen[650]. Welche Rechtsfolgen sich aus der formalen Verselbständigung der Gemeinschaft ergeben, hängt jedoch zunächst davon ab, welchen materiellen Inhalt die Rechtspersönlichkeit im Verhältnis zu Dritten hat.

a) Die Haftungssubjektivität der Gemeinschaft

Welchen materiellen Inhalt die Völkerrechtssubjektivität der Gemeinschaft im Verhältnis zu Dritten hat, bestimmt sich danach, was die Mitgliedstaaten der Gemeinschaft im Gründungsvertrag zugedacht haben und was Dritte davon anerkannt haben[651].

---

647 HIGGINS, AIDI 66-I (1995), S. 252, 377.
648 Vgl. 3. Kapitel, C.
649 Vgl. 2. Kapitel, B., II.
650 Vgl. 3. Kapitel, B., I., 1., b).
651 Vgl. 2. Kapitel, B., II.

aa) Anwendbarkeit des völkerrechtlichen Haftungsrechts

Der Umfang der im Verhältnis zu dritten Staaten zu erwerbenden Völkerrechtssubjektivität Internationaler Organisationen richtet sich in erster Linie nach dem Willen ihrer Mitgliedstaaten, so wie er im jeweiligen Primärrecht einer Organisation seinen Niederschlag gefunden hat[652]. Die einzige Vorschrift des EGV, die eine Haftung der Gemeinschaft anspricht, ist Art. 288 EGV. Art. 288 Abs. 1 EGV bestimmt: „Die vertragliche Haftung der Gemeinschaft bestimmt sich nach dem Recht, das auf den betreffenden Vertrag anzuwenden ist." Fraglich ist jedoch, ob damit auch eine Haftung nach Völkerrecht gemeint ist. Der Wortlaut schließt eine völkerrechtliche Haftung zwar nicht aus[653]. Zweifel daran, daß diese Vorschrift völkerrechtliche Pflichten der Gemeinschaft regeln soll, bestehen jedoch aufgrund der systematischen Stellung des Art. 288 EGV im EG-Vertrag vor Art. 300 EGV[654]. Auf eine entsprechende Regelung im Vertrag kommt es jedoch letztlich nicht an. Denn die Fähigkeit der Gemeinschaft völkerrechtliches Haftungssubjekt sein zu können, haben die Mitgliedstaaten bereits dadurch begründet, daß sie die Gemeinschaft ermächtigt und befähigt haben Träger eigener völkerrechtlicher Rechte und Pflichten zu sein, denn die Trägerschaft von Pflichten ist untrennbar mit der Möglichkeit ihrer Verletzung verbunden (Deliktsfähigkeit)[655]. Das Einstehenmüssen des Rechtsbrechers für die Rechtsverletzung folgt notwendigerweise aus dem Vorhandensein völkerrechtlicher Beziehungen; andernfalls ist die einer Rechtsordnung immanente Pflicht zur Rechtsbeachtung entleert[656]. So stellte schon der Ständige Gerichtshof im Chorzów-Fall fest: „It is a principle of international law, and even a general conception of law, that any breach of an engagement involves an obligation to make reparation" [657]. Daß dies auch für Internationale Organisationen gilt regelt nunmehr Art. 3 des Entwurfs der ILC zur Haftung Internationaler Organisationen[658].

---

[652] Vgl. 2. Kapitel, B., II., 2., c).

[653] Vgl. PERNICE, AVR 26 (1988), S. 406, 423 Anm. 74.

[654] CONZE, Die völkerrechtliche Haftung der Europäischen Gemeinschaft, S. 58.

[655] MENG, ZaöRV 45 (1985), S. 324, 326.

[656] Vgl. IPSEN, in: Ipsen, S. 534 f.

[657] PCIJ Ser. A No. 17, S. 29.

[658] "1. Every internationally wrongful act of an international organization entails the international responsibiltiy of the international organization.

2. There is an internationally wrongful act of an international organization when conduct consisting of an action or omission:

Is attributable to the international organization under international law;

and

Constitutes a breach of international obligation of that international organization.", vgl. GAOR, Fifty-eighth session, Supplement No. 10 (A/57/10), chap. IV.C.1., para. 53.

Aus der Fähigkeit der Gemeinschaft, Subjekt von Völkerrechtsverletzungen sein zu können, ergibt sich somit die Konsequenz, daß sie dann auch dafür verantwortlich ist bzw. was im wesentlichen dasselbe ist, Adressat völkerrechtlicher Ansprüche sein kann, die aufgrund der Völkerrechtsverletzung entstanden sind[659]. Die Haftungssubjektivität ist natürliches Korrelat[660], also „Kehr- man könnte auch sagen Schattenseite“[661] der Völkerrechtssubjektivität. Diese Rechtsfolge entspricht auch dem Willen der Mitgliedstaaten. Denn ohne die Konsequenz der Verantwortlichkeit wäre es überflüssig, einer Internationalen Organisation überhaupt Kompetenzen zu übertragen[662]. Kompetenz ist Verantwortung und damit Verantwortlichkeit[663]. In der Schaffung einer eigenen, im Rechtsverkehr handlungsfähigen Rechtspersönlichkeit liegt somit der Ausdruck des gemeinsamen Willens der Mitgliedstaaten, daß die Gemeinschaft im Rahmen der ihr zugewiesenen Kompetenzen auch für die Folgen ihrer Ausübung haften soll[664].

bb) Anerkennung der Gemeinschaft als Haftungssubjekt

Im Verhältnis zu Drittstaaten findet das Völkerrecht nur in dem Maße Anwendung, in dem jene es auf die Gemeinschaft für anwendbar erklärt haben, das heißt, in welchem Umfang sie die Internationale Organisation als Träger völkerrechtlicher Rechte und Pflichten anerkannt haben[665]. Soll die Gemeinschaft nach dem Willen der Mitgliedstaaten auch für ihre Verbindlichkeiten haften, ist der Dritte grundsätzlich frei, die Gemeinschaft als Haftungssubjekt anzuerkennen[666]. Haben Dritte die Gemeinschaft als von den Mitgliedstaaten getrenntes Völkerrechtssubjekt in vertragsrechtlicher Hinsicht und damit als Träger völkervertraglicher Rechte und Pflichten anerkannt, stellt sich somit die Frage, ob daneben eine gesonderte Anerkennung der Gemeinschaft als Haftungssubjekt erforderlich ist. Ist die Haftungssubjektivität jedoch, wie oben festgestellt, natürliches Korrelat der Völkerrechtssubjektivität, kann ein Dritter bei Vertragsschluß mit der Gemeinschaft den Umfang seiner Anerkennung zwar

---

[659] MÜLLER, Grundsätze der völkerrechtlichen Verantwortlichkeit internationaler Organisationen, S. 82.

[660] v. MÜNCH, Das völkerrechtliche Delikt, S. 254.

[661] MENG, ZaöRV 45 (1985), S. 324, 328.

[662] Vgl. MENG, ZaöRV 45 (1985), S. 324, 328; MÜLLER, Grundsätze der völkerrechtlichen Verantwortlichkeit internationaler Organisationen, S. 155; v. MÜNCH, Das völkerrechtliche Delikt, S. 254.

[663] PERNICE, AVR 26 (1988), S. 406, 418.

[664] Vgl. PERNICE, AVR 26 (1988), S. 406, 427.

[665] Vgl. 2. Kapitel, B., II., 2. und 3.

[666] Vgl. MENG, ZaöRV 45 (1985), S. 324, 327; MÜLLER, Grundsätze der völkerrechtlichen Verantwortlichkeit internationaler Organisationen, S. 158; SEIDL-HOHENVELDERN, ÖZöR XI (1961), S. 497, 502.

ausdrücklich beschränken, qualifiziert er aber, wie hier, nicht ausdrücklich seine Aufnahme von Rechtsbeziehungen mit der Gemeinschaft, begründet er ihre Haftungssubjektivität in dem Umfang, in dem er ihre Völkerrechtssubjektivität begründet hat[667]. Haben Dritte die Gemeinschaft als von den Mitgliedstaaten getrenntes Völkerrechtssubjekt in vertragsrechtlicher Hinsicht und damit als Träger völkervertraglicher Rechte und Pflichten anerkannt, führt das im Verletzungsfall zu einem unmittelbaren Verantwortlichkeitsverhältnis zwischen beiden[668].

b) Haftungsausschluß der Mitgliedstaaten

Während die Völkerrechtspersönlichkeit der Internationalen Organisation Voraussetzung für ihre Haftung ist, stellt sich jedoch die Frage, ob sie auch eine konkurrierende oder subsidiäre Haftung der Mitgliedstaaten für die durch die Nichterfüllung von Verpflichtungen begangene völkerrechtswidrige Handlung der Gemeinschaft ausschließt[669].

aa) Regelmäßiger Fortbestand der mitgliedstaatlichen Haftung

In der Völkerrechtslehre wird teilweise vertreten, eine (Eigen-)Haftung der Mitgliedstaaten bestehe trotz Völkerrechtssubjektivität und damit Haftungssubjektivität der Internationalen Organisationen regelmäßig fort.

SCHERMERS begründet dies mit dem Hinweis darauf, daß, anders als im innerstaatlichen Recht, im Völkerrecht eine Norm nicht existiere, die eine Beschränkung der staatlichen Haftung durch Schaffung einer Rechtspersönlichkeit vorsehe. Selbst wenn eine Internationale Organisation für ihre Pflichterletzungen hafte, schließe dies eine Haftung der Mitgliedstaaten für den Fall, daß die Internationale Organisation nicht in der Lage oder nicht Willens ist, ihre Haftpflicht zu erfüllen, nicht aus[670]. Die Möglichkeit, eine Gesellschaft mit be-

[667] Vgl. MENG, ZaöRV 45 (1985), S. 324, 327; MÜLLER, Grundsätze der völkerrechtlichen Verantwortlichkeit internationaler Organisationen, S. 158; a.A. KOLOSOW, Die Verantwortlichkeit im internationalen Recht, S. 234, 242 ff., er billigt Internationalen Organisationen nur „einige Züge der Völkerrechtssubjektivität" zu; da ihnen die grundlegende Seite der Subjekte der völkerrechtlichen Verantwortlichkeit fehle, die Souveränität, könnten diese nur selbst verantwortlich sein, wenn entsprechende vertragliche Vereinbarungen bestehen, vgl. Müller, Grundsätze der völkerrechtlichen Verantwortlichkeit internationaler Organisationen, S. 155.

[668] Vgl. MÜLLER, Grundsätze völkerrechtlicher Verantwortlichkeit internationaler Organisationen, S. 158.

[669] HIGGINS, AIDI 66-I (1995), S. 252, 377.

[670] „Under national legal systems companies can be created with restricted liability. An express provision thus enables natural persons to create, under specific conditions, a new legal person in such a way that they are no longer personally liable for the acts of the new

schränkter Haftung zu schaffen, beruhe stets auf einer ausdrücklichen Bestimmung, die insoweit für gewöhnlich bestimmte Bedingungen dafür aufstelle[671]. Mangels entsprechender Norm des Völkerrechts haften die Mitgliedstaaten nach SCHERMERS subsidiär für die Pflichtverletzungen ihrer Internationalen Organisation.

In Anlehnung an die Entscheidung der ICC im Westland-Fall[672] weisen MÜLLER und MANN in diesem Zusammenhang auf die verschiedenen zivilrechtlichen Gesellschaftsformen hin, die zwar eine eigene Rechtspersönlichkeit besitzen, aber eine direkte Inanspruchnahme der Mitgliedstaaten nicht ausschließen[673]. Es gebe nicht - wie im nationalen Gesellschaftsrecht - einen numerus clausus von Typen juristischer Personen. Vielmehr könnten die Gründer einer Internationalen Organisation unter einer Vielzahl von Gestaltungsmöglichkeiten wählen, wovon sie in der Praxis auch regelmäßig Gebrauch machten[674]. Die Begriffe „Rechtspersönlichkeit", „legal personality" und „personnalité juridique" hätten im Völkerrecht keinen eindeutigen Inhalt[675]. Ein

---

person. In international law no such provisions exist. It is threrefore impossible to create international legal persons in such a way as to limit the responsibility of the individual Members. Even though international organizations as international persons may be held liable under international law for the acts they perform, this cannot exclude the secondary liability of the Member States themselves. When an international organization is unable to meet its liabilities, the Members are obliged to stand in, according to the amount by which each Member is assessed for contributions to the organization's budget." SCHERMERS, International Institutional Law, S. 780, § 1395; vgl. auch SCHERMERS, 1 LJIL 14 (1988), S. 1, 7 ff.; er scheint sich jedoch nun von dieser Auffassung zu distanzieren, vgl. SCHERMERS/BLOKKER, International Institutional Law, S. 990, § 1582 ff.

671 „It may be true that the possibility of creating limited liability companies is so generally accepted that it may be considered as a general principle of law, but it is equally true that the possibility of creating limited liability companies is always founded on an express provision of the law which usually also poses conditions.", SCHERMERS, 1 LJIL 14 (1988), S. 1, 9.

672 Vgl. 3. Kapitel, C., I., 2., a), aa).

673 MÜLLER, NJW 1991, 2175, 2177; MANN, ZHR 152 (1988), S. 303, 313; auch HERDEGEN ZaöRV 47 (1987), S. 537, 541 f. weist darauf hin, daß der Begriff der Völkerrechtssubjektivität bei Internationalen Organisationen einen Status kennzeichne, der bei einer Parallelwertung nach innerstaatlichen Rechtsgrundsätzen enger gefaßt ist als der Umfang der Rechtsfähigkeit einer juristischen Person des nationalen Privatrechts. Die Völkerrechtsfähigkeit Internationaler Organisationen habe anders als bei Staaten keinen umfassenden Charakter, sondern sei ratione materiae beschränkt. Eine solche „Teilrechtsfähigkeit" bestimmter Gemeinschaften wie etwa die offenen Handelsgesellschaften nach deutschem Recht stehe einer konkurrierenden Haftung von Gesellschaft und Mitgliedern nicht entgegen (vgl. §§ 124, 128 HGB). Der Gesellschafter einer oHG hafte für Gesellschaftsverbindlichkeiten unmittelbar.

674 MÜLLER, NJW 1985, S. 2175, 2177.

675 MANN, ZHR 152 (1988), S. 303, 313.

Ausschluß der mitgliedstaatlichen Haftung müsse sich daher für Dritte erkennbar aus dem Gründungsvertrag ergeben[676].

Nach MENG und HOFFMANN beruht der regelmäßige Fortbestand der mitgliedstaatlichen Haftung trotz Anerkennung der Internationalen Organisation als eigenständiges Völkerrechtssubjekt auf dem Grundsatz, daß Staaten sich ihrer Haftung nicht einseitig auf Grund der Einschaltung einer Internationalen Organisation entziehen können[677]. Ausgehend von dem Grundsatz der unbeschränkten Staatenhaftung sieht HOFFMANN hierin einen „Rechtssatz", der dem allgemeinen Völkerrecht angehöre, denn sonst könnte „ein Staat mittels einer Internationalen Organisation verantwortlichkeitslos das tun, was ihm als isoliert handelnder Staat verboten wäre und wofür er Verantwortlichkeit trüge und haften müßte."[678] Eine Haftungsbeschränkung der Mitgliedstaaten sei nur dann zulässig, wenn sich eine solche für Dritte erkennbar aus dem Gründungsvertrag ergibt[679]. MENG gewinnt diesen Satz durch einen Vergleich zum innerstaatlichen Gesellschaftsrecht. Das sogenannte Außenverhältnis im innerstaatlichen Gesellschaftsrecht werde gegenüber Dritten ersichtlich überall von dem Gedanken beherrscht, daß nicht die Einschaltung einer selbständigen juristischen Person dazu führen soll, „daß sich die Gesellschafter gegenüber Dritten, die nicht von einer eventuellen Haftungsbeschränkung hätten Kenntnis nehmen können, der Haftung entziehen können, welche sie ohne Einschaltung der juristischen Person getroffen hätte." [680] MENG lehnt die Übertragbarkeit dieses Grundgedankens als einen allgemeinen Rechtsgrundsatz ins völkerrechtliche Deliktsrecht zwar ab, er zieht jedoch die in ihm zum Ausdruck kommende „Gerechtigkeitsvorstellung" als Indiz für die Lösung der angesprochenen Probleme heran[681]. Mangels dem innerstaatlichen Recht entsprechender Vorschriften über das Haftungskapital und der Publizität von Beschränkungen der Haftung einerseits und wegen der aufgrund des beherrschenden Einflusses der Mitglieder auf die Gestaltung und damit Leistungsfähigkeit der Internationalen Organisation als Herren der Verträge bestehenden Manipulationsgefahr andererseits müsse neben der bloßen Anerkennung der Internationalen Organisation zusätzlich die Befreiung der Mitgliedstaaten aus ihrer Haftung ausdrücklich vereinbart werden[682].

---

676 MANN, ZHR 152 (1988), S. 303, 315; Müller, NJW 1991, 2175, 2180.

677 MENG, ZaöRV 47 (1985), S. 324, 339; HOFFMANN, NJW 1988, S. 585, 586.

678 HOFFMANN, NJW 1988, S. 585, 586.

679 HOFFMANN, NJW 1988, S. 585, 586 ff.

680 MENG, ZaöRV 45 (1985), S. 324, 331.

681 „Grundsätzlich soll sich niemand einseitig seiner Haftung durch Zwischenschaltung einer Organisation entziehen können, deren Existenz zu seinem Nutzen und auf Grund seiner Mitwirkung besteht", MENG, ZaöRV 45 (1985), S. 324, 332.

682 MENG, ZaöRV 45 (1985), S. 324, 336, 340.

bb) Stellungnahme

Nach den obengenannten Autoren haften die Mitgliedstaaten für die Gemeinschaft, solange ihre Haftung nicht ausgeschlossen ist. Während SCHERMERS für den Haftungsausschluß den Nachweis eines entsprechenden Völkerrechtssatzes verlangt, ist nach Ansicht der übrigen Autoren die ausdrückliche oder konkludente Vereinbarung eines Haftungsausschlusses möglich, aber auch erforderlich. Das Erfordernis eines von der Anerkennung der Gemeinschaft als von ihren Mitgliedstaaten getrennten Völkerrechtssubjekts unabhängigen Haftungsausschlusses bedeutet, daß bei Fehlen eines solchen die Mitgliedstaaten für die Internationale Organisation einzustehen haben.

Die mangels einer allgemeinen Regel der Haftungstrennung im Völkerrecht überwiegend auf dem Vergleich zum Gesellschaftsrecht nationaler Rechtsordnungen basierende Argumentation geht jedoch fehl. Auch im innerstaatlichen Recht bedarf es für den Haftungsausschluß der Mitglieder einer juristischen Person nicht des Nachweises einer Norm, die den Ausschluß einer solchen Mitgliederhaftung statuiert. Die Möglichkeit, eine juristische Person mit eigener Rechtspersönlichkeit zu schaffen, und die Voraussetzungen für ihre Entstehung und Existenz ergeben sich zwar in der Tat aus entsprechenden gesetzlichen Bestimmungen. Der Ausschluß der Mitgliederhaftung folgt dann jedoch unmittelbar aus dem Umstand, daß Gesellschaft und Mitglieder voneinander getrennte Rechtspersonen sind und Personen grundsätzlich nicht für die Verbindlichkeiten oder die Handlungen einer anderen Person haften, solange das Gesetz nicht etwas anderes bestimmt[683]. Gesetzliche Bestimmungen, die Gläubiger einer juristischen Person, wie der GmbH im deutschen Recht, auf die alleinige Haftung der Gesellschaft verweisen, haben insofern deklaratorische Bedeutung. Dies ist auch bei teilrechtsfähigen Gesellschaften (wie z. B. der oHG nach deutschem Gesellschaftsrecht) der Fall, soweit sie Träger eigener Rechte und Pflichten, also rechtsfähig sind. Der Gesellschafter kann nur dann von einem Gläubiger der Gesellschaft unmittelbar für die Gesellschaftsverbindlichkeiten in Anspruch genommen werden, wenn das Gesetz (wie in §§ 124, 128

---

[683] Vgl. auch KERR, Entscheidung des Court of Appeal, Civil Division vom 27.4.1988 (Maclaine Watson & Co Ltd. v. Department of Trade and Industry and related appeals), AER 1988 Band 3, S. 301: „It follows from the fact that a corporation is a separate person that its members are not as such liable for its debts. … They elided the legislative position concerning the limited liability of the members of corporations by presenting a picture suggesting that this was the consequence of provisions enacted in the Companies Acts. But in fact there is no provision which provides that the shareholders of a company have no liability for the debts of the company. The effect of the legislation is merely that the liability of shareholders will only be limited if certain formal requirements of incorporation are complied with, …", vgl. 3. Kapitel, C., I., 2., b), aa).

HGB) eine persönliche Haftung des Gesellschafters anordnet oder ausnahmsweise die Nichtbeachtung der formalen Trennung, also ein Haftungsdurchgriff gerechtfertigt ist. Bei der durch entsprechende gesetzliche Bestimmungen beschränkten Haftung der Mitglieder in Höhe ihrer Einlage handelt es sich hingegen nicht um eine Beschränkung ihrer Haftung im Verhältnis zu den Gläubigern der Gesellschaft, sondern um die Beschränkung ihrer Haftung im Verhältnis zur Gesellschaft selbst[684].

Auch das Argument der Haftungsentziehung geht am eigentlichen Problem vorbei. Richtig ist, daß sich ein Staat, ebensowenig wie die Gesellschafter im nationalen Recht, seiner begründeten Haftung durch Schaffung einer von ihm getrennten Rechtspersönlichkeit einseitig entziehen, also seine im Verhältnis zu Dritten begründete Haftung ohne deren Einwilligung auf diese übertragen kann[685]. Vorliegend haben die NAFO-Partner die Gemeinschaft durch Vertragsschluß mit dieser als von ihren Mitgliedstaaten getrenntes Völkerrechtssubjekt anerkannt[686]. Verletzt die Gemeinschaft ihre völkervertraglichen Pflichten, ist sie ihren Vertragspartnern gegenüber unmittelbar verantwortlich[687]. Es geht also nicht um die „Übertragung" einer begründeten Haftung der Mitgliedstaaten auf die Gemeinschaft, sondern um die Frage ihrer Haftung für Pflichtverletzungen der Gemeinschaft, also eines mit eigener Völkerrechtssubjektivität ausgestatteten Dritten[688]. Von einem Haftungsentzug zu Lasten des Gläubigers kann nur dann die Rede sein, wenn dieser einen entsprechenden Anspruch auf die Haftung der Mitgliedstaaten hat[689]. Die Argumentation setzt somit voraus, was erst bewiesen werden muß, nämlich, daß die Mitgliedstaaten Dritten gegenüber für die Pflichtverletzungen ihrer Internationalen Organisation haften. Soweit MENG eine Benachteilung Dritter mit Hinweis auf das Fehlen dem innerstaatlichen Recht entsprechender Vorschriften über das Haftungskapital und die Publizität im Zusammenhang mit den Internationalen Organisationen begründet, ist hier darauf hinzuweisen, daß es den Vertragspartnern trotzdem möglich und zumutbar ist, sich über die Leistungsfähigkeit einer Internationalen Organisation zu informieren. Die Publizitätsvorschriften im nationalen Gesellschaftsrecht

---

[684] Vgl. KERR, aaO, S. 301: „ ... and what is then limited is not the liability of the shareholders to the creditors of the company but to the company itself."

[685] Vgl. KRÜCK, Völkerrechtliche Verträge im Recht der Europäischen Gemeinschaften, S. 127.

[686] Vgl. 2. Kapitel, B., II., 3.

[687] Vgl. 3. Kapitel, C., II., 1., a).

[688] MÜLLER, NJW 1991, S. 2175, 2177; PERNICE, AVR 26 (1988), S. 406, 418; KRÜCK, Völkerrechtliche Verträge im Recht der Europäischen Gemeinschaften, S. 127.

[689] Vgl. KRÜCK, Die völkerrechtlichen Verträge im Recht der Europäischen Gemeinschaften, S. 127.

dienen insbesondere der Beschleunigung des Wirtschaftsverkehrs[690]. Läßt sich ein Dritter vertraglich mit der Gemeinschaft ein, gibt er zu erkennen, daß er sie als genügend gefestigt betrachtet, um für die Erfüllung der Vertragsverpflichtungen einzustehen[691], und er hat insoweit das Insolvenzrisiko zu tragen[692]. Wie V. MÜNCH zutreffend feststellt, gibt es keine Regel, die gebietet, die Mittel der Staatenhaftung als unantastbaren „Mindeststandard" zu wahren[693]. Ein Dritter steht somit beim Eintritt des Haftungsfalles nicht schlechter da als zum Zeitpunkt des von ihm aus souveräner Entscheidungsgewalt heraus unternommenen Vertragsabschlusses[694]. Die von MENG angesprochene Gefahr der nachträglichen Einflußnahme auf die Leistungsfähigkeit einer Internationalen Organisation durch die Mitgliedstaaten als Herren der Verträge reicht hingegen nicht aus, um die für den Haftungsentzug erforderliche Benachteilung der Vertragspartner anzunehmen[695]. Darüber hinaus wäre ein Haftungsentzug nur dann anzunehmen, wenn die Organisation als Mantel allein deshalb benutzt wird, um die völkerrechtliche Haftung der Mitgliedstaaten auszuschließen und auf die Organisation als einen im konkreten Fall weniger leistungsfähigen Haftungsträger abzuwälzen. Eine solche Haftungsabschiebung würde bei Fehlen irgendeiner sachlichen Berechtigung in sich rechtsmißbräuchlich sein, also wiederum eine selbständige Völkerrechtsverletzung der Mitgliedstaaten darstellen, für die sie unmittelbar haften[696].

c) Ergebnis

Die Anerkennung der Gemeinschaft als von den Mitgliedstaaten getrenntes Völkerrechtssubjekt durch Abschluß eines Vertrages hat zur Folge, daß die Gemeinschaft ihren Vertragspartnern gegenüber haftet, wenn sie die ihr obliegenden Vertragspflichten verletzt[697]. Damit ist die Gemeinschaft als Internationale Organisation nicht nur, wie die Wiener Konvention von 1986 erkennen läßt, vertragsrechtlich dem Staat als Völkerrechtssubjekt angenähert,

---

690 Vgl. HARTWIG, Die Haftung der Mitgliedstaaten für internationale Organisationen, S. 303.

691 Vgl. KRÜCK, Die völkerrechtlichen Verträge im Recht der Europäischen Gemeinschaften, S. 127; CONZE, Die völkerrechtliche Haftung der Europäischen Gemeinschaft, S. 68.

692 Vgl. HERDEGEN, ZaöRV 47 (1987), S. 537, 554 f.

693 v. MÜNCH, Das völkerrechtliche Delikt, S. 269.

694 CONZE, Die völkerrechtliche Haftung der Europäischen Gemeinschaft, S. 68.

695 Allerdings haften die Mitgliedstaaten bei Entzug der Mittel nach der Lehre von estoppel für die Verletzung eines Vertrauens Dritter in die materielle Eigenständigkeit der Internationalen Organisation, vgl. 3. Kapitel, B., II.

696 Vgl. v. MÜNCH, Das völkerrechtliche Delikt, S. 269; MÜLLER, Grundsätze der völkerrechtlichen Verantwortlichkeit internationaler Organisationen, S. 158; HARTWIG, Die Haftung der Mitgliedstaaten für Internationale Organisationen, S. 289.

697 Vgl. 3. Kapitel, C., II., 1., a).

sondern ihm auch haftungsrechtlich im Wesentlichen gleichgestellt[698]. Die Frage, ob die Mitgliedstaaten für die Pflichtverletzungen der Gemeinschaft haften oder nicht, ist damit jedoch noch nicht beantwortet[699]. Eine solche kann jedoch nicht damit begründet werden, daß sie nur dann ausgeschlossen sei, wenn sich der Haftungsausschluß aus einer Norm des Völkerrechts oder einer Vereinbarung mit dritten Staaten ergibt. Dies würde schließlich voraussetzen, daß die Mitgliedstaaten für die Verbindlichkeiten ihrer Internationalen Organisation, allein aufgrund ihrer Mitgliedschaft, grundsätzlich genauso haften, wie für selbst begangene Handlungen[700]. Staaten haften jedoch nicht für alle möglichen Schadensfälle, es sei denn, sie können ihre Haftung ausschließen. Im Völkerrecht gilt vielmehr der Grundsatz, daß Staaten nur haften, soweit sich eine Haftungsgrundlage findet[701]. Die von den Vertragspartnern durch den Vertragsschluß anerkannte Völkerrechtssubjektivität einer Internationalen Organisation hat somit zur Folge, daß die Mitgliedstaaten für die Verbindlichkeiten der Gemeinschaft nicht ohne weiteres, das heißt nicht ohne Nachweis einer Völkerrechtsnorm, die den Grund für die Haftung aufzeigt, einzustehen haben[702]. Eine solche Norm läßt sich zwar weder einer vertraglichen Haftungsregelung zwischen den Mitgliedstaaten und den Vertragspartnern der Gemeinschaft noch der völkerrechtlichen Praxis im Zusammenhang mit den Internationalen Organisationen entnehmen[703]. Es bleibt jedoch zu prüfen, ob sich eine solche aus den völkerrechtlichen Regeln für das Haftungsverhältnis zwischen mehreren Völkerrechtssubjekten ergibt.

---

698 PERNICE, AVR 26 (1988), S. 406, 428.

699 Vgl. PITSCHAS, Die völkerrechtliche Verantwortlichkeit der Europäischen Gemeinschaft und ihrer Mitgliedstaaten, S. 80 f.

700 HIGGINS, AIDI 66-I, S. 252, 286.

701 Vgl. HIGGINS, AIDI 66-I, S. 252, 286; KERR, Entscheidung des Court of Appeal, Civil Division vom 27.4.1988 (Maclaine Watson & Co Ltd. v. Department of Trade and Industry and related appeals), AER 1988 Band 3, S. 257, 301 und GIBSON, AER 1988 Band 3, S. 257, 351, vgl. 3. Kapitel, C., I., 2., b), aa); HARTWIG, Die Haftung der Mitgliedstaaten für Internationale Organisationen, S. 295; in diesem Sinne auch PERNICE, AVR 26 (1988), S. 406, 424 und HERDEGEN, ZaöRV 47 (1987), S. 537, 547; PITSCHAS, Die völkerrechtliche Verantwortlichkeit der Europäischen Gemeinschaft und ihrer Mitgliedstaaten, S. 78.

702 KLEIN, La responsabilité des organisations internationales, S. 431.

703 Vgl. 3. Kapitel, C., I.

2. Die Haftung der Mitgliedstaaten für die Gemeinschaft nach völkerrechtlichen Regeln für das Haftungsverhältnis zwischen mehreren Völkerrechtssubjekte

Grundsätzlich haftet ein Staat nur für eigene Pflichtverletzungen[704]. Ausnahmen von dieser Grundregel sind im Völkerrecht jedoch dort anerkannt, wo ein Staat in einer besonderen, über die bloße Mitgliedschaft in der internationalen Gemeinschaft hinausgehenden Beziehung zu dem pflichtwidrig Handelnden steht. Die besondere Beziehung der Gemeinschaft zu ihren Mitgliedstaaten ergibt sich daraus, daß sie die Gemeinschaft durch Gründung als von ihnen getrennte Rechtspersönlichkeit geschaffen haben und zugleich Teile der Gemeinschaft sind. Im folgenden sollen die Haftungsregeln dargestellt werden, die sich für solche Beziehungen entwickelt haben und für die Lösung herangezogen werden, ob Spanien für die Pflichtverletzung der Gemeinschaft haften.

a) Die Haftung der Mitgliedstaaten für die Gemeinschaft in Analogie zu dem Grundsatz der Haftung des Bundes für seine Gliedstaaten

Von besonderem Interesse für die Frage, ob eine Haftung der Mitgliedstaaten für die völkerrechtswidrigen der Gemeinschaft zurechenbaren Handlungen in Betracht kommt, ist die Haftungsregelung im Verhältnis von Bundesstaat und Gliedstaaten. MENG lehnt eine Übertragung der hier gefundenen Grundsätze auf Internationale Organisationen zwar ab[705]. Er beschränkt seine Betrachtung jedoch auf einen Vergleich der Internationalen Organisation mit dem Bundesstaat und der Mitgliedstaaten mit den Gliedstaaten und weist in diesem Zusammenhang darauf hin, daß der Gesamtstaat in einem Bundesstaat im Gegensatz zu einer Internationalen Organisation nicht als begrenzter Zweckverband, sondern als Staat gegründet wird. Gegenüber dem Völkerrecht mediatisiere er die Gliedstaaten bis auf begrenzte Ausnahmen, die sich aus der Bundesverfassung ergeben, und er habe eigene Organe, in denen die Gliedstaaten insbesondere im Bereich der völkerrechtlichen Vertretung rechtlich keinen beherrschenden Einfluß haben[706]. Insoweit ist seine Kritik an einer Parallele wegen der jeweiligen offensichtlichen strukturellen Unterschiede in der Tat zutreffend. Umgekehrt - und dies liegt MENGS Kritik implizit zugrunde - weist die völkerrechtliche Stellung der Gemeinschaft und ihr Verhältnis zu den Mitgliedstaaten vielmehr Parallelen zu jener der Gliedstaaten und ihrem Verhältnis zum Bundesstaat auf.

Ausgangspunkt der Konstruktion ist sowohl bei der Untergliederung eines Bundesstaates in seine einzelnen Gliedstaaten als auch bei der Konstituierung

704 Vgl. 3. Kapitel, A.

705 MENG, ZaöRV 45 (1985), S. 324, 332 f.

706 MENG, ZaöRV 45 (1985), S. 324, 333.

der Gemeinschaft der Staat als Normalperson des Völkerrechts. Mit seiner Anerkennung als Mitglied der Staatengemeinschaft und seinem Eintritt in den völkerrechtlichen Verkehr übernimmt der Bundesstaat alle völkerrechtlichen Pflichten und Rechte, die jedem Staat als solchem obliegen und zukommen[707]. So wie die Mitgliedstaaten die Gemeinschaft in bestimmten Bereichen ermächtigen, Aufgaben selbständig, als von ihnen getrennte Rechtspersönlichkeit, wahrzunehmen, so weisen auch die Bundesstaaten ihren Gliedstaaten Aufgaben zu, die sie in eigener Zuständigkeit unabhängig vom Bund wahrnehmen. Neben internen Aufgaben weisen einige Bundesstaaten, wie etwa Deutschland[708] oder die Schweiz[709], ihren Gliedstaaten auch auswärtige Kompetenzen zu, wonach sie „die rechtliche Möglichkeit oder die völkerrechtliche Fähigkeit haben, konkretes Rechtssubjekt oder Adressat von völkerrechtlichen Rechtssätzen zu werden“[710]. Wie die Gemeinschaft sind die Gliedstaaten, gemessen an der vollen völkerrechtlichen Handlungsfähigkeit des (Bundes-)Staates, nur beschränkt handlungsfähig, und ihre Völkerrechtssubjektivität ist jeweils von den Staaten abgeleitet, die sie geschaffen haben[711].

aa) Der Grundsatz der Haftung des Bundes für seine Gliedstaaten in der Staatenpraxis

Im 19. Jahrhundert lehnten Bundesstaaten ihre Haftung für Völkerrechtsverletzungen ihrer Gliedstaaten noch überwiegend mit Hinweis darauf ab, daß ihnen nach der Verfassung kein Recht zustehe, sich in die zum Kompetenzbereich der Gliedstaaten gehörenden Angelegenheiten einzumischen. So wiesen die USA im sogenannten McLeod-Fall aus dem Jahre 1840 eine Forderung Großbritanniens auf Freilassung des im US-Bundesstaat New York inhaftierten britischen Offiziers McLeod[712] mit dem Hinweis darauf ab, daß eine Intervention der Bundesexekutivgewalt wegen der Unabhängigkeit der Gerichte der einzelnen Gliedstaaten in der betroffenen Angelegenheit nicht möglich sei[713].

---

[707] KLEIN, Mittelbare Haftung im Völkerrecht, S. 173.

[708] Vgl. Art. 32 Abs. 3 GG .

[709] Vgl. Art. 56 Abs. 3, 172 Abs. 3 der Schweizer Verfassung.

[710] KORTE, Grundsatzfragen der völkerrechtlichen Rechtsfähigkeit und Handlungsfähigkeit der Staaten, S. 146 f.

[711] Vgl. KLEIN, Mittelbare Haftung im Völkerrecht, S. 171.

[712] McLeod wurde vorgeworfen, sich im Staat New York im Jahre 1937 im Verlauf des sog. Fenian-Aufstandes an dem Überfall auf ein einem amerikanischen Bürger gehörenden Schiffs und der Tötung bzw. Verwundung der Besatzung beteiligt gewesen zu sein. Dieser Fall und die einzelnen Stellungnahmen der Regierungsvertreter sind bei KLEIN, Mittelbare Haftung im Völkerrecht, S. 202 f. dargestellt.

[713] „The jurisdiction of the several States which constitute the Union is, within its appropriate sphere, perfectly independent of the Federal Government. The offence with which Mr. McLeod is charged was committed within the territory and against the laws and citizens

Ein Einschreiten lehnten die USA auch ab als die britische Regierung mit folgender Begründung an ihrer Forderung festhielt: „With the particulars of the internal compact which may exist between the several States that compose the Union, foreign Powers have nothing to do; the relation of foreign Powers are with the aggregate Union; that Union is to them represented by the Federal Government; and of that Union the Federal Government is to them the only organ. Therefore, when a foreign Power has redress to demand for a wrong done to it by any State of the Union, it is to the Federal Government, and not to the separate State, that such Power must look for redress for that wrong. And such foreign Power cannot admit the plea that the separate State is an independent body over which the Federal Government has no control.“[714] Der Freispruch Mc Leods durch das Gericht im Staat New York wurde schließlich dadurch erreicht, daß England für den Fall der Verurteilung mit einem Krieg drohte. Im Fall Cutting aus dem Jahre 1886 wies Mexiko die Forderung der USA auf Genugtuung und Entschädigung für die unrechtmäßige Verhaftung eines amerikanischen Staatsangehörigen im mexikanischen Gliedstaat Chihuahua mit der Erklärung zurück, die Bundeszentralgewalt habe staatsrechtlich nicht die Befugnis, sich in die zur Kompetenz der Gliedstaaten gehörenden Angelegenheit einzumischen[715]. Auch das Deutsche Reich lehnte im Stern-Fall eine Wiedergutmachung für eine angeblich zu harte Bestrafung eines amerikanischen Bürgers durch ein bayrisches Gericht mit der Begründung ab, daß die Rechtsprechung und das Gnadenrecht Sache der Länder sei[716]. Im Jahre 1946 sah sich die kanadische Regierung außerstande, einem Begehren der polnischen Regierung auf Rückerstattung einer polnischen Gemäldesammlung stattzugeben, die in den Kriegeswirren nach Quebec gekommen war, da die Zentralbehörden dies nicht bei dem Gliedstaat durchsetzen könnten[717].

---

of the State New York, and is on that comes clearly within the competency of her tribunals. It does not, therefore, present an occasion where, under the constitution and laws of the Union, the interposition called for would be proper, or for which a warrant can be found in the powers with which the Federal Executive is invested; nor would the circumstances to which you have referred, or the reasons you have urged, justify the exertion of such a power if it existed.“, zitiert nach KLEIN, Mittelbare Haftung im Völkerrecht, S. 202.

[714] Zitiert nach KLEIN, Mittelbare Haftung im Völkerrecht, S. 203.

[715] Der Fall ist bei KLEIN, Mittelbare Haftung im Völkerrecht, S. 205 mit weiteren Nachweisen dargestellt.

[716] GECK, in: Strupp/Schlochauer, Wörterbuch des Völkerrechts, Band III S. 376.

[717] Vgl. HARTWIG, Die Haftung der Mitgliedstaaten für internationale Organisationen, S. 66, Fn. 42; bereits 1927 hatte die kanadische Zentralregierung im Fall Rober Fulton Cutting die Zinszahlung für von dem Staat Quebec zu Unrecht erhobene und später erstattete Erbschaftssteuer abgelehnt, der Fall ist dargestellt in: HACKWORTH, Digest of International Law V, S. 561 ff.

Seit Beginn des 20. Jahrhunderts hingegen entwickelte sich die Haftung des Bundesstaates für völkerrechtswidrige Handlungen seiner Gliedstaaten zum Prinzip des Völkerrechts. Hauptargument für eine Haftung des Bundes ist, daß sich der Bundesstaat gegenüber dritten Staaten nicht darauf berufen könne, daß er nach der für die Dritten unbeachtliche innere Ordnung des Bundesstaates kein Recht habe, sich in die den Gliedstaaten zur selbständigen Regelung übertragenen Angelegenheiten einzumischen[718]. So räumten die USA erstmals 1891 im New-Orleans-Fall ihre Haftbarkeit für die Verletzung fremder Staatsangehöriger durch das Verhalten der Behörden eines ihrer Gliedstaaten ein[719]. Die amerikanisch-mexikanische Claims Commission hatte im Jahre 1926 über eine Schadensersatzklage eines amerikanischen Staatsbürgers gegen die Vereinigten Staaten von Mexiko zu entscheiden. Der Kläger stützte seine Klage insbesondere darauf, daß die Mörder seines Vaters, Soldaten der örtlichen Tropa de la Securidad Publica im mexikanischen Gliedstaat Michoacán nicht zur Verantwortung gezogen wurden. Der Präsident von Mexico hatte die bundesstaatliche Regierung zwar angewiesen, die Schuldigen ausfindig zu machen und zu bestrafen, einer der fünf Verurteilten war jedoch vor dem Vollzug des Urteils gestorben, die anderen vier waren geflohen. Das Gericht gab der Klage statt. Es machte die mexikanische Regierung dafür verantwortlich, daß die Behörden von Michoacán bei der Bestrafung der Schuldigen nicht die nötige Sorgfalt aufgewendet hatte[720]. Auch im Jahre 1930 verurteilte die amerikanisch-mexikanische Claims Commission die Vereinigten Staaten von Mexiko zur Zahlung von Schadensersatz an die Witwe des amerikanischen Staatsangehörigen Tribolet, der durch die Behörden des mexikanischen Gliedstaates Sonora ohne Verfahren und ohne Nachweis seiner Schuld hingerichtet wurde[721]. In ihrem Schiedsspruch aus dem Jahre 1927 verurteilte die amerikanisch-mexikanische Schiedskommission die Vereinigten Staaten von Amerika zu Schadensersatz[722]. Der mexikanische Konsul im amerikanischen Bundesstaat Texas, Fancisco Mallén,

---

[718] Vgl. die Antworten der Regierungen auf den ihnen übersandten Fragenbogen des Sachverständigenkomitees der Genfer Liga, dargestellt bei KLEIN, Mittelbare Haftung im Völkerrecht, S. 23 ff.

[719] Drei italienische Staatsangehörige waren nach ihrem Freispruch gelyncht worden, als die Behörden des amerikanischen Gliedstaates Lousiana nicht energisch genug gegen die tobende Menge eingeschritten waren. Den zunächst von den USA vorgetragene Einwand, ihr sei wegen der Selbständigkeit Lousianas ein Eingreifen in dessen innere Verwaltung nicht gestattet, hatte Italien als völkerrechtlich unbeachtlich zurückgewiesen. Dieser Fall ist bei KLEIN, Mittelbare Haftung im Völkerrecht, S. 206 dargestellt.

[720] Opinions of Commissioners 1926/1927, S. 150 ff. (Docket No. 271); der Fall ist bei KLEIN, Mittelbare Haftung im Völkerrecht, S. 203 ff. dargestellt.

[721] Opinions of Commissioners 1930/31, S. 68 ff. (Docket No. 1246); der Fall ist bei KLEIN, Mittelbare Haftung im Völkerrecht, S. 206 f. dargestellt.

[722] Opinions of Commissioners 1926/27, S. 254 ff. (Docket No. 2935); der Fall ist bei KLEIN, Mittelbare Haftung im Völkerecht, S. 207 ff. dargestellt.

war durch rechtswidrige Übergriffe des amerikanischen Deputy Constable, Franco, im Jahre 1907 verletzt worden. Die Geldstrafe, zu der Franco durch den County Court in El Paso verurteilt worden war, wurde nicht vollzogen. Die Kommission machte die Vereinigten Staaten für die rechtswidrigen Handlungen des Constables, für die Nichtvollziehung der Geldstrafe als auch für den mangelnden Schutz des Konsuls verantwortlich[723]. Im Jahre 1929 gab die französisch-mexikanische Schiedskommission der Klage eines französischen Staatsangehörigen gegen Mexiko auf Erstattung gewisser Beträge statt, die er der Revolutionsregierung des mexikanischen Gliedstaats Sonora durch auferlegte Zwangsanleihe überlassen mußte[724]. Der Vertreter Mexikos wies einen Anspruch gegen den Bundesstaat Mexiko mit der Begründung zurück, die Regierung des Gliedstaates Sonora habe die Schuldverbindlichkeit nicht anerkannt, und darüber hinaus hafte Mexiko völkerrechtlich nicht für das Verhalten eines seiner Gliedstaaten. Die Kommission stützte den Anspruch gegen Mexiko auf „the principle of international (often called 'indirect') responsibility of a Federal State for all acts of one of its States which might give rise to claims by foreign Governments." Eine solche Haftung sei auch dann gegeben, wenn die Verfassung der Zentralgewalt kein Recht einräume, die einzelnen Staaten zu kontrollieren oder sie zu völkerrechtsgemäßem Verhalten zu zwingen[725].

In jüngerer Zeit sind nur zwei Fälle bekannt, in denen der Grundsatz der Haftung des Bundes für seine Gliedstaaten zum Tragen kommt. Im Fall der Erben des Herzogs von Guise gab eine französisch-italienische Schlichtungskommission der Klage Frankreichs gegen Italien auf Rückgabe von Eigentum französischer Bürger statt, welches durch ein Dekret der Region Sizilien requiriert worden war. Die Kommission stellte insoweit fest: „For the purposes of reaching a decision in the present case it matters little that the decree of 29

[723] „Franco was acting for the State of Texas as assistant of a State official, and whereas the State Department at Washington was active in respect to this claim it was the government of the State of Texas which was negligent and careless. However, as this Commission has had occasion to point out more than once, acts of authorities of Texas may, under the Convention of September 8, 1923, give rise to claims against the United States and claims may be predicated on such acts. ... There being etstablished that the United States is liable a) for illegal acts of the deputy constable Franco on October 13, 1907, b) for denial of justice on the ground of nonexecution of the penalty imposed on November 9, 1907, and c) for lack of protection ...", Opinions of Commissioners, 1926/27, (Docket No. 2935), S. 259.

[724] Hyacinthe Pellat Case, Annual Digest of Public International Law Cases, 1929 - 1930, S. 145, 173 f., 182 f.; der Fall ist bei KLEIN, Mittelbare Haftung im Völkerrecht, S. 209 dargestellt.

[725] „That indirect responsibility could not be denied even in those cases where the Federal Constitution refused to the Central Government the legal right to control the particular States or to compel them to conduct themselves in conformity with the prescriptions of international law." Annual Digest of Public International Law Cases, 1929 - 1930, S. 145.

August 1947 was not enacted by the Italien State but by the region of Sicily. For the Italian State is responsible for implementing the Peace Treaty, even for Sicily, notwithstanding the autonomy granted to Sicily in internal relations under the public law of the Italian Republic.“[726] Im Fall LaGrand erließ der IGH im Jahre 1999 eine von Deutschland beantragte einstweilige Verfügung, wonach die USA verpflichtet wurden alle Maßnahmen zu ergreifen, um die Hinrichtung des Deutschen Walter LaGrand bis zur Entscheidung in der Hauptsache zu verhindern[727]. Walter LaGrand war im Jahre 1984 zusammen mit seinem Bruder Karl LaGrand von den Behörden des Bundesstaates Arizona zum Tode verurteilt worden, ohne von diesen, wie es Art. 36 Abs. 1 lit. b des Wiener Übereinkommens über konsularische Beziehungen verlangt, über ihre Rechte aus dieser Bestimmung in Kenntnis gesetzt worden zu sein. Im Hinblick auf die Verantwortlichkeit der USA für das pflichtwidrige Verhalten der Behörden von Arizona stellt er fest: „Whereas the international responsibility of a State is engaged by the action of the component organs and authorities acting in that State, whatever they may be; whereas the United States should take all measures at its disposal to ensure that Walter LaGrand is not executed pending the final decision in these proceedings; whereas, according to the information available to the Court, implementation of the measures indicated in the present Order falls within the jurisdiction of the Governor of Arizona; whereas the Government of the United States is consequently under the obligation to transmit the present Order to the said Governor; where the Governor of Arizona is under the obligation to act in conformity with the international undertakings of the United States.“[728] In seinem Urteil vom 27. Juni 2001 stellt der IGH schließlich fest, daß die USA durch das Verhalten der Behörden von Arizona ihre Verpflichtung aus Art. 36 Abs. 1 und Abs. 2 des Übereinkommens über konsularische Beziehungen verletzt hat[729].

bb) Bewertung der Staatenpraxis im Hinblick auf die Rechtsnatur der Haftung und die Übertragbarkeit des Grundsatzes auf das Verhältnis von Gemeinschaft und Mitgliedstaaten

Um festzustellen, ob der sich in der Staatenpraxis widerspiegelnde Grundsatz der Haftung des Bundes für seine Gliedstaaten zur Begründung einer Haftung der Mitgliedstaaten für die Pflichtverletzung der Gemeinschaft herangezogen

---

[726] RIAA XIII, S. 150, 161.

[727] LaGrand (Germany v. United States of America), Provisional Measures, ICJ Reports 1999, S. 9 ff.

[728] LaGrand (Germany v. United States of America), Provisional Measures, 3.3.1999, General List No. 104, ICJ Reports 1999, S. 9, 16, Ziff. 28.

[729] LaGrand (Germany v. United States of America), Judgment, 27.6.2001, General List No. 104, http://www.icj-cij.org/icjwww/idocket/igus/igusjudgment/igus_ijudgment_20010625

werden kann, ist es unerläßlich, die unterschiedlichen Möglichkeiten staats- und völkerrechtlicher Stellung des Bundeszentralstaates und der Bundesgliedstaaten bei ihrem jeweiligen völkerrechtserheblichen Verhalten zu beachten. Denn eine Übertragung dieses Grundsatzes auf das Verhältnis zwischen der Gemeinschaft und ihren Mitgliedstaaten setzt in jedem Fall voraus, daß die ihm zugrundeliegende völkerrechtliche Stellung der Gliedstaaten jener der Gemeinschaft entspricht. Ausgangspunkt der Frage, ob die Mitgliedstaaten für die Gemeinschaft haften, ist ein Tun oder - wie hier - ein Unterlassen der Gemeinschaft, durch das eine ihr obliegende völkerrechtliche Pflicht verletzt wird. Ob der obengenannte Grundsatz entsprechend eine solche Pflichtverletzung der Gliedstaaten zum Gegenstand hat, ist jedoch fraglich.

Voraussetzung dafür wäre, daß der jeweilige Gliedstaat selbst Träger der verletzten Pflicht ist. Dies ist zwar wie KLEIN[730] zu Recht mit Hinweis auf einzelne Verfassungen von Bundesstaaten feststellt, grundsätzlich möglich, diese Möglichkeit reicht jedoch nicht aus, um tatsächlich Träger völkerrechtlicher Rechte und Pflichten im Verhältnis zu dritten Staaten zu sein. Dazu bedarf es der Verleihung einer Völkerrechtssubjektivität durch Anerkennung des verletzten Dritten[731]. Die Erteilung einer außenpolitischen Kompetenz an einen Gliedstaat durch die gesamtstaatliche Verfassung begründet daher lediglich eine Dezentralisierung der auswärtigen Angelegenheiten, die jeder Staat nach dem Völkerrecht beliebig vornehmen kann, sie begründet damit jedoch noch keine partielle Völkerrechtssubjektivität der Gliedstaaten im Verhältnis zu Dritten[732].

In den oben genannten Fällen der Haftung des Bundes handelten die Gliedstaaten zwar intern entsprechend ihren verfassungsmäßig garantierten ausschließlichen Kompetenzen unabhängig vom Bundesstaat, mangels Anerkennung ihrer Völkerrechtssubjektivität durch den verletzten Dritten waren jedoch nicht sie selbst, sondern der Bundesstaat Träger der verletzten Pflicht[733]. Eine Verletzung der dem Bund obliegenden Pflichten durch die Handlungen eines Gliedstaates hat vom völkerrechtlichen Standpunkt aus gesehen keine andere Bedeutung, als wenn die eigenen Organe des Bundes gehandelt hätten[734]. Mangels Völkerrechtssubjektivität sind die Gliedstaaten eines Bundesstaates ihm vollständig unterworfene Glieder, die keine eigenständige völkerrechtliche

---

730 KLEIN, Mittelbare Haftung im Völkerrecht, S. 166 ff.

731 Vgl. 2. Kapitel, B., II.

732 Vgl. KUNZ, in: Stier-Somlo, Handbuch des Völkerrechts, 2. Band, 4. Abt., Die Staatenverbindungen, S. 1, 660 ff.; VERDROSS, ÖZöR I, H. 1-5 (1948), S. 388, 397.

733 Vgl. VERDROSS, ÖZöR I, H. 1-5 (1948), S. 388, 401.

734 KLEIN, Mittelbare Haftung im Völkerrecht, S. 174; VERDROSS, ÖZöR I, H. 1-5 (1948), S. 388, 390 und 398.

Stellung innehaben[735]. Das Handeln des Gliedstaates ist dem Bund aufgrund seiner Rechtsordnung zuzurechnen, und dieser haftet damit unmittelbar für eigenes Verhalten[736]. Dies muß auch dort gelten, wo der Bundesstaat zur Erfüllung seiner völkerrechtlichen Pflichten auf die Mitwirkung seiner Gliedstaaten angewiesen ist[737], er nach seiner internen Ordnung jedoch kein Recht hat, seine Gliedstaaten zu einem im Einklang mit seinen völkerrechtlichen Pflichten stehenden Verhalten zu bestimmen[738]. Soweit es um die Erfüllung bzw. Verletzung ihm obliegender Pflichten geht, kann sich der Bundesstaat in der Tat nicht darauf berufen, daß er nach der inneren Ordnung keinen Einfluß auf bestimmte Angelegenheiten seiner Gliedstaaten hat[739].

Liegt den genannten Fällen somit zugrunde, daß der Gliedstaat mangels Völkerrechtssubjektivität im Verhältnis zu den betroffenen Dritten eine dem Bund obliegende Pflicht verletzt, bringt der Grundsatz der Haftung des Bundes für seine Gliedstaaten nichts anderes zum Ausdruck als den Grundsatz der Haftung für eigene Pflichtverletzungen[740] und kann damit nicht zur Klärung der Frage beitragen, ob die Mitgliedstaaten für die Verletzung einer der Gemeinschaft obliegenden völkerrechtlichen Pflicht zur Haftung herangezogen werden können.

cc) Das Haftungsverhältnis im Bundesstaat nach dem Konventionsentwurf zur Staatenhaftung

Im Rahmen der Kommentierung zu Art. 4 des Konventionsentwurfs der ILC zur Staatenverantwortlichkeit aus dem Jahre 2001[741], der die Frage der Zurechnung von Verhalten staatlicher Organe regelt, wird jedoch offensichtlich die Auffassung vertreten, daß der Bund auch dann ohne weiteres für die Handlungen der Gliedstaaten haften soll, wenn durch diese eine den Gliedstaaten ob-

---

735 Vgl. VERDROSS, ÖZöR I, H. 1-5 (1948), S. 388, 390.

736 KLEIN, Mittelbare Haftung im Völkerrecht, S. 174 f.; VERDROSS, ÖZöR I, H. 1-5 (1948), S. 388, 390; vgl. auch Art. 4 des Konventionsentwurfs der ILC zur Staatenverantwortlichkeit in der Fassung vom November 2001, GAOR, Fifty-sixth session, Supplement No. 10 (A/56/10), chp. IV.E.1, S. 44 und Art. 7 Abs. 1 a.F.; vgl. 3. Kapitel, A.

737 Wenn etwa die Erfüllung der dem Bund obliegenden Pflichten nach der Lage der verfassungsmäßigen Verteilung der Zuständigkeiten den Gliedstaaten obliegt.

738 KLEIN, Mittelbare Haftung im Völkerrecht, S. 183 ff.

739 Vgl. POLAK, ÖZöR I, H. 1-5 (1948), S. 382, 383.

740 KLEIN, Mittelbare Haftung im Völkerrecht, S. 194 ff., sieht in den oben unter 3. Kapitel, C., II., 2., a) aa) dargestellten Fällen allerdings den Nachweis für eine „mittelbare" Haftung des Bundes an, indem er zu Unrecht von einer im Verhältnis zu den verletzten Staaten gegebenen Völkerrechtssubjektivität der Gliedstaaten ausgeht, vgl. VERDROSS, ÖZöR I, H. 1-5 (1948), S. 388, 401.

741 Vgl. GAOR, Fifty-sixth session, Supplement No. 10 (A/56/10), chp. IV.E.1, S. 84 ff.

liegende völkerrechtliche Pflicht im Verhältnis zu Dritten verletzt wird. Der Ausschluß einer Haftung des Bundesstaates soll nur möglich sein, wenn sie im Verhältnis zu den Dritten wirksam auf die Gliedstaaten beschränkt wurde[742].

Diese Auffassung steht im völligen Gegensatz zu derjenigen, die noch im Rahmen der Kommentierungen zum 1. Konventionsentwurf der ILC aus dem Jahre 1996[743] vertreten wurde[744]. Hier wies der Berichterstatter darauf hin, daß man zwei Fälle unterscheiden müsse: einmal den Fall, daß das Verhalten eines Organs eines Gliedstaates eine völkerrechtliche Pflicht verletze, die nicht ihm, sondern dem Bundesstaat obliege, und zum anderen den Fall eines Verhaltens eines Organs eines Gliedstaates in dem Bereich, in dem er selbst Träger völkerrechtlicher Rechte und Pflichten ist. Der letztere Fall sei jedoch kein Problem der im Rahmen des Art. 7 a.F. behandelten Zurechnung von Akten. Denn im Fall der Verletzung von den Gliedstaaten im Verhältnis zu Dritten obliegenden völkerrechtlichen Pflichten hafte der Bundesstaat nicht für ihm zurechenbare Handlungen der Gliedstaaten[745]. Seine Haftung könne allenfalls mit der Haftung eines Völkerrechtssubjekts für die Pflichtverletzungen eines anderen Völkerrechtssubjekts erklärt werden, deren rechtsdogmatische Grundlagen und Voraussetzungen nicht Gegenstand der hier zu behandelnden Frage der Zurechnung von Akten seien, sondern an anderer Stelle untersucht und festgelegt würden[746].

---

[742] „In those cases where the constituent unit of a federation is able to enter into international agreements on its own account, the other party may well have agreed to limit itself to recourse against the constituent unit in the event of a breach. In that case the matter will not involve the responsibility of the federal State and will fall outside the scope of the present articles. Another possibility is that the responsibility of the federal State under a treaty may be limited by the terms of a federal clause in the treaty. This is clearly an exception to the general rule, applicable solely in relation between the States parties to the treaty and in the matters which the treaty covers.", Kommentierung zum Konventionsentwurf der ILC 2001, aaO, S. 90.

[743] UN Doc.A/51/10, para. 65; abgedruckt in ILM 37 (1998), S. 442).

[744] Vgl. AGO, zu Art. 7 a. F., YILC 1971 II 1, S. 193, 253 ff.

[745] Vgl. auch den Entwurf der Harvard Law School von 1929 („Responsibility of States for Damages Done in Their Territory to the Person or Property of Foreigners"), insbesondere Art. 8 lit.b: „A State is not responsible if an injury to an alien results from the non-performance of a contractual obligation which its political subdivision owes to an alien, apart from responsibility because of a denial of justice.", dieser und weiteres Auszüge des Entwurf sind bei KLEIN, Mittelbare Haftung im Völkerrecht, S. 18 dargestellt.

[746] „Two possible cases would then have to be considered. The first would be that of an act or omission of an organ of a component state, relating to a sphere in which that state had no international obligation directly incumbent on it; the act or omission in question can then appear only as a conduct of a decentralized organ of the federal State, in the same way as the conduct of organs of a municipality. ... The second possible case would be that of the acts or omission of an organ of a component state in the limited sphere in which it appears as an

In der Auffassung der Kommission aus dem Jahre 2001 hingegen kommt das im Völkerrecht vorherrschende Bild des Einheitsstaates zum Ausdruck, welches nur den Bund als Völkerrechtssubjekt ansieht[747]. Die Kommission von 2001 ließ sich, wie sie selbst feststellt, bei ihren Überlegungen davon leiten, daß die territorialen Untergliederungen von Bundesstaaten in den meisten Fällen weder eine eigene, vom Gesamtstaat getrennte Völkerrechtspersönlichkeit hätten noch Vertragsschließungsbefugnisse[748]. Diese Erkenntnis und die Feststellung, daß die Frage der Haftung des Bundes für das Verhalten seiner Gliedstaaten durch das eine diesen obliegende völkerrechtliche Pflicht verletzt wird, mangels nachweisbarer Fälle in der Staatenpraxis[749] bisher rein akademischer Natur sei, lag allerdings auch den Ausführungen der ILC in den früheren Kommentier-

---

independent subject of international rights and duties. In this case, the federal State cannot be held responsible for an act attributable to itself; its international responsibility can be invoked additionally, but as the responsibility of one subject of international law for the act of another, hence as 'indirect' responsibility.", AGO, YILC 1971 II 1, S. 193, 260; „As we have said, however, all this has no relevance to what we are trying to do now. The question under examination is that of the possibility of attributing to the State, from the international point of view, the act or omission of organs of public institutions separate from the State. More specifically, we have to determine whether, at the international level, the conduct of organs of component states which prove to be in conflict with an international obligation of the *federal State* are to be regarded as act of federal State as a subject of international law. In other words, can a federal State violate its own international obligations through acts or omissions of persons who are not its own organs, but organs of its component states? That is the question we have to answer; and as we have seen, the answer is not in doubt. This is all we are concerned with at the moment. The Commission will certainly be able, when it comes to consider cases of responsibility of one subject of international law for the acts of another, also to take into consideration the possible cases of responsibility of a federal State for a breach by a component state o fan international obligation directly incumbent on that state. It will then be able to choose a formula which can cover this situation, however theoretical it may appear.", AGO, YILC 1971 II 1, S. 193, 261.

[747] Vgl. STREINZ, in: Sachs, Grundgesetz Kommentar, Art. 32, Rn. 6.

[748] „The reason for this position are reinforced by the fact that federal States vary widely in their structure and distribution of powers, and that in most cases the constituent units have no separate international legal personality of their own (however limited), nor any treaty-making power.", Kommentierung zu Art. 4 des Konventionsentwurfs der ILC 2001, aaO, S. 90.

[749] Einzig aus der Antwortnote des Schweizer Bundesrates auf den Fragebogen des Vorbereitungskommitees der Haager Kodifikationskonferenz von 1930 ergibt sich eindeutig, daß der Schweizer Bund ohne weiteres allein für die von den Kantonen begangenen Völkerrechtsverletzungen haftet: „...L'art. 10, alinéa I de la Constitution fédérale dispose que 'les rapports officiels entre les cantons et les gouvernements étrangers ou leurs représentants ont lieu par l'intermédiare du Conseil fédéral'. Cette clause a toujours été interprétée en ce sens que la Confédération répond, et répond seule, des actes contraires au droit international commis par un canton. ..." abgedruckt bei KLEIN, Mittelbare Haftung im Völkerrecht, S. 28; vgl. auch VERDROSS, ÖZöR I, H. 1-5 (1948), S. 388, 400.

ungen schon zugrunde[750]. Im Gegensatz zur Kommission aus dem Jahre 2001 erkannte sie jedoch zutreffend, daß es dabei nicht um eine Frage der Zurechnung und damit einer Haftung des Bundes für eigenes Verhalten, sondern um eine von diesem Grundsatz abweichende Haftung für die Pflichtverletzungen eines anderen geht. Denn aus Art. 2 (Art. 3 in der Fassung von 1979)[751] des Konventionsentwurfs ergibt sich, daß ein völkerrechtswidriges Verhalten, welches gemäß Art. 1 des Konventionsentwurfs die Haftung eines Staates begründet, zwei Elemente voraussetzt: zum einen, daß ihm ein Tun oder Unterlassen zurechenbar ist, und zum zweiten, daß diese Handlung eine ihm obliegende Pflicht verletzt. Darüber hinaus liegt gemäß Art. 12 (Art. 16 a. F.)[752] eine Pflichtverletzung eines Staates vor, wenn ein Akt dieses Staates nicht im Einklang mit dem steht, was eine Pflicht *von ihm* verlangt[753].

Schließt ein Gliedstaat in eigener Zuständigkeit einen völkerrechtlichen Vertrag, wie dies etwa gemäß Art. 32 Abs. 3 des Deutschen Grundgesetzes[754] und nach Art. 56 Abs. 3, 172 Abs. 3 der Schweizer Verfassung[755] möglich ist, kommt dieser ausschließlich zwischen dem Gliedstaat und dem diesen Gliedstaat insoweit als partielles Völkerrechtssubjekt anerkennenden Dritten

[750] „It may be observed that the case of conduct by an organ of a component state involving a breach of an international obligation directly incumbent on that state as an independent subject of international law is one very unlikely to arise in practice. The most sagacious and the most modern writers who maintain the need to make this distinction themselves recognize the difficulty of presenting a concrete case of an internationally wrongful act occurring within the tiny sphere of international capacity some federal systems still leave to their component states; these writers also point out that not a single example of such an act can be cited from recent practice and that federalism does not seem to be developing towards a widening of that sphere. All that can be said is that this hypothesis cannot be dismissed a priori, for it must be remembered that there is not just one single type of federal State, whose physiognomy is definitively fixed: historical reality has only specific situations, each with its own characteristics, and no one can say what future situations will be like.“, AGO, YILC 1971 II 1, S. 193, 261; vgl. auch Kommentierung zu Art. 28 a.F. des Koventionsentwurfs der ILC zur Staatenverantwortlichkeit, YILC 1979 II 2, S. 94, 99.

[751] „There is an internationally wrongful act of a State when conduct consisting of an action or omission:

(a) Is attributable to the State under international law; and

(b) Constitutes a breach of an international obligation of the State.“, Konventionsentwurf der ILC zur Staatenverantwortlichkeit 2001, S. 43; YILC 1979 II 2, S. 87, 91.

[752] „There is a breach of an international obligation by a State when an act of that State is not in conformity with what is required of it by that obligation, regardless of its origin or character.“, Konventionsentwurf der ILC zur Staatenverantwortlichkeit 2001, aaO, S. 46.

[753] Vgl. 3. Kapitel, A.

[754] „Soweit die Länder für die Gesetzgebung zuständig sind, können sie mit Zustimmung der Bundesregierung mit auswärtigen Staaten Verträge schließen.“

[755] Vom 18. April 1999.

zustande. Soll der Bundesstaat hier für die Verletzung einer seinem Gliedstaat obliegenden völkervertraglichen Pflicht haften, stellt diese Rechtsfolge eine Haftung für die Pflichtverletzungen eines anderen dar. Eine solche sog. „mittelbare" Haftung ist im Völkerrecht zwar anerkannt[756]. Als Ausnahme von dem Grundsatz der Haftung für eigenes pflichtwidriges Verhalten setzt diese Haftung jedoch das Vorliegen besonderer Tatbestandsmerkmale voraus.

b) Die Haftung der Mitgliedstaaten für die Gemeinschaft nach den Grundsätzen der „mittelbaren" Haftung im Völkerrecht

Im folgenden soll geprüft werden, ob Spanien nach den Grundsätzen der „mittelbaren" Haftung von den Vertragspartnern der Gemeinschaft für deren Pflichtverletzung zur Haftung herangezogen werden kann.

Rechtsgrundlage der „mittelbaren" Haftung ist ein neben die völkerrechtswidrige Handlung des unmittelbar Haftenden tretender, eigenständiger, die Haftung eines anderen begründender Tatbestand[757], der sich aus der besonderen Beziehung der beiden Völkerrechtssubjekte zueinander ergeben kann[758]. Unabdingbare Voraussetzung für die „mittelbare" Haftung ist damit gerade, daß die beiden Staaten in der die Haftung verursachenden konkreten Situation - und zwar nicht nur hinsichtlich des völkerrechtswidrigen und verletzenden Verhaltens als des konkreten Sachverhalts und Lebensvorganges, sondern auch hinsichtlich seiner rechtlichen Folgen - als zwei verschiedene, tatsächlich und rechtlich unterscheidbare, eigenständige Völkerrechtspersönlichkeiten auftreten[759]. Der Begriff der „mittelbaren" Haftung ist insoweit unglücklich, als daß die durch das völkerrechtswidrige Verhalten eines Staates ausgelöste Haftung nicht nur diesen unmittelbar, sondern auch den „mittelbar" haftenden Staat unmittelbar trifft. Der Unterschied zum Grundtatbestand der völkerrechtlichen Haftung liegt jedoch darin, daß ein Staat von einem anderen Staat zur Haftung herangezogen werden kann, ohne daß er eine ihm im Verhältnis zu diesem obliegende völkerrechtliche Pflicht verletzt. „Mittelbar" bedeutet insoweit, daß ein Staat nicht für eigene Pflichtverletzungen haftet, sondern für die Pflichtverletzungen eines anderen Völkerrechtssubjekts, für die jenes unmittelbar haftet.

Im folgenden sollen die völkerrechtliche Praxis und die Völkerrechtslehre daraufhin untersucht werden, welche rechtsdogmatischen Grundlagen sich für eine „mittelbaren" Haftung entwickelt haben und zur Lösung der Frage heran-

---

[756] Vgl. 3. Kapitel, A.

[757] Vgl. KLEIN, Mittelbare Haftung im Völkerrecht, S. 72 f.

[758] Dazu im folgenden.

[759] KLEIN, Mittelbare Haftung im Völkerrecht, S. 71 f.

gezogen werden, ob Spanien als Mitgliedstaaten für die Vertragsverletzung der Gemeinschaft haftet.

aa) Die „mittelbare“ Haftung in der Staatenpraxis

Die zahlreichen Fälle der Staatenpraxis, in denen ein Staat für die völkerrechtswidrigen Handlungen eines anderen Staates zur Haftung herangezogen wurden, sind insbesondere sorgsam daraufhin zu untersuchen, ob sie tatsächlich eine „mittelbare“ Haftung, also eine Haftung für die Pflichtverletzungen eines anderen zum Gegenstand haben.

(1) Die Haftung in rechtlich begründeten Abhängigkeitsverhältnissen

Ein internationales Schiedsgerichts hatte im Jahre 1925 über die Frage der Haftung Spaniens als Protektorat der Spanischen Zone von Marokko für dort von englischen Bürgern erlittene Schäden im Verlauf von Aufständen zu entscheiden[760]. Gemäß der Verträge zwischen Frankreich und Marokko[761] sowie zwischen Spanien und Frankreich[762] vertrat allein Spanien die spanische Zone Marokkos gegenüber dem Ausland. Der Vorsitzende M. HUBER stellte in seinem dritten Bericht fest, der Protektor müsse „aux lieu et place“ des protegierten Staates haften, wenn dem Drittstaat ein direkter Kontakt zum protegierten Staat aufgrund der durch das Protektorat begründeten Vertretungsmacht des Protektors versagt sei[763]. Die Haftung des Protektors folge aus dem Umstand, daß er das protegierte Territorium in seinen internationalen Beziehungen vertritt[764]. Fraglich ist jedoch, ob HUBER hier tatsächlich den Anwendungsfall einer „mittelbaren“ Haftung angenommen hat. Zweifel daran ergeben sich bei der genaueren Untersuchung der Entscheidung. Zum einen spricht HUBER nicht von dem „protegierten Staat“, sondern von einem „territoire protégé“ und zum anderen führt er unmittelbar im Anschluß an die obengenannten Feststellung aus: „La responsabilité pour les événements de nature à affecter le droit international, se passant dans un territoire déterminé, va de pair avec le droit d'exercer à l'exclusion d'autres États les prérogatives de la souveraineté. Comme vis-à-vis de l'étranger la situation du protecteur est la même que celle

---

760 RIAA II, S. 639 ff.

761 Vertrag vom 30. März 1912, NRG III 6, S. 332.

762 Vertrag vom 27. November 1912, NRG III 7, S. 323.

763 „Si le protectorat supprime les rapports diplomatiques directs entre le protégé et les autres Etats, de sorte que ceux-ci ne peuvent plus s'adresser directement au protégé, il est nécessaire qu'à cette limitation imposée aux Etats tiers, corresponde le devoir du protecteur de répondre aux lieu et place du protégé.“ RIAA II, S. 639, 648.

764 „La responsabilité du protecteur - ... - découle dans l'opinion du Rapporteur du fait que seul le protecteur représente le territoire protégé dans ses rapports internationaux.“ RIAA II, S. 639, 649.

d'un État souverain, sa responsabilité doit être la même."[765] HUBER ging offensichtlich davon aus, der Protektor habe die Unabhängigkeit des protegierten Staates praktisch völlig beschränkt und sei damit der wahre Souverän des protegierten Territoriums geworden. Dann kann die Haftung des Protektor-Staates jedoch keine Haftung für die völkerrechtswidrigen Handlungen eines anderen Staates, sondern nur eine solche für eigene Handlungen und damit eine unmittelbare sein[766].

Im Fall Studer v. Great Britain[767] bejahte das Londoner American and British Claims Arbitration Tribunal am 19. März 1925 die Haftung Großbritanniens für das rechtswidrige und schädigende Verhalten des Sultans von Johore gegenüber einem Staatsangehörigen der Vereinigten Staaten von Nordamerika. Zur Begründung stützte sich das Gericht auf den Protektoratsvertrag zwischen Großbritannien und dem „Independent State of Johore": „The British Government appears in this proceeding by virtue of its assumption of responsibility internationally for the Government of Johore under the provisions of a treaty made in 1885."[768] Johore war nach der Rechtsauffassung, die in der britischen Staatenpraxis zum Ausdruck gelangt ist, ein handlungsfähiges Völkerrechtssubjekt geblieben[769]. In dem Protektoratsvertrag hatte Johore Großbritannien jedoch umfangreiche Einfluß- und Kontrollbefugnisse über ihre inneren Angelegenheiten und die auswärtigen Beziehungen sowie seine Vertretung nach außen eingeräumt[770]. Ob sich das Gericht hier für die Begründung der Haftung Großbritanniens auf die Tatsache der Vertretung oder vielmehr auf die Einfluß- und

---

[765] RIAA II, S. 639, 649.

[766] Vgl. Kommentierung zu Art. 28 a.F. des Konventionsentwurfs der ILC zur Staatenverantwortlichkeit, YILC 1979 II 2, S. 94, 95 und 98.

[767] AJIL XIX (1925), S. 790, 791.

[768] AJIL XIX (1925), S. 790, 791.

[769] Vgl. KLEIN, Mittelbare Haftung im Völkerrecht, S. 239.

[770] In Art. VI des Protektoratsvertrages vom 11. Dezember 1885 heißt es: „The Maharajah of Johore, in the spirit of former Treaties undertakes on his part that he will not without the knowledge and consent of Her Majesty's Government negociate any Treaty, or enter in any engagement with any foreign State, or interfere in the politics or administration of any State, or make any grant or concession to other than British subjects or British Companies or persons of the Chinese, Malay, or other Oriental race, or enter into any political correspondence with any foreign State. It further agreed that if occasion should arise for political correspondence between His Highness the Maharajah and any foreign State, such correspondence shall be conducted through Her Majesty's Government, to whom His Highness makes over the guidance and control of his foreign relations", State Papers vol. 76 (1884/85), S. 92.

Kontrollbefugnisse stützt, kann der Entscheidung nicht eindeutig entnommen werden[771].

Mit dem Problem der völkerrechtlichen Haftung in einem Mandatsverhältnis hatte sich der Ständige Internationale Gerichtshof im Mavrommatis-Fall zu befassen[772]. Hier ging es um den diplomatischen Schutz Griechenlands für den griechischen Staatsangehörigen Mavrommatis gegenüber Großbritannien als Mandatsmacht für Palästina wegen Konzessionen, die dem Griechen noch vom ottomanischen Reich eingeräumt worden waren. Die Konzessionsrechte des Griechen wurden durch Maßnahmen der Behörden des Mandatsgebietes zur Regelung innerer Angelegenheiten beeinträchtigt. Die Autonomie Palästinas war in diesem Bereich gemäß Art. 11 des Mandatsvertrages nur insoweit eingeschränkt, als sie die Regelung ihrer inneren Angelegenheiten unter Beachtung der von der Mandatsmacht übernommenen völkerrechtlichen Pflichten wahrzunehmen hatten[773]. Im vorliegenden Fall hatte Großbritannien die sich aus dem Protokoll XII des Lausanner Vertrages ergebenden Pflichten übernommen, wonach die von der Türkei eingeräumten Konzessionsrechte fortbestehen sollten[774]. Unter anderem bestimmte Art. 12 des Mandatsvertrages, daß Großbritannien die auswärtigen Angelegenheiten Palästinas wahrnimmt. Das Gericht entschied, daß Großbritannien für das Verhalten der Behörden des Mandatsgebietes völkerrechtlich einzustehen hatte. Er führte in seiner Entscheidung aus: „Since Article 11 of the Mandate gives the Palestine Administration a wide measure of autonomy, it was necessary to make absolutely certain that the powers granted could not be exercised in a manner incompatible with certain international engagements of the Mandatory. The obligations resulting from these engagements are therefore obligations which the Administration of Palestine must respect; the Mandatory is internationally responsible for any breach of them since, under Article 12 of the Mandate, the external relations of Palestine are handled by it."[775] Auch hier muß bezweifelt werden, daß es sich um einen Fall der mittelbaren Haftung handelt. Denn es geht hier um die Verletzung einer völkerrechtlichen Pflicht, die der Mandatsmacht oblag. Das

---

[771] Vgl. Kommentierung zu Art. 28 a.F. des Konventionsentwurfs der ILC zur Staatenverantwortlichkeit, YILC 1979 II 2, S. 94, 97 f.

[772] Annual Digest of Public International Law Cases, Band 2, 1923 – 1924, S. 332.

[773] „The Administration of Palestine shall take all necessary measures to safeguard the interests of the community in connection with the development of the country, and, subject to any international obligations accepted by the Mandatory, shall have full power to provide for public ownership or control of any of the natural resources of the country or of the public works, services and utilities established or to be established therein. ...", vgl. Annual Digest of Public International Law Cases, Band 2 (1923 - 1924), S. 332.

[774] Vgl. Annual Digest of Public International Law Cases, Band 2 (1923 - 1924), S. 332

[775] PCIJ, Ser. A, No. 2, 23.

Verhalten der Behörden des Mandatsgebietes war Großbritannien zuzurechnen, so daß hier die Mandatsmacht unmittelbar für seinen Völkerrechtsbruch selbst haftet[776].

Im Fall Straußberg wandte sich Bismarck in Ausübung diplomatischen Schutzes für den durch die Rumänische Regierung geschädigten Deutschen Straußberg (auch) an die Türkei. Rumänien war aus den Fürstentümern Moldau und der Walachei zusammengewachsen, die durch den Frieden von Paris 1856 die Stellung als Vasallenstaaten der Türkei erhielten. Die Pforte hatte die Vertretung der Fürstentümer nach außen übernommen, während die Regelung der inneren Angelegenheiten in der Kompetenz der letzteren verblieb[777]. In einem Schreiben[778] an den deutschen Geschäftsträger in Konstantinopel begründete Bismarck die Haftung der Türkei für das Verhalten ihres Vasallen damit, daß die Durchsetzung der Ansprüche gegenüber Rumänien einen Eingriff in die Rechte der Pforte, die Fürstentümer zu schützen, darstelle. Daraus folge, „daß die Pforte verpflichtet ist, dem Ausland gegenüber die Fürstentümer mit ihrer Souveränität zu decken, und dafür zu sorgen, daß sie berechtigten Ansprüchen des Auslands gerecht werden.“ Eine mittelbare Haftung kann jedoch nur dann angenommen werden, wenn Bismarck bei seiner Rechtsauffassung davon ausgegangen ist, daß Rumänien ein von der Pforte getrenntes Völkerrechtssubjekt war. Dafür spricht zwar, daß er sich zur Beilegung der Affäre zunächst an die Rumänische Regierung wandte[779]. Aus dem Schreiben ergibt sich jedoch, daß er Rumänien mangels Völkerrechtssubjektivität als ein Landesteil der Pforte ansah[780]. Die von Bismarck angesprochene Haftung der Pforte kann damit nur eine unmittelbare sein[781]. In diesem Zusammenhang ist jedoch auch die Stellungnahme der Pforte interessant, in der sie jede Haftung mit Hinweis darauf zurückwies, daß die fragliche Handlung sich in einem Bereich ereignete, in dem

---

776 Vgl. Kommentierung zu Art. 28 a.F. des Konventionsentwurfs der ILC zur Staatenverantwortlichkeit, YILC 1979 II 2, S. 94, 98.

777 Vgl. HARTWIG, Die Haftung der Mitgliedstaaten für Internationale Organisationen, S. 58.

778 Abgedruckt bei WYTRHLIK, ZöR 21 (1941), S. 273, 279 f.

779 WYTRHLIK, ZöR 21 (1941), S. 273, 276; AGO, Responsabilità indiretta nel diritto internazionale, S. 54.

780 „Dem Auslande gegenüber ist niemals von einer Autonomie der Fürstentümer die Rede gewesen; vielmehr ist in dieser Beziehung vollständig ihre Stellung als Vasallenstaaten der Türkei, welches weder das Recht eigener diplomatischer Vertretung, noch das der Kriegsführung haben, festgestellt worden. ... daher hat auch das Ausland auf dem internationalen Gebiete kein Mittel direkter Einwirkung auf die Fürstentümer zu Gebot; ...“, siehe WYTRHLIK, ZöR 21 (1941), S. 273, 279.

781 KLEIN, Mittelbare Haftung im Völkerrecht, S. 243; vgl. auch Kommentierung zu Art. 28 a.F. des Konventionsentwurfs der ILC zur Staatenverantwortlichkeit, YILC 1979 II 2, S. 94, 97, Fn. 500.

Rumänien vollständig autonom und ohne jegliche Kontrolle durch die Pforte handelte[782]. Dieser Hinweis legt offen, daß die Pforte den von ihr behaupteten Umstand einer von ihr getrennten Völkerrechtspersönlichkeit Rumäniens nicht als ausreichend erachtete, um ihre Haftung für dessen Handlungen auszuschließen. Sie hielt es offensichtlich für erforderlich festzustellen, daß sich die Handlung in einem Bereich ereignete, in den sie sich nicht einmischte[783].

Im Fall Brown hatte 1923 das Londoner amerikanisch-britische Schiedsgericht darüber zu entscheiden, ob England infolge seiner Suzeränität über die Südafrikanische Republik für eine die Rechte des amerikanischen Staatsangehörigen Brown verletzenden Verhaltens der letzteren zur Haftung herangezogen werden konnte. Das Gericht verneinte eine durch die Abhängigkeitsbeziehung bewirkte mittelbare Haftung Großbritanniens. Der Suzerän habe nur eine beschränkte Kontrolle über die Beziehungen der Südafrikanischen Republik zu dritten Staaten und kein Recht zur Teilnahme an der inneren Verwaltung des Landes gehabt[784]. Aus dieser Entscheidung geht hervor, daß, nach Auffassung des Gerichts, die Haftung eines Staates für völkerrechtswidrige Akte eines anderen Staates, der zu ihm in einem Abhängigkeitsverhältnis steht, dann und nur dann anzunehmen ist, wenn die in Frage stehende völkerrechtswidrige Handlung in einem Bereich begangen wurde, in dem der übergeordnete Staat effektive Kontrolle über den abhängigen Staat ausübt[785].

(2) Die Haftung im Fall der Besatzung

In einem der ältesten Fälle, in denen es um die Frage einer Haftung der Besatzungsmacht für die Handlungen des besetzten Staates ging, machte die italienische Regierung von Turin Frankreich, dessen Truppen Rom besetzt hielten, für eine völkerrechtswidrige Handlung der päpstlichen Organe verant-

---

[782] WYTRHLIK, ZöR 21 (1941), S. 273, 279.

[783] Vgl. Kommentierung zu Art. 28 a.F. des Konventionsentwurfes der ILC zur Staatenverantwortlichkeit, YILC 1979 II 2, S. 94, 97.

[784] „No doubt Great Britain's position in South Africa imposed upon her a peculiar status and responsibility. She repeatedly declared and asserted her authority as the so-called paramount power in the region; but the authority which she exerted over the South African Republik certainly at the time of the occurences her under consideration, in our judgement fell far short of what would be required to make her responsible for the wrong inflicted upon Brown. ... under the 1884 Convention it is plein that Great Britain as suzerain, reserved only a qualified control over the relations of the South African Republic with foreign powers. ... The relation of suzerain did not operate to render Great Britain liable for the acts complained of." RIAA VI, S. 120 ff.

[785] Vgl. Kommentierung zu Art. 28 a.F. des Konventionsentwurfs der ILC zur Staatenhaftung, YILC 1979 II 2, S. 94, 98.

wortlich. Zur Begründung führte sie an, daß Frankreich infolge der Besetzung die Kontrolle über die Handlungen der Organe in Rom übernommen hatte[786].

Im Februar 1944 drang die italienische Polizei gewaltsam in eine Kirche des Heiligen Stuhls ein, richtete dort Verwüstungen an und nahm Verhaftungen vor. Aufgrund des Umstandes, daß, wie allgemein bekannt war, die italienische Polizei in Rom unter der Kontrolle der deutschen Besatzungsmacht agierte, wandte sich der Heilige Stuhl mit seinem Protest an die deutschen Behörden und machte damit Deutschland für die völkerrechtswidrigen Handlungen der italienischen Organe verantwortlich[787].

Im Fall der Erben des Herzogs von Guise gab eine französisch-italienische Schlichtungskommission der Klage Frankreichs gegen Italien auf Rückgabe von Eigentum französischer Bürger statt, welches durch ein Dekret der Region Sizilien requiriert worden war[788]. Die italienische Regierung stand zwar, wie von Italien in dem Verfahren eingewendet, unter militärischer Besatzung durch die Alliierten. Die Kommission stellte jedoch insoweit fest, daß die Besatzungsmächte auf das in Frage stehende Verhalten Italiens keinen Einfluß ausgeübt hatten[789]. Hier erlaubt ein Umkehrschluß die Feststellung, daß nach Auffassung des Gerichts ein entsprechender Einfluß zur Haftung der Besatzungsmacht geführt hätte[790].

Im Fall Fink[791] aus dem Jahre 1927 verlangte ein deutscher Staatsangehöriger von Ägypten Ersatz des Schadens, der ihm infolge Sequestration und der folgenden Liquidierung seines Geschäfts durch die britische Militärverwaltung in Ägypten entstanden war. Zu der Liquidierung kam es infolge der Verhaftung von Finks Angestellten, nachdem diese der Aufforderung der ägyptischen Polizei nachgekommen waren, sich den britischen Militärbehörden zu stellen. Das Berufungsgericht von Alexandria entschied, daß die ägyptische Polizei den Weisungen und der Kontrolle der Besatzungsmacht unterlag und deren Handlung somit keine Haftung Ägyptens wegen Kollaboration nach sich ziehe[792].

---

786 S.I.O.I. - C.N.R., La prassi italiana di diritto internazionale II (1861-1887), S. 875, 876.

787 Siehe AGO, L'occupazione bellica di Roma e il Trattato lateranese, in: Istituto di Diritto internazionale e straniero della Università di Milano, Commuunicazioni e Studi II, S. 154.

788 Vgl. 3. Kapitel, C., II., 2., a), aa).

789 RIAA XIII (1951), S. 150, 161.

790 Vgl. Kommentierung zu Art. 28 a.F. des Konventionsentwurfs der ILC zur Staatenverantwortlichkeit, YILC 1979 II 2, S. 94, 101.

791 Journal du droit international, 55 (1928), S. 194, 196.

792 „In addition, the local authorities, in assisting the occupation forces, have always acted on behalf of the latter in accordance with the principles of international law, which were universally respected even during the last war, and the local authorities cannot be held

Darüber, ob Großbritannien wegen seiner Kontrolle über die ägyptische Polizei für deren Handlungen haften sollte, hatte das Gericht nicht zu entscheiden. Fraglich ist jedoch, ob der Entscheidung im Umkehrschluß eine dahingehende Auffassung des Gerichts entnommen werden kann[793]. Das Gericht begründet die Ablehnung einer Haftung Ägypten unter anderem damit, daß nicht die Aufforderung der ägyptischen Polizei als solche, sondern vielmehr die Sequestration und die Liquidierung durch die Organe der Besatzungsmacht die den Schaden verursachenden und damit die haftungsbegründenden Handlungen waren[794]. Insoweit wäre hier eine unmittelbare Haftung der Besatzungsmacht anzunehmen.

Man könnte hier darüber hinaus danach fragen, ob die Entscheidung des Gerichts insoweit auch die Ablehnung einer „mittelbaren" Haftung Ägyptens für die völkerrechtswidrigen Handlungen der Besatzungsmacht zum Gegenstand hatte. Die Frage der Haftung des besetzten Staates für die Handlungen der Besatzungsmacht spielte auch in zwei Entscheidungen der europäischen Menschenrechtskommission[795] sowie in einer Entscheidung des Bundesverfassungsgerichts aus dem Jahre 1970[796] eine Rolle. Sowohl die europäische Menschenrechtskommission[797] als das Bundesverfassungsgericht[798] lehnten eine

responsible for collaboration imposed by circumstances", Journal du droit international, 55 (1928), S. 194, 196.

793 Dieser Umkehrschluß findet sich jedoch in der Kommentierung zu Art. 28 a.F. des Konventionsentwurfes der ILC zur Staatenverantwortlichkeit, YILC 1979 II 2, S. 94, 100 f.

794 „In the first place, this invitation was more in the nature of a friendly act, designed to prevent the employees from being arrested *manu militari* and taken through the streets of Cairo in that way. ... The only acts causing actionable damage, namely, the sequestration and liquidation of the business, were carried out exclusively by the British military authorities", Journal du droit international, 55 (1928), S. 194, 196.

795 Im Fall Zypern gegen die Türkei ging es um die Haftung Zyperns für Handlungen der türkischen Besatzungsstreitmächte, DR 13, S. 85 ff.; im Vearncombe-Fall ging es um die Haftung der Bundesrepublik Deutschland für Handlungen der britischen Besatzungsmacht, abgedruckt in ZaöRV 49 (1989), S. 512 ff.

796 BVerfGE 27, S. 326 ff.

797 Im Fall Zypern gegen die Türkei stellte die Kommission daraufhin fest, daß die türkischen Besatzungsstreitkräfte türkische Hoheitsgewalt ausübten, und daß in eben diesem Umfang die Hoheitsgewalt des Staates Zypern in dem besetzten Gebiet ausgeschlossen sei, DR 13, S. 85, 149; im Fall Vearncombe stellte die Kommission fest, daß die Bundesrepublik Deutschland „do not exercise any control with regard to the Forces of the Allied Powers nor do German courts exercise criminal or civil jurisdiction over the Allied Forces, except when expressly authorised by the Allied Kommandantura or the appropriate Sector Commandant.", vgl. ZaöRV 49 (1989), S. 512, 513.

798 Hinsichtlich einer Maßnahme der Freiheitsentziehung durch die Besatzungsmacht stellte das Bundesverfassungsgericht fest, daß „solche in den Bereich der Besatzungsgewalt fallende

Haftung der jeweils besetzten Staaten mangels Hoheitsgewalt über die Organe der Besatzungsmacht ab. Den Entscheidungen läßt sich jedoch im Umkehrschluß nicht die Feststellung entnehmen, daß der besetzte Staat, für den Fall, daß ihm eine Kontrolle und damit die Hoheitsgewalt über die Handlungen der Besatzungsmacht nachzuweisen gewesen wäre, für die Handlungen der Besatzungsmacht, also mittelbar, hätte haften müssen. Denn ein Staat hat die Pflicht zu verhindern, daß Personen, die unter seiner Hoheitsgewalt stehen, Personen eines fremden Staates verletzen[799]. Dies gilt insoweit auch für die Organe fremder Staaten, die seiner Hoheitsgewalt unterstehen[800]. In dem praktisch unvorstellbaren Fall, daß der besetzte Staat die Handlungen der Organe der Besatzungsmacht kontrolliert oder befugt ist, diese seiner Jurisdiktion zu unterstellen, haftet der besetzte Gebietsstaat unmittelbar für das völkerrechtswidrige Unterlassen seiner eigenen Organe, die völkerrechtswidrige Handlung der Besatzungsmacht zu verhindern oder zu verurteilen, während die völkerrechtswidrige Handlung der fremden Organe als solche eine unmittelbare Haftung der Besatzungsmacht begründet[801].

(3) Die Haftung infolge Nötigung

Im sog. Shuster-Fall[802] verlangte Rußland von Persien, den Vertrag mit dem Amerikaner Morgan Shuster zu lösen, der als Treasurer-General Persien bei der Ergreifung von Maßnahmen gegen seine Verschuldung unterstützen sollte. Nach mehreren Ultimata drang Rußland in Persien ein. Persien gab schließlich nach, als es von einer feindlichen Armee, deren Vorhut nur noch zwei Tagesmärsche von seiner Hauptstadt entfernt war, überfallen worden war. Mit dem Ausdruck größten Bedauerns setzte man Shuster davon in Kenntnis, daß Persien als letzten Ausweg und zur Rettung der kümmerlichen Überreste seiner Souveränität nicht länger in der Lage wäre, den geschlossenen Vertrag zu erfüllen. Hätte Persien Shuster und seine Mitarbeiter nicht prompt entschädigt, um einen internationalen Eklat zu vermeiden, hätten die USA Rußland für den erlittenen Schaden ihrer Staatsangehörigen verantwortlich gemacht, als die persischen Behörden insoweit von der russischen Regierung genötigt worden waren, den Vertrag mit Shuster zu brechen[803].

Handlungen auch nach dem Völkerrecht in Verbindung mit Art. 25 GG der Bundesrepublik nicht als eigene zugerechnet werden können", BVerfGE 27, S. 326, 335.

[799] Vgl. dazu Teheraner Geisel-Fall, ICJ Reports 1980, S. 31 f.

[800] Vgl. IPSEN, in: Ipsen, Völkerrecht, S. 563, Rn. 39.

[801] Vgl. auch Kommentierung zu Art. 28 a.F. des Konventionsentwurfs der ILC zur Staatenverantwortlichkeit, YILC 1979 II 2, S. 94.

[802] Der Fall ist ausführlich bei KLEIN, Mittelbare Haftung im Völkerrecht, S. 284 dargestellt; vgl. auch BOUVÉ, AJIL 6 (1912), S. 389 ff.

[803] Vgl. YILC 1979 II 2, S. 94, 102 f.

Im Romana-Americana-Fall richtete sich die Klage der USA wegen der Zerstörung von Ölvorräten und anderen Einrichtungen der amerikanischen Romana-Americana-Company auf Anordnung der rumänischen Regierung während des ersten Weltkrieges ursprünglich gegen die britische Regierung[804]. Zum Zeitpunkt der Zerstörung der Einrichtungen befand sich Rumänien im Krieg mit Deutschland, das den Einmarsch in das Land vorbereitete[805]. Die USA machten geltend, daß die rumänischen Behörden von Großbritannien gezwungen worden waren, die fraglichen Maßnahmen zu ergreifen, um zu verhindern, daß Deutschland sich der Einrichtungen der Romana-Americana-Company bedient und damit über Mittel verfügt, um den Krieg, mit schwerwiegenden Folgen für alle Beteiligten, zu verlängern[806]. Großbritannien bestritt jede Haftung mit der Begründung, seine Einflußnahme sei nicht über die Grenzen einer Überzeugungsarbeit und guten Ratschlägen zwischen Regierungen, die sich in einem Boot befänden, hinausgegangen[807]. Die USA richteten ihre Klage schließlich gegen Rumänien. Man war sich jedoch einig, daß, wenn hier tatsächlich Zwang durch die britische Regierung ausgeübt worden wäre, diese für das von der rumänischen Regierung erzwungene Verhalten hätte haften müssen[808].

(4) Die „mittelbare" Haftung im Konventionsentwurf der ILC zur Staatenverantwortlichkeit

Bei der Formulierung der Grundregel in Art. 1 des Konventionsentwurfs zur Staatenverantwortlichkeit[809] ließ die ILC alle jene Fälle außer Acht, bei denen aufgrund ihres Ausnahmecharakters ihrer Auffassung nach die Haftung für

---

[804] Der Fall ist dargestellt in: HACKWORTH, Digest of International Law V, S. 702 ff.

[805] Vgl. YILC 1979 II 2, S. 94, 103.

[806] Vgl. Note der amerikanischen Botschaft in London vom 16.2.1925, in: Hackworth, Digest of International Law V, S. 702: „ ... a situation where a strong belligerent for a purpose primarily its own arising from its defensive requirements at sea, compelled a weaker Ally to acquiesce in an operation which it carried out in the territory of that Ally."

[807] Vgl. Note des Auswärtigen Amtes Großbritanniens vom 5.7.1928, in: HACKWORTH, Digest of International Law V, S. 702, 704: „His Majesty's Government do not deny that, in company with the French and Russian Governments, they urged the Roumanian Government, through their accredited representative in Bucharest, to make the fullest use of the powers assumed by them early in the campaign to prevent the enemy from obtaining the means of prolonging a war disastrous alike to all involved in it at that time, but I must reaffirm that they could not and did not in any way go beyond the limits of persuasion and good counsel as between governments associated in a common cause."

[808] Vgl. Kommentierung zu Art. 28 a.F. des Konventionsentwurfs der ILC zur Staatenverantwortlichkeit, YILC 1979 II 2, S. 94, 103.

[809] „Every internationally wrongful act of a State entails the international responsibility of that State."; vgl. Konventionsentwurf der ILC zur Staatenverantwortlichkeit 2001, aaO, S. 43.

einen anderen, in Abweichung von dem Grundsatz der Haftung für eigenes völkerrechtswidriges Verhalten, in Betracht kommt[810].

(a) Der Entwurf der ILC aus dem Jahre 1996

Auf der Grundlage der in der ILC geführten Diskussion, wann und unter welchen Umständen das internationale Recht eine Haftung für die völkerrechtswidrigen Handlungen eines anderen anerkennen muß, enthielt der von AGO entworfene und von der Kommission angenommene Art. 28 des Konventionsentwurfs von 1996 folgende Regelung:

„1. An internationally wrongful act committed by a State in a field of activity in which that State is subject to the power of direction or control of another State entails the international responsibility of that other State.
2. An internationally wrongful act committed by a State as the result of coercion exerted by another State to secure the commission of that act entails the international responsibility of that other State.
3. Paragraphs 1 and 2 are without prejudice to the international responsibility, under the other articles of the present draft, of the State which has committed the internationally wrongful act.“[811]

Hiernach kann ein Staat von einem Dritten für den Völkerrechtsbruch eines anderen zur Verantwortung gezogen werden, wenn ihm ein Einfluß auf das Verhalten des Rechtsbrechers in Form der Kontrolle oder des Zwangs nachzuweisen ist.

Die Kontrolle als Anknüpfungspunkt für eine „mittelbare“ Haftung ist nach Auffassung der Kommission symptomatisch für die Beziehung zweier Staaten in

[810] „However, care was taken in the commentary to article 1 to emphazise from the outset that this was only a basic rule referring to the normal situation and that most members of the Commission were fully aware that there might ‘be special cases in which international responsibility devolves upon a State other than the State to which the act characterized as internationally wrongful is attributed.“, Kommentierung zu Art. 28 a.F. des Konventionsentwurfs der ILC zur Staatenverantwortlichkeit, YILC 1979 II 2, S. 94; „In accordance with the basic principle laid down in chapert I, each State is responsible for its own internationally wrongful conduct, i. e. for conduct attributable to it under chapter II which is in breach of an obligation of that State in accordance with chapter III.“, Kommentierung zu Kapitel 4 des Konventionsentwurfs der ILC zur Staatenverantwortlichkeit 2001, aaO, S. 150, Ziff. 1; „On the other hand, the situations covered in chapter IV have a special character. They are exceptions to the principle of independent responsibility and they only cover certain cases.“, Kommentierung zu Kapitel 4 des Konventionsentwurfs der ILC zur Staatenverantwortlichkeit 2001, S. 153, Ziff. 8.

[811] Vgl. UN Doc.A/51/10, para. 65; abgedruckt in ILM 37 (1998), S. 442.

einem rechtlich begründeten Abhängigkeitsverhältnis, dem Bundesstaatsverhältnis, soweit die Gliedstaaten eine im Verhältnis zum Bundesstaat eigenständige völkerrechtliche Stellung innehaben, sowie in den Besatzungsfällen[812].

(b) Der Entwurf der ILC aus dem Jahre 2001

Der Konventionsentwurf der ILC aus dem Jahre 2001[813] enthält im Hinblick auf die Regelungen der „mittelbaren" Haftung einige Neuerungen, insbesondere werden nunmehr unterschiedliche Anforderungen an die beiden Haftungstatbestände „Kontrolle" (Art. 17) und „Zwang" (Art. 18) gestellt. Die Kontrolle begründet gemäß Art. 17 des Konventionsentwurfs nur dann eine Haftung, wenn der Kontrollierende, hätte er die Handlung des Kontrollierten selbst vorgenommen, eine ihm obliegende völkerrechtliche Pflicht verletzt hätte: „A State which directs and controls another State in the commission of an internationally wrongful act by the latter is internationally responsible for that act if:
(a) That State does so with knowledge of the circumstances of the internationally wrongful act; and
(b) The act would be internationally wrongful if committed by that State."[814]

Die ILC begründet die Regelung des Art. 17 lit. b damit, daß es einem Staat nicht möglich sein soll, etwas durch einen anderen Staat zu tun, was ihm selbstverboten ist[815]. Sie erlangt besondere Bedeutung im Zusammenhang mit bilateralen Verpflichtungen, an die der kontrollierende Staat nicht gebunden ist[816].

Beim Zwang gemäß Art. 18 des Konventionsentwurfs wird auf diese zusätzliche Voraussetzung weiter verzichtet: „A State which coerces another State to commit an act is internationally responsible for that act if:
(a) The act would, but for the coercion, be an internationally wrongful act of the coerced State; and
(b) The coercing State does so with knowledge of the circumstances of the act."[817]

---

[812] Vgl. Kommentierung zu Art. 28 a.F. YILC 1979 II 2, S. 94 ff.

[813] GAOR, Fifty-sixth session, Supplement No. 10 (A/56/10), chp. IV.E.1, S. 43 ff.

[814] AaO, S. 47.

[815] „The essential principle is that a State should not be able to do through another what it could not do itself.", aaO, S. 164, Ziff. 8.

[816] „This condition is significant in the context of bilateral obligations, which are not opposable to the directing State. In cases of multilateral obligations and especially of obligations to the international community, it is of much less significance.", aaO, S. 164, Ziff. 8.

[817] AaO, S. 47.

Den Verzicht auf eine dem Art. 17 lit. b entsprechende Voraussetzung begründet die ILC damit, daß die Haftungsansprüche des verletzten Staates auch dann gesichert sein sollen, wenn sich der handelnde Staat infolge Zwangs durch den anderen auf force majeur berufen kann[818].

Aus der Kommentierung zu Art. 17 geht ferner hervor, daß die ILC den Anwendungsbereich des Art. 17 entsprechend dem Wortlaut auf das Verhältnis von Staaten zueinander beschränken will[819]. So lehnt sie eine Anwendbarkeit des Art. 17 insbesondere für eine „mittelbare" Haftung des Bundes für seine Gliedstaaten mit Hinweis darauf ab, daß diese, auch wenn sie völkerrechtliche Beziehungen zu anderen Staaten eingingen, keine „Staaten" im Sinne des Völkerrechts seien[820]. Diese Auffassung der ILC von 2001 ist die Konsequenz ihrer Ausführungen im Rahmen der Kommentierung zu Art. 4, wo sie dem Bund alle Handlungen der Gliedstaaten, auch solche, durch die eine diesen obliegende Pflicht verletzt wird, zurechnen will[821]. So stellt sie dann auch fest, daß sich die Haftung des Bundes für seine Gliedstaaten ausschließlich nach den Vorschriften der Art. 4 - 9 richtet[822].

bb) Die „mittelbare" Haftung in der Völkerrechtslehre

Mangels dogmatischer Absicherung der dem Anwendungsbereich der „mittelbaren" Haftung zugrundeliegenden Fälle durch die völkerrechtliche Praxis hat sich in der Völkerrechtslehre eine Vielfalt von Erklärungsversuchen zur Begründung einer solchen Haftung für einen anderen herausgebildet.

---

818 „A State which sets out to procure by coercion a breach of another State's obligation to a third State will be held responsible to the third State for the consequences, regardless of whether the coercing State is also bound by the obligation in question. Otherwise, the injured State would potentially be deprived of any redress, because the acting State may be able to rely on *force majeur* as a circumstance precluding wrongfulness.", aaO, S. 167, Ziff. 6.

819 „Other relationships of dependency, such as dependent territories fall entirely outside the scope of article 17, which is concerned only with the responsibility of one State for the conduct of another State. In most relationships of dependency between one territory and another, the dependent territory, even if it possess some international personality, is not a State", aaO, S. 162, Ziff. 4.

820 „Even in cases where a component unit of a federal State enters into treaties or other international legal relations in its own right, and not by delegation from the federal State, the component unit is not itself a State in international law.", aaO, S. 162, Ziff. 4.

821 Vgl. 3. Kapitel, C., II., 2., a), cc).

822 „So far as State responsibility is concerned, the position of federal States is no different from that of any other States: the normal principles specified in articles 4 to 9 of the draft articles apply, and the federal State is internationally responsible for the conduct of its component units even though that conduct falls within their own local control under the federal constitution.", aaO, S. 162, Ziff. 4.

(1) Vertretungstheorie

In der Völkerrechtslehre herrschte zunächst - angeführt von ANZILOTTI[823] - die Auffassung vor, die „mittelbare" Haftung eines Staates ließe sich daran festmachen, daß dieser die gesamte außenpolitische Vertretung des völkerrechtswidrig handelnden Staates übernommen habe[824]. Die Haftung wird damit begründet, daß die außenpolitische Vertretung die völkerrechtliche Handlungsfähigkeit des vertretenen Staates beschränke und damit ein unmittelbarer Kontakt des verletzten Staates mit dem völkerrechtswidrig handelnden Staat nicht möglich sei[825]. Dabei sei die Vertretung nicht im privatrechtlichen Sinne zu verstehen, denn dies würde bedeuten, daß der vertretende Staat nicht selbst mittelbar, sondern im Namen des Vertretenen hafte[826]. Der Staat hafte aufgrund der Vertretung „aux lieu et place" des vertretenen Völkerrechtssubjekts, weil er die Führung der Außenpolitik des protegierten Staates nach seinem Ermessen übernommen und dadurch den protegierten Staat nach außen hin abgekapselt habe[827].

(2) Eingriffstheorie bzw. Schutztheorie

Ein Teil der Literatur macht die Unterordnung bzw. die Abhängigkeit zum Anknüpfungspunkt der „mittelbaren" Haftung. Die Haftung des übergeordneten Staates wird hier damit begründet, daß ein Vorgehen gegen den untergeordneten bzw. abhängigen Staat etwa zur Erzwingung der Erfüllung von Vertragsverpflichtungen nicht möglich ist, ohne zugleich in den Rechts- bzw. Interessenbereich des Oberstaates einzugreifen[828]. Denn Angehörige von Glied- oder Vasallenstaaten seien zugleich Angehörige des Gesamtstaates, und ihr Gebiet sei Bestandteil des gesamtstaatlichen Gebietes (Eingriffstheorie)[829] bzw. löse ein Vorgehen gegen diese, wie auch gegen einen protegierten Staat, die Reaktion

[823] ANZILOTTI, La responsablilité internationale des Etats à raison des dommages soufferts par des étranges, S. 27 ff.

[824] BORCHARD, The Diplomatic Protection of Citizens Abroad or the Law of International Claims, S. 201 f.; DE VISSCHER, in: Bibliotheca Visseriana II, S. 105; SPIROPOULOS, Traité théorique et pratique de droit international public, S. 281; VERDROSS, ZöR 21 (1941), S. 283, 296 ff. und ÖZöR I, H. 1-5 (1948).

[825] Vgl. VERDROSS, ÖZöR I, H. 1-5 (1948), S. 388, 409.

[826] Vgl. Kritik AGO, La responsabilità indiretta nel diritto internazionale, S. 32 ff.

[827] Wie VERDROSS im Anschluß an das Schiedsgutachten von HUBER im Fall „Spanische Zone Marokkos" feststellt, ZöR 21 (1941), S. 283, 297 und ÖZöR I, H. 1-5 (1948), S. 388, 410.

[828] SCHOEN, in: Strupp, Wörterbuch des Völkerrechts, Band I, S. 492, 498; KLEIN, Mittelbare Haftung im Völkerrecht, S. 127 f.; VERDROSS, ZöR 21 (1941), S. 283, 302 ff. und ÖZöR I, H. 1-5 (1948), S. 388, 415 ff., er lehnt jedoch den Tatbestand eines Eingriffs in die Schutzinteressen des Oberstaates ab.

[829] VERDROSS, ÖZöR I, H. 1-5 (1948), S. 388, 416.

des Oberstaates als ihre Beschützer aus (Schutztheorie)[830]. Das Vorhandensein des Oberstaates stelle sich somit für den verletzten Staat insoweit als Hindernis dar, als es ihm praktisch nicht möglich sei, auf völkerrechtlichem Wege zu seinem Recht zu kommen, ohne sich gleichzeitig zum Objekt entsprechender Maßnahmen des Oberstaates zu machen[831].

(3) Risikotheorie

Speziell für das Verhältnis zwischen Bundesstaat und seinen Gliedstaaten sieht POLAK den Grund für eine „mittelbare" Haftung des Bundes darin, daß dieser durch die Konstituierung eines untergliederten Staates mit verteilten Kompetenzen ein Risiko für fremde Staaten geschaffen habe[832]. Dieses bestehe namentlich darin, „daß jene Staaten, die durch Handlungen eines Teilstaates, die dieser innerhalb seiner freien Sphäre vornimmt, verletzt sind, aber gemäß dem Staatsrecht des Bundes, der gemeinsamen Verfassung, gerade im Hinblick auf das darin verankerte Prinzip der getrennten Kompetenzen nicht imstande sind, eine Aktion gegen den Gesamtstaat zu ergreifen." Wenn der Bund die Vorteile einer föderalen Verfassungsordnung in Anspruch nehme, müsse er auch die damit verbundenen Risiken tragen[833].

(4) Kontrolltheorie

Neben der Risikotheorie liegt auch der sog. „Kontrolltheorie" eine „materielle Konstruktion" zugrunde. Hiernach haftet ein Staat für die völkerrechtswidrige Handlung eines Staates, wenn er durch Weisungen und Kontrolle auf das Verhalten des handelnden Staates eingewirkt hat[834].

Ausgangspunkt dieser Überlegungen ist die bereits Ende des 19. Jahrhunderts von DE MARTENS vorgetragene Idee, die Haftung eines Staats müsse sich nach den Grundsätzen von Logik und Billigkeit an seiner Handlungsfreiheit orientieren. Soweit die Entscheidungsfreiheit eines Staates durch die Führung eines

---

[830] KLEIN, Mittelbare Haftung im Völkerrecht, S. 127 f.

[831] KLEIN, Mittelbare Haftung im Völkerrecht, S. 128; VERDROSS, ÖZöR I, H. 1-5 (1948), S. 388, 416.

[832] POLAK, ÖZöR I, H. 1-5 (1948), S. 382 ff.

[833] POLAK, ÖZöR I, H. 1-5 (1948), S. 382, 386.

[834] AGO, La responsabilità indiretta nel diritto internazionale, in: AGO, Scritti sulla responsabilità internationale degli Stati I, S. 53 ff.; SCERNI, Digesto Italiano XI (1939), S. 474 f.; BARILE, Annuario di diritto comparato e di studi legislativi XXII No. 3 (1948), S. 443 ff.; ROLIN, RdC 77 (1950 II), S. 309, 446; MORELLI, Nozioni di diretto internazionale, S. 364; VITTA, Novissimo Digesto Italiano XV (1968), S. 734; nach VERDROSS, ZöR 21 (1941), S. 283, 299 und ÖZöR I, H. 1-5 (1948), S. 388, 412 ff. kann die Kontrolltheorie nicht sämtliche Fälle der „mittelbaren" Haftung erklären.

anderen Staates beschränkt sei, müsse dieser andere Staat haften[835]. EAGLETON führte diese Idee weiter. Bei ihm findet sich erstmals die „Kontrolle“ als Grundlage einer Haftung, ohne daß er dabei allerdings die Rechtsnatur der Haftung genauer spezifiziert[836]. AGO, der als erster eine systematische Untersuchung der „mittelbaren“ Haftung unternahm, macht die Einwirkung („ingerenza“) des übergeordneten Staates auf das Verhalten des untergeordneten Staates zur Grundlage einer Haftung des ersteren[837]. Zur Bestimmung der Rechtsnatur der Haftung legt er eine differenzierte Betrachtungsweise im Hinblick auf die Einwirkung zugrunde. Wirke der übergeordnete Staat auf die Handlungen des untergeordneten Staates dergestalt ein, daß jene Handlungen durch entsprechende eigene Handlungen des übergeordneten Staates ersetzt würden, sei seine Haftung eine Haftung für eigenes Verhalten[838]. Seine Haftung sei hingegen eine „mittelbare“, wenn die Tätigkeit des untergeordneten Staates seinen Weisungen und seiner Kontrolle unterworfen sei[839]. Der Grund der „mittelbaren“ Haftung

---

[835] „Logic and equity would require that States which are in this dependent situation should be responsible for their actions towards foreign Governments only in proportion to their freedom of action. The actions of the Egyptian Khedive or of the Bey of Tunis should entail a measure of responsibility for the European Powers under whose tutelage they stand.“, DE MARTENS, Traité de droit international I, S. 379.

[836] „If one state controls another in any circumstances which might prevent the latter from discharging its international obligations, the basis of a responsibility of the protecting state for the subordinated state is laid. Responsibility must be located in each separate case by ascertaining the actual amount of freedom from external control, or, conversely, the actual amount of control left to the respondent state.“, EAGLETON, The Responsibility of States in International Law, S. 43.

[837] AGO, La responsabilità indiretta nel diritto internazionale, in: Ago, Scritti sulla responsabilità internazionale degli Stati I, S. 53 ff.

[838] „Se infatti quando l'intromissione dello Stato A nell'attività interna dello Stato B si attui mediante la sostituzione ad un'attività dello Stato B di una corrispondente attività dello Stato A, un fatto illecito compiuto nell'esercizio di tale attività non può apparire altro che come fatto illecito proprio dello Stato A, e la responsabilità che a quest'ultimo venga imputata non può configurarsi altro che come una sua responsabilità diretta; ...“, AGO, La responsabilità indiretta nel diritto internazionale, in: Ago, Scritti sulla responsabilità internazionale degli Stati I, S. 53.

[839] „...; le cose cambiano invece quando l'intromissione si realizzi mediante una semplice sottoposizione di una attività, interna o internazionale, dello Stato B, ad una direttiva impartita dallo Stato A. In quest'ipotesi l'attività che viene in questione rimane, a tutti gli effetti, attività propria dello Stato B, e l'illecito che nell'esercizio di essa venga compiuto rimane illecito proprio dello Stato B. Se quindi, in conseguenza di tale illecito, venga imputata allo Stato A una responsabilità internazionale, quest'ultima constituirà una responsabilità dello Stato A per il fatto illecito dello Stato B, ossia veramente una responsabilità indiretta di diretto internazionale.“, AGO, La responsabilità indiretta nel diritto internazionale, in: Ago, Scritti sulla responsabilità internationale degli Stati I, S. 53. Und vorher stellt er fest: „L'esecuzione di tali direttive viene poi assicurata da quest'ultimo Stato, ora preponendo alla

liegt damit AGO zufolge darin, daß ein Staat einem anderen, der zwar selbst, aber nicht nach freiem Belieben handeln kann, das Gesetz des Handelns vorschreibt[840]. Der übergeordnete Staat müsse, wenn er die Vorteile einer solchen Einwirkung auf das Verhalten eines anderen Staates in Anspruch nehme, auch die Konsequenzen daraus tragen[841]. AGO betrachtet die „mittelbare“ Haftung als Korrelat einer solchen Form der Einwirkung[842].

(5) VERDROSS

Nach VERDROSS ist es unmöglich, sämtliche Fälle der „mittelbaren“ Haftung durch eine einzige Theorie zu erklären. Um den ganzen Bereich der „mittelbaren“ Haftung zu erfassen, seien vielmehr sowohl die Vertretungs- als auch die Eingriffs- und die Kontrolltheorie nötig[843]. So begründe die Vertretung die Haftung des Protektors für den protegierten Staat und des Mandatars für das Mandatsgebiet. Die Kontrolltheorie erkläre die Haftung des Protektors im abgeschwächten Protektorat und Quasi-Protektorat für die vom protegierten Staat innerhalb eines kontrollierten Wirkungskreises gesetzten Unrechtstatbestände. Die Eingriffstheorie liefere hingegen die Grundlage für die vollständige Haftung des Gesamtstaates für seine Glied- und Vasallenstaaten mit Völkerrechtssubjektivität.

---

direzione dell'attività in questione un organo proprio, ora sottoponendola alla guida e ai consigli di altri organi propri posti a fianco di coloro che devono esercitarla, or infine lasciando una maggiore libertà nell'esercizio dell'attività medesima, ma riservandosi il diritto di controllare, in un successivo momento, la conformità degli atti compiuti alle direttive stabilite, e di annullare quegli atti che con le direttive stesse risultino contrastanti.“, AGO, La responsabilità indiretta nel diritto internazionale, in: Ago, Scritti sulla responsabilità internationale degli Stati I, S. 52.

840 „La ragione della responsabilità di uno Stato per il fatto illecito di un altro Stato risiede invece proprio nel fatto che l'illecito è stato commesso da un soggetto internazionale nell' esercizio di un'attività rienstrante in una cerchia entro la quale esso non è libero di agire come vuole, secondo regole da sè stesso determinante, non può indirizzarsi al raggiungimento di fini da sè stesso propostisi, ma deve agire secondo regole stabilite da un altro soggetto, e dirigersi verso fini da questo indicati.“, AGO, La responsabilità indiretta nel diritto internazionale, in: Ago, Scritti sulla responsabilità internationale degli Stati I, S. 59.

841 „...il diritto di esercitare una simile ingerenza nell'attività di un'altro, essi fanno ciò unicamente a condizione che il soggetto medesimo non solo ne ricavi i vantaggi, ma ne subisca anche tutte le conseguenze; ...“, AGO, La responsabilità indiretta nel diritto internazionale, in: Ago, Scritti sulla responsabilità internationale degli Stati I, S. 59.

842 „Di una simile forma di ingerenza la responsabilità indiretta deve quindi considerarsi come il correlativo esatto ed indispensabile, ...“, AGO, La responsabilità indiretta nel diritto internazionale, in: Ago, Scritti sulla responsabilità internationale degli Stati I, S. 60.

843 VERDROSS, ZöR 21 (1941), S. 283, 308 f. und ÖZöR I, H. 1-5 (1948), S. 388, 422 f. und ZöR 21 (1941), S. 283, 308 f.

(6) v. MÜNCH

Einen eigenen Ansatz verfolgt V. MÜNCH speziell für das Verhältnis von Bund und Gliedstaaten[844]. Der Ausschluß einer Haftung des Gesamtstaates für die völkerrechtswidrigen Handlungen seiner Gliedstaaten könne dritte Staaten empfindlich benachteiligen, denn die Realisierung der Haftung durch den verletzten Staat sei gegenüber dem Gesamtstaat in jedem Fall einfacher und sicherer. Die Gliedstaaten besäßen nicht in jedem Fall ein Gesandtschaftsrecht, sie seien nicht Mitglied des Statuts des Internationalen Gerichtshofs und könnten daher nicht verklagt werden, und schließlich sei die Leistungs- und Wiedergutmachungsfähigkeit in besonders risikoträchtigen Bereichen nicht ausreichend[845]. Seiner rechtsdogmatischen Begründung einer subsidiären „mittelbaren" Haftung des Gesamtstaates legt er, jedoch ohne weitere Ausführungen, den allgemeinen Charakter des Abhängigkeitsverhältnisses zugrunde, in dem die Gliedstaaten zum Gesamtstaat sich trotz ihrer Selbständigkeit im einzelnen befänden[846]. Darüber hinaus zieht er den Gesichtspunkt der Haftungsentziehung heran. Seiner Auffassung nach erlangten die Gliedstaaten ihre beschränkte Völkerrechtsfähigkeit zwar mit der - in der Anerkennung des Gesamtstaates selbst liegenden - Anerkennung durch die übrigen Völkerrechtssubjekte. Diese Anerkennung müsse jedoch nicht zwingend die Anerkennung der Haftungsverschiebung zum Inhalt haben[847].

cc) Übertragbarkeit der Grundsätze der „mittelbaren" Haftung auf das Verhältnis der Mitgliedstaaten zur Gemeinschaft

Bevor die gefundenen haftungsbegründenden Kriterien bewertet und zur Lösung der Frage herangezogen werden können, ob die Mitgliedstaaten für die Gemeinschaft haften, ist zunächst zu klären, ob die Grundsätze der „mittelbaren" Haftung überhaupt auf das Verhältnis der Gemeinschaft und ihrer Mitgliedstaaten übertragen werden können. Die ILC entschied sich bei ihrem Konventionsentwurf von 1979 dazu, die Frage der „mittelbaren" Haftung eines Staates für die Pflichtverletzungen einer Internationalen Organisation, obwohl sie einen solchen Fall theoretisch für möglich hielt, mangels praktischen Interesses nicht zu behandeln[848]. Im Rahmen ihrer Kommentierung zu Art. 17

---

[844] v. MÜNCH, Das völkerrechtliche Delikt, S. 245 ff.

[845] v. MÜNCH, Das völkerrechtliche Delikt, S. 245.

[846] v. MÜNCH, Das völkerrechtliche Delikt, S. 246.

[847] v. MÜNCH, Das völkerrechtliche Delikt, S. 246.

[848] „In conclusion, it should be added that, after some thought, the Commission decided not to deal with the question of the possible existence of cases of responsibility of a State for an internationally wrongful act by a subject of international law other than a State, and in particular by an international organization. Although theoretically possible, such a case

des Konventionsentwurfs aus dem Jahre 2001 schließt die ILC jedoch nun die Haftung eines Staates für sämtliche Völkerrechtssubjekte, die keine Staaten sind, aus dem Anwendungsbereich der „mittelbaren" Haftung aus[849].

Die Argumentation der ILC für den von ihr seit dem Konventionsentwurf von 2001 vertretenen Ausschluß einer „mittelbaren" Haftung bei Pflichtverletzungen eines Völkerrechtssubjekts, das nicht ein Staat im klassischen völkerrechtlichen Sinne ist, ist nicht überzeugend. Sie weist insoweit lediglich auf den von ihr selbst formulierten Wortlaut des Art. 17 hin, in dem allein von Staaten die Rede ist[850]. Mit diesem pauschalen Ausschluß trägt sie der heute anerkannten Möglichkeit und der Bedeutung der Völkerrechtssubjektivität von Einheiten, die keine Staaten sind, nicht genügend Rechnung und konterkariert zugleich die Grundsätze der völkerrechtlichen Verantwortlichkeit, wonach jedes Völkerrechtssubjekt für die Verletzung ihm obliegender völkerrechtlicher Pflichten dem Verletzten gegenüber unmittelbar haftet[851]. Denn indem die ILC dem Staat die Handlungen einer vom ihm abhängigen Einheit, die - wie etwa der Gliedstaat eines Bundesstaats - kein Staat im klassischen Sinne ist, aber Völkerrechtspersönlichkeit besitzt, zurechnet und diesen damit unmittelbar haften lassen will, negiert er die Haftungssubjektivität und damit auch die Haftung einer solchen Einheit, wenn es um die Verletzung einer dieser Einheit obliegenden völkerrechtlichen Pflicht geht. Die unmittelbare Haftung eines Staates für die Verletzung von völkerrechtlichen Pflichten, die nicht ihm, sondern einem von ihm getrennten Völkerrechtssubjekt obliegen, und zwar gleichgültig ob es sich dabei um einen anderen Staat, einen Gliedstaat oder eine Internationale Organisation handelt, läßt darüber hinaus - wie oben bereits festgestellt - den Umstand außer Acht, daß der Grundtatbestand der „unmittelbaren" Haftung

---

seemed to be of no practical interest.", vgl. Kommentierung zu Art. 28 a.F. des Konventionsentwurfs der ILC zur Staatenverantwortlichkeit, YILC 1979 II 2, S. 94, 105, Ziff. 32.

[849] Dies soll insbesondere für die Haftung des Bundes für seine Gliedstaaten gelten, die trotz eventueller Völkerrechtspersönlichkeit und als konkrete Träger völkerrechtlicher Rechte und Pflichten, keine Staaten seien, vgl. 3. Kapitel, C., II., 2., b), aa), (4); allerdings deutet die ILC nunmehr ihrer Kommentierung zu den ersten drei Artikeln eines Entwurfs zur Haftung Internationaler Organisationen an, daß eine analoge Anwendung der „mittelbaren Haftung" auf Internationale Organisationen möglich sei: „The wording of Chapter IV of Part One of the articles on the responsibility of States for internationally wrongful acts only refers to the cases in which a State aids, assists, directs, controls or coerces another State. Should the question of similar conduct by a State with regard to an internationl organization not be regarded as covered, at least by analogy, in the articles on State responsibility, the present draft articles could fill the resulting gap.", GAOR, Fifty-eighth session, Supplement No. 10 (A/58/10), S. 36, Ziff. 7.

[850] Vgl. Kommentierung zu Art. 17 des Konventionsentwurfs der ILC zur Staatenverantwortlichkeit 2001, aaO, S. 162, Ziff. 4.

[851] Vgl. 3. Kapitel, C., II., 1., a).

neben der Zurechnung auch die Verletzungen einer Pflicht verlangt, die demjenigen obliegt, dem das Verhalten des anderen zugerechnet wird[852].

Entscheidendes Kriterium für die Frage, inwieweit sich Staaten von anderen Völkerrechtssubjekten unterscheiden, ist nicht die Staatlichkeit als solche, sondern die völkerrechtliche Handlungsfähigkeit einer Einheit[853]. Soweit solche, wie etwa die Gliedstaaten oder Internationale Organisationen, durch einen Vertragsschluß eigene völkerrechtliche Pflichten begründen und diese verletzen, ist kein Grund ersichtlich, die „mittelbare“ Haftung auf die Beziehung von Staaten zueinander zu beschränken. Es kommt nicht darauf an, ob es sich bei dem pflichtwidrig Handelnden um einen Staat im klassischen Sinne handelt, sondern daß er, wie dies hier bei der Gemeinschaft der Fall ist[854], deliktsfähig, also ein - wenn auch nur partielles - Völkerrechtssubjekt ist und damit unmittelbar haftet.

dd) Bewertung und Anwendung der haftungsbegründenden Kriterien auf das Verhältnis der Mitgliedstaaten zur Gemeinschaft

Im folgenden sollen die einer besonderen Beziehung zweier Völkerrechtssubjekte zueinander immanenten Kriterien dargestellt werden, die sich in der völkerrechtlichen Praxis und der Völkerrechtslehre als Anknüpfungspunkt für die Rechtsfolge der „mittelbaren“ Haftung herausgebildet haben und zur Lösung der Frage herangezogen werden, ob sie eine Haftung Spaniens begründen können.

(1) Die Vertretung der Gemeinschaft durch die Mitgliedstaaten

Nach der Vertretungstheorie haftet ein Staat für die Pflichtverletzungen eines anderen Staates, wenn er dessen gesamte außenpolitische Vertretung übernommen hat. Die Begründung dafür lautet, daß es dem Verletzten aufgrund der Vertretung nicht möglich ist, unmittelbar in Kontakt mit dem pflichtwidrig Handelnden zu treten und diesen in Anspruch zu nehmen[855]. Das Bedürfnis einer „mittelbaren“ Haftung zum Schutz des Verletzten, das im Rahmen dieser Auffassung im Vordergrund steht, ist jedoch fraglich. Die Tatsache, daß dritte Völkerrechtssubjekte mit dem repräsentierten Staat nicht unmittelbar in Kontakt treten können, hindert sie nicht daran, die unmittelbare Haftung des vertretenen Staat über seinen Vertreter in auswärtigen Angelegenheiten zu verfolgen. Soweit hingegen ein solches Vorgehen nicht zum Ziel führt, weil sich der vertretende

---

[852] Vgl. 3. Kapitel, A.
[853] Vgl. 2. Kapitel, B., II., 1.
[854] Vgl. 3. Kapitel, C., II., 1., a).
[855] Vgl. 3. Kapitel, C., II., 2., b), bb), (1).

Staat weigert, insoweit als Mittler zu agieren, dürften an seiner unmittelbaren Haftung keine Zweifel bestehen, da dieser die Unabhängigkeit und Eigenständigkeit des vertretenen Staates praktisch völlig beschränkt[856].

Im Fall der Gemeinschaft führt die Vertretungstheorie jedenfalls nicht weiter. Die Mitgliedstaaten vertreten die Gemeinschaft nicht nach außen. Es ist vielmehr so, daß die Mitgliedstaaten im Rahmen der Aufgaben, die sie der Gemeinschaft zur gemeinsamen Wahrnehmung übertragenen haben, nach außen „abgekapselt" sind. Sie verzichten insoweit auf die selbständige Wahrnehmung zugunsten einer Wahrnehmung durch die Gemeinschaft[857]. Tritt ein Dritter mit der Gemeinschaft in Beziehungen, erkennt er die Gemeinschaft als von den Mitgliedstaaten getrenntes Völkerrechtssubjekt an, das heißt die Gemeinschaft vertritt sich auf völkerrechtlicher Ebene selbst[858].

(2) Der Eingriff in die Rechte der Mitgliedstaaten

Fraglich ist, ob eine „mittelbare" Haftung der Mitgliedstaaten im Sinne der Eingriffs- bzw. Schutztheorie damit begründet werden kann, daß es einem verletzten Staat praktisch nicht möglich ist, auf völkerrechtlichem Wege zu seinem Recht zu kommen, ohne zugleich in die Rechte der Mitgliedstaaten einzugreifen und sich damit selbst zum Objekt entsprechender Haftungsansprüche der Mitgliedstaaten zu machen.

Die Eingriffstheorie begegnet bereits aus allgemeinen logischen und systematischen Gründen erheblichen Bedenken, indem sie den Eingriff in die Rechte des „untergeordneten" Staates zur Grundlage seiner Haftung macht[859]. Die Konsequenz, daß ein Staat haftet, weil sie sonst in ihren Rechten verletzt werden, entfernt sich zu weit von dem Grundgedanken der völkerrechtlichen Verantwortlichkeit als Rechtsfolge einer Pflichtverletzung. Zwar liegt der Unterschied zwischen einer Haftung für eigenes pflichtwidriges Verhalten und der Haftung für die Pflichtverletzungen eines anderen gerade darin, daß der „mittelbar" Haftende keine eigene Pflichtverletzung begeht. Anknüpfungspunkt einer Haftung muß jedoch auch hier ein Verhalten des „mittelbar" Haftenden

---

[856] Vgl. Kommentierung zu Art. 28 a.F., YILC 1979 II 2, S. 94, 95 mit Hinweis auf den Bericht HUBERS im Fall Spanische Zone von Marokko.

[857] Vgl. 2. Kapitel, B., I., 1., c), bb), (1).

[858] Vgl. HARTWIG, Die Haftung der Mitgliedstaaten für Internationale Organisationen, S. 279.

[859] So auch v. MÜNCH, Das völkerrechtliche Delikt, S. 244.

sein, welches in irgendeiner Weise in unmittelbarem Zusammenhang mit der Pflichtverletzung des unmittelbar Haftenden steht[860].

Darüber hinaus ist fraglich, ob die Zwangsmaßnahmen verletzter Staaten gegen die Gemeinschaft zwangsläufig mit einem Eingriff in die Rechte der Mitgliedstaaten verbunden sein müssen[861]. Die Mitgliedstaaten haben zunächst einmal kein Recht zum Schutz der Gemeinschaft, wie dies in den klassischen Konstellationen im Anwendungsbereich der „mittelbaren" Haftung unter Umständen der Fall ist. Im übrigen hat der verletzte Staat die Möglichkeit Maßnahmen zu ergreifen, die sich ausschließlich gegen die Gemeinschaft als von ihren Mitgliedstaaten getrenntes Völkerrechtssubjekt richten, um einen Vertragsbruch der Gemeinschaft zu beantworten. So kann er etwa ihm nur im Verhältnis zur Gemeinschaft obliegende völkervertragliche Pflichten mißachten oder etwaige Guthaben der Organisation auf seinem Staatsgebiet beschlagnahmen[862].

In dem dieser Untersuchung zugrundeliegenden Fall des Zugriffs Kanadas auf das spanische Schiff ist bereits fraglich, ob es sich hierbei überhaupt um eine Maßnahme gegen die Gemeinschaft handelt. Dann müßten die Schiffe der jeweiligen Mitgliedstaaten Schiffe der Gemeinschaft sein. Die Gemeinschaft hat nach dem Gemeinschaftsrecht zwar sowohl im Bereich der nationalen Hoheitsgewässer als auch auf Hoher See die Zuständigkeit für die Erhaltung und Bewirtschaftung der Ressourcen der Seefischerei, aufgrund welcher sie befugt ist, in diesem Bereich einschlägige Vorschriften zu erlassen und im Rahmen ihrer Zuständigkeit gegenüber Dritten vertragliche Verpflichtungen einzugehen. Die Ausübung der Hoheitsgewalt über die Schiffe, die Zuweisung der Flagge, die Registrierung der Schiffe und die Verhängung straf- und verwaltungsrechtlicher Sanktionen verbleiben jedoch in der Zuständigkeit der Mitglied-

---

[860] Zum Erfordernis des unmittelbaren Zusammenhangs vgl. Kommentierung zu Kapitel IV des Konventionsentwurfs der ILC zur Staatenverantwortlichkeit 2001, aaO, S. 154: „Thus it is necessary to establish a close connection between the action of the assisting, directing or coercing State on the one hand and that of the State committing the internationally wrongful act on the other. Thus the articles in this Part require that the former State should be aware of the circumstances of the internationally wrongful act in question, and establish a specific causal link between that act and the conduct of the assisting, directing or coercing State."

[861] Der Fall, daß eine Zwangsmaßnahme gegen den untergeordneten Staat immer den Eingriff in die Rechte des Oberstaates zur Folge hat, wird überwiegend bereits für die klassischen Konstellationen im Anwendungsbereich der „mittelbaren" Haftung bestritten, vgl. insoweit v. MÜNCH, Das völkerrechtliche Delikt, S. 244; HARTWIG, Die Haftung der Mitgliedstaaten für internationale Organisationen, S. 77.

[862] Vgl. v. MÜNCH, Das völkerrechtliche Delikt, S. 266.

staaten[863]. Das heißt, die Schiffe der Mitgliedstaaten der Gemeinschaft tragen als Sachbedingung ihrer Staatszugehörigkeit jeweils die Flaggen ihrer Staaten[864]. Eine Gemeinschaftsflagge gibt es derzeit ebensowenig wie eine „Unionsbürgerschaft“. Diesem Umstand trägt auch das NAFOÜ Rechnung. Hier wird an keiner Stelle von den „Schiffen der Gemeinschaft“ oder gar einer „Gemeinschaftsflotte“ gesprochen. Art. XVIII Satz 2 des NAFOÜ etwa räumt den Vertragsparteien gegenseitige Rechte der Überprüfung und Inspektion ein, während das Recht zur gerichtlichen Verfolgung und zu Sanktionen auf der Grundlage der durch die Überprüfung und Inspektion gewonnenen Beweise dem *Flaggenstaat* übertragen wird[865]. Diese Formulierung hat nur dann einen Sinn, wenn Vertragspartei und Flaggenstaat - wie im Fall der Gemeinschaft und der Mitgliedstaaten - zu unterscheiden sind. Darüber hinaus wird auch durch die Berufung Kanadas auf die mangelnde Kooperationsbereitschaft der spanischen Regierung[866] - und nicht etwa auf die mangelnde Kooperationsbereitschaft der Gemeinschaft - deutlich, daß sich die betreffenden Maßnahmen gegen die Mitgliedstaaten richten sollten.

(3) Die Gründung der Gemeinschaft durch die Mitgliedstaaten

In der Lehre findet sich der Versuch, die Haftung der Mitgliedstaaten für die Pflichtverletzungen ihrer Internationalen Organisation auf die Gründung zurückzuführen[867]. Im Einklang mit POLAKS Risikotheorie im Zusammenhang mit der „mittelbaren“ Haftung des Bundes für seine Gliedstaaten ließe sich argumentieren, daß die Mitgliedstaaten durch die Gründung der Gemeinschaft gewissermaßen die prima causa für deren späteres Verhalten gesetzt haben. Sie hätten demnach für alle daraus entstehenden Konsequenzen zu haften, auch soweit diese erst durch die Gemeinschaft als von ihnen getrenntes Völkerrechtssubjekt hervorgerufen werden.

---

[863] Vgl. Nr. 1 der Erklärung zur Zuständigkeit der Europäischen Gemeinschaft für die durch das Seerechtsübereinkommen der Vereinten Nationen vom 10. Dezember 1982 und das Übereinkommen vom 28. Juli 1994 zur Durchführung des Teils XI des Seerechtsübereinkommens geregelten Angelegenheiten, EG ABl. 1998, L 179/129.

[864] Vgl. Einleitung zu 3. Kapitel.

[865] Vgl. EG ABl. 1978, L 378/35.

[866] Vgl. 1. Kapitel, A.

[867] GIARDINA, Communità europea e stati terzi, S. 226: „...la responsabilità internazionale degli Stati membri ha il suo fondamento nella iniziale attività degli Stati stessi che di comune accordo hanno instituito le organizzazioni comunitarie per il perseguimento di fini di comune interesse, fornendole, oltre che di determinati poteri nei loro confronti, anche die una propria sfera di competenze materiali.“; WAELBREOCK, zitiert in AIDI 66-I (1995), S. 414: „Liability results from the fact that the member states have set up the organization in their mutual interest and that they allow it to take some measures that may potentially cause injury to third parties.“

Die Gründung einer Internationalen Organisation ist ein „legaler" Akt. Eine Einstandspflicht für das Verhalten der Internationalen Organisation ganz unabhängig von der konkreten Mitwirkung und damit Schuld stellt eine Risikohaftung dar, die sich abgesehen von Verträgen über typisch gefahrengeneigte Tätigkeiten bis jetzt im Völkerrecht nicht nachweisen läßt[868]. Es ist aber herrschende Meinung, daß eine Risikohaftung im Völkerrecht nur dort eingreift, wo sie anerkannt ist[869]. Das gilt mit Sicherheit weder für die Gründung eines Staates mit selbständigen Untergliederungen in Form des Bundesstaates noch für die Gründung einer Internationalen Organisation[870].

(4) Die leichtere Durchsetzbarkeit

V. MÜNCH überträgt seine zur Begründung einer „mittelbaren" Haftung des Bundes für seine Gliedstaaten angeführten Argumente auf das Verhältnis der Mitgliedstaaten zu ihrer Internationalen Organisation. Auch hier gelte, daß die Realisierung der Haftung durch das verletzte Nichtmitglied gegenüber den Mitgliedstaaten einfacher und sicherer sei als gegenüber der Organisation[871]. Die Leistungsfähigkeit der Organisation müsse nicht, könne aber eine geringere sein als diejenige der Mitgliedstaaten, zumal dann, wenn nicht alle Mitgliedstaaten ihre Beitragspflichten voll erfüllten. Andererseits stellt er zur Begründung einer „mittelbaren" Haftung der Mitgliedstaaten auf die rechtliche Abhängigkeit der völkerrechtsfähigen Organisation von diesen ab. Sie ergibt sich V. MÜNCH zufolge bereits daraus, daß die Mitgliedstaaten die Organisation auflösen könnten[872].

V. MÜNCHS Konstruktion einer subsidiären „mittelbaren" Haftung der Mitgliedstaaten beruht auf dem allgemeinen Mißtrauen gegenüber der Leistungsfähigkeit und Leistungswilligkeit Internationaler Organisationen[873] und einer

[868] BOYLE, ICLQ 39 (1990), S. 1, 3; HARTWIG, Die Haftung der Mitgliedstaaten für Internationale Organisationen, S. 286.

[869] Vgl. HERDEGEN, ZaöRV 47 (1987), S. 537, 554; BEDJAOUI, EPIL Instalment 10, S. 358, 360; HARTWIG, Die Haftung der Mitgliedstaaten für Internationalen Organisationen, S. 286.

[870] Vgl. HARTWIG, Die Haftung der Mitgliedstaaten für Internationale Organisationen, S. 286.

[871] v. MÜNCH, Das völkerrechtliche Delikt, S. 270, weist in diesem Zusammenhang darauf hin, daß nicht alle Organisationen ein Gesandtschaftsrecht hätten und vor dem Internationalen Gerichtshof nicht partei- und prozeßfähig seien.

[872] v. MÜNCH, Das völkerrechtliche Delikt, S. 270.

[873] SEIDL-HOHENVELDERN, Corporations In and Under International Law, S. 87, umschreibt den Grund des Mißtrauens damit, daß die Organisationen „have no soul to save and no bottom to kick".

deshalb empfundenen Notwendigkeit des Gläubigerschutzes[874]. So sehr ein solches Mißtrauen und der Wunsch nach einer Sicherung der Gläubiger durch die Mitgliedstaaten verständlich sein mögen, eine regelmäßige subsidiäre Haftung der Mitgliedstaaten vermag der Aspekt des Gläubigerschutzes nicht zu begründen[875]. Dritte Staaten nehmen die Unterschiede zum Staat als Haftungssubjekt in Kauf, wenn sie eine Internationale Organisation als Völkerrechtssubjekt anerkennen, ohne sich dabei einer zusätzlichen Haftung der Mitgliedstaaten zu versichern[876]. Auch die Gefahr der mitgliedstaatlichen Einflußnahme auf die durch den Gründungsvertrag bestimmte und von Dritten anerkannte Leistungsfähigkeit der Internationalen Organisation vermag den Schutz Dritter durch eine regelmäßige subsidiäre Haftung der Mitgliedstaaten nicht zu rechtfertigen[877]. Wie die Eingriffstheorie läßt sie einen unmittelbaren Zusammenhang zwischen dem Verhalten des „mittelbar" Haftenden und der Pflichtverletzung des unmittelbar Haftenden vermissen[878]. Darüber hinaus ist der Nachteil für die Gläubiger einer Internationalen Organisation aufgrund dieser Gefahr fraglich. Eine Beeinträchtigung der Gläubigerinteressen wäre erst dann anzunehmen, wenn sich diese Gefahr realisiert. Insoweit haften die Mitgliedstaaten den Vertragspartnern gegenüber wegen Verstoß gegen das Verbot des widerspruchsfreien Verhaltens bereits unmittelbar[879].

Das Argument, daß dem Dritten als Gläubiger einer Internationalen Organisation eine leichtere Durchsetzung seiner Ansprüche gesichert sein soll, ist ein durchaus verständliches rechtspolitisches Desiderat, das für sich genommen jedoch keine Grundlage für eine Einstandspflicht der Mitgliedstaaten schafft[880].

---

[874] In diesem Sinne auch GINTHER, Die völkerrechtliche Verantwortlichkeit internationaler Organisationen gegenüber Drittstaaten, S. 176 ff., für eine subsidiäre Haftung der Mitgliedstaaten für die Pflichtverletzungen ihrer Internationalen Organisation.

[875] Vgl. HARTWIG, Die Haftung der Mitgliedstaaten für Internationale Organisationen, S. 296.

[876] Vgl. KRÜCK, Die völkerrechtlichen Verträge im Recht der Europäischen Gemeinschaften, S. 127; CONZE, Die völkerrechtliche Haftung der Europäischen Gemeinschaft, S. 68; HERDEGEN, ZaöRV 47 (1987), S. 537, 554 f.

[877] Vgl. 3. Kapitel, C., II., 1., b), bb).

[878] Vgl. 3. Kapitel, C., II., 2., b), dd), (2).

[879] Vgl. 3. Kapitel, B., II.

[880] Vgl. HARTWIG, Die Haftung der Mitgliedstaaten für Internationale Organisationen, S. 296; HIGGINS, AIDI 66-I (1995), S. 375, 418 f.; in diesem Sinne auch PERNICE AVR 26 (1988), S. 406, 418 f. und CONZE, Die völkerrechtliche Haftung der Europäischen Gemeinschaften, S. 68.

(5) Die Haftung der Mitgliedstaaten infolge Einflußnahme auf die Gemeinschaft durch Kontrolle oder Zwang

Sowohl in der völkerrechtlichen Praxis als auch in der Völkerrechtslehre wird die „mittelbare" Haftung am häufigsten und am überzeugendsten mit der Einflußnahme des übergeordneten Staates auf den Willen und die Handlungen des untergeordneten Staates mittels Kontrolle oder Zwang erklärt. So hat auch die ILC in ihrem Entwurf zur Staatenhaftung die Einflußnahme in Form der Kontrolle und des Zwangs zum Tatbestandsmerkmal der „mittelbaren" Haftung gemacht[881]. Der Staat, der das völkerrechtswidrige Verhalten eines anderen Völkerrechtssubjekts durch Einflußnahme in Form von Kontrolle oder Zwang bestimmt, soll für die Pflichtverletzungen dieses Völkerrechtssubjekts haften, wenn sie innerhalb eines Bereiches begangen werden, über den der andere Staat Kontrolle oder Zwang ausgeübt hat.

(a) Das Element der Einflußnahme im Rahmen der „mittelbaren" Haftung

Interessant ist, daß das Element der Einflußnahme auch im Rahmen der Identifizierung von Staaten und von ihnen geschaffenen Einheiten ein zentrale Rolle spielt[882]. Anders als dort ist die Einflußnahme im Rahmen der „mittelbaren" Haftung jedoch nicht die Grundlage eines Durchgriffs, der dazu führt, daß die formal voneinander getrennten Rechtssubjekte als Einheit behandelt werden und der Staat damit als Beteiligter der von der juristischen Person begründeten Rechtsbeziehung mit Dritten unmittelbar für eigene Pflichtverletzungen haftet. Im Rahmen der „mittelbaren" Haftung begründet die Einflußnahme eines Staates auf die Handlungen eines anderen Völkerrechtssubjekts in Abweichung von dem Grundsatz der Haftung für eigenes pflichtwidriges Verhalten positiv einen Haftungstatbestand, der den Staat als Haftungssubjekt neben den unmittelbar Haftenden treten läßt und dessen Rechtsfolge materiell auf die Wiedergutmachung des durch den pflichtwidrig Handelnden entstandenen Schadens gerichtet ist[883].

Während der Grund für die Identifizierung darin liegt, daß die Einflußnahme des Staates auf die von ihm geschaffene juristische Person die Bildung eines eigenen Willens der von ihm geschaffenen juristischen Person verhindert bzw. die Handlung der juristischen Person von einem entsprechenden Willen des Staates abhängt, kommt die „mittelbare" Haftung als eine Haftung für die Pflichtverletzungen eines anderen nur dann in Betracht, wenn der Kontrollierte

---

[881] Vgl. Art. 17 und Art. 18 des ILC-Entwurfs 2001.
[882] Vgl. 3. Kapitel, B., I., 1., c).
[883] Vgl. 3. Kapitel, C., II., 2., b).

oder Genötigte zwar nicht nach freiem Belieben, jedoch selbst gehandelt hat[884]. Dies setzt voraus, daß der pflichtwidrig Handelnde trotz Kontrolle oder Zwangs in der Lage ist, einen eigenen Willen im Hinblick auf das betreffende Verhalten zu bilden, auf dessen Durchsetzung er jedoch aufgrund der sich aus der Kontrolle oder dem Zwang ergebenden Autorität des anderen schließlich „verzichtet". Bei dem der „mittelbaren" Haftung zugrundeliegenden, durch die Einflußnahme begründeten Abhängigkeitsverhältnis handelt es sich „um die Beziehung zweier Willen zueinander, und zwar um das Verhältnis eines starken zu einem weniger starken Willen, um die Motivation des einen Willens durch einen anderen, um die Überlegenheit des einen Willens über einen anderen" und damit um „Macht" im engeren Sinne[885]. Das heißt, die sich aus der Einflußnahme ergebende Macht beschränkt die Handlungsfreiheit des Abhängigen, sie darf jedoch nicht soweit gehen, daß der Abhängige nicht in der Lage ist, einen eigenen Willen zu bilden bzw. ohne den entsprechenden Willen des anderen zu handeln und damit handlungsunfähig ist.

(b) Einflußnahme der Mitgliedstaaten auf die Pflichtverletzung der Gemeinschaft

Fraglich ist, ob Spanien hier mittels Kontrolle oder Zwang einen die „mittelbare" Haftung begründenden Einfluß auf das Verhalten der Gemeinschaft genommen hat, durch das sie die ihr nach dem NAFOÜ obliegende Pflicht, für die Einhaltung der NAFO-Bestimmungen durch die Fischer zu sorgen, verletzt hat.

Insbesondere die Kontrolle wird sowohl in der Staatenpraxis als auch in der Völkerrechtslehre unter Hinweis auf die sich aus den Organisationsstrukturen ergebenden Stellung der Mitgliedstaaten als konstituierende Teile der Internationalen Organisation als Anknüpfungspunkt zur Begründung einer Haftung der Mitgliedstaaten für die Pflichtverletzungen ihrer Internationalen Organisation herangezogen[886]. Fraglich ist jedoch, ob der sich aus den Organisationsstrukturen der Gemeinschaft ergebenden Beziehung der beiden Rechtspersönlichkeiten eine solche Kontrolle der Mitgliedstaaten immanent ist. Soweit diese

---

884 Vgl. Kommentierung zu Art. 28 a.F. des Konventionsentwurfs der ILC zur Staatenverantwortlichkeit, YILC 1979 II 2, S 95, 97, Fn. 500 und 98; KLEIN, Mittelbare Haftung im Völkerrecht, S. 71; AGO, La responsabilità indiretta nel diritto internazionale, in: Ago, Scritti sulla responsabilità internazionale degli Stati I, S. 53.

885 Vgl. KLEIN, Mittelbare Haftung im Völkerrecht, S. 82 f.; TRIEPEL, Die Hegemonie. Ein Buch von führenden Staaten, S. 39.

886 Vgl. Richter NOURSE in der Entscheidung des Court of Appeal im Fall Maclaine Watson & Co Ltd. v. Department of Trade and Industry and related appeals, AER 1988, Band 3, S. 257, 333; MENG, ZaöRV 45 (1985), S. 324, 332 ff.; HERDEGEN, ZaöRV 47 (1987), S. 535, 551 ff.

den Mitgliedstaaten als Mitglieder der Organisation Mitwirkungsrechte einräumen, wie dies etwa bei den Entscheidungen des Rates der Fall ist, wird die durch die Mitwirkung vermittelte Einflußnahme der einzelnen Mitgliedstaaten durch die Interessen der übrigen Mitgliedstaaten so weit relativiert, daß von einer Kontrolle der Mitgliedstaaten nicht die Rede sein kann[887]. Auch die nach den Organisationsstrukturen erforderliche Mitwirkung der Mitgliedstaaten bei der Erfüllung der Verträge vermag eine solche Kontrolle nicht zu begründen. Die Mitgliedstaaten sind nach den Organisationsstrukturen zur Kooperation verpflichtet und damit der Rechtsmacht der Gemeinschaft unterworfen[888]. Selbst die Mißachtung der Kooperationspflicht durch Spanien scheidet als Tatbestand der Kontrolle für eine „mittelbare“ Haftung aus. Zwar werden mangels entsprechenden Einschreitens der spanischen Behörden die NAFO-Bestimmungen durch spanische Fischer überschritten. Eine die „mittelbare“ Haftung begründende Einflußnahme würde jedoch voraussetzen, daß Spanien durch dieses Verhalten die Gemeinschaft daran hindert, ihre Verpflichtung gegenüber den NAFO-Partnern zu erfüllen. Die Mißachtung der Kooperationspflicht durch einen Mitgliedstaat konkretisiert zunächst einmal die Pflicht der Gemeinschaft gem. Art. XVII NAFOÜ, Maßnahmen zu ergreifen, um die Einhaltung der NAFO-Vorschriften sicherzustellen. Das heißt, die Gemeinschaft ist ihren Vertragspartnern gegenüber verpflichtet, entsprechende Maßnahmen gegenüber ihren Mitgliedstaaten zu ergreifen, um diese zur Kooperation, also zu Maßnahmen gegenüber ihren Fischern, anzuhalten. Daran hindert Spanien die Gemeinschaft nicht, wenn es seine Kooperationspflicht verletzt. Im Gegenteil, die Gemeinschaft ist nach dem Gründungsvertrag berechtigt und frei von jedem staatlichen Willen in der Lage, die Verletzung des Gemeinschaftsrechts in einem Vertragsverletzungsverfahren geltend zu machen und die Kooperation der Mitgliedstaaten einzufordern[889]. Denn die Entscheidung darüber, ob ein Vertragsverletzungsverfahren gegen den renitenten Mitgliedstaat vor dem EuGH angestrebt wird, trifft gemäß Art. 226 EGV die Kommission der Gemeinschaft. Im Unterschied zum Verfahren im Rat[890] scheidet eine Einflußnahme der Mitgliedstaaten nach den Organisationsstrukturen bereits mangels Mitwirkungsrechte der Mitgliedstaaten bei der Tätigkeit der Kommission aus. Die Kommission setzt sich gem. Art. 213 Abs. 1 EGV aus Staatsangehörigen der Mitgliedstaaten zusammen. Art. 213 Abs. 2 EGV verpflichtet einmal die Mitglieder der Kommission, ihre Tätigkeit unabhängig von jedem staatlichen Willen zu erfüllen, und zum anderen die Mitgliedstaaten, nicht zu versuchen, die Mitglieder der Kommission bei der Erfüllung ihrer Aufgaben zu beeinflussen.

[887] Vgl. 3. Kapitel, B., I., 1., c), bb), (2), (a).
[888] Vgl. 3. Kapitel, B., I., 1., c), bb), (2), (b).
[889] Vgl. 3. Kapitel, B., I., 1., c), bb), (2), (b).
[890] Vgl. 3. Kapitel, B., I., 1., c), bb), (2), (a).

Die Mitgliedstaaten haben damit keine Möglichkeit Einfluß auf die Tätigkeit der Kommission zu nehmen. Sie erweist sich ihrer inneren Struktur nach als unabhängig[891]. Im Unterschied zu den Beziehungsgeflechten, die der klassischen „mittelbaren" Haftung zugrundeliegen, begründet die besondere Beziehung der Gemeinschaft zu ihren Mitgliedstaaten somit keine Abhängigkeit. Die sich aus der Stellung der Mitgliedstaaten innerhalb der Organisationsstrukturen ergebenden Mitwirkungsrechte und Mitwirkungspflichten bilden vielmehr die Grundlage der Eigenständigkeit der Gemeinschaft.

Eine Einflußnahme der Mitgliedstaaten auf das pflichtwidrige Verhalten der Gemeinschaft kommt nur dann in Betracht, wenn es einem oder allen Mitgliedstaaten gemeinsam gelingen sollte, ein Vertragsverletzungsverfahren zu verhindern, indem sie unter Mißachtung ihrer Zurückhaltungspflicht die Mitglieder der Kommission bei der Erfüllung ihrer Aufgaben beeinflussen oder das Vertragsverletzungsverfahren durch endgültige Weigerung, die Kooperationspflicht zu erfüllen, ins Leere laufen lassen und die Gemeinschaft damit in einen Vertragsbruch im Hinblick auf die Einhaltung der NAFO-Bestimmungen durch die Fischer „zwingen"[892]. Ob eine solche Einflußnahme eine „mittelbare" Haftung der Mitgliedstaaten begründen kann, ist jedoch fraglich. Voraussetzung für die „mittelbare" Haftung ist, daß der Kontrollierte oder Genötigte selbst handelt. Sowohl die erfolgreiche Einflußnahme eines Mitgliedstaaten auf die Mitglieder der Kommission als auch die endgültige Weigerung eines Mitgliedstaates, seine Kooperationspflicht zu erfüllen, würde über eine bloße Beeinträchtigung der Handlungsfreiheit der Gemeinschaft hinausführen. Die Einflußnahme der Mitgliedstaaten auf die Mitglieder der Kommission hätte zur Folge, daß der dort gebildete Wille kein eigener Wille der Gemeinschaft, sondern derjenige des Einfluß nehmenden Staates wäre. Die endgültige Weigerung aller oder auch nur eines Mitgliedstaates, seine Kooperationspflicht zu erfüllen, würde bedeuten, der Gemeinschaft ihre Mittel zur selbständigen Erfüllung ihrer Verbindlichkeiten zu entziehen. In beiden Fällen hinge die Erfüllung bzw. Nichterfüllung der Verbindlichkeiten der Gemeinschaft ausschließlich von einem entsprechenden Willen der einzelnen Mitgliedstaaten ab. Dies würde schließlich dazu führen, daß die Gemeinschaft ihrer Handlungsfähigkeit und damit ihrer Eigenständigkeit im Hinblick auf die Vertragserfüllung vollständig beraubt wäre, so daß folglich das pflichtwidrige Verhalten der Gemeinschaft nicht als ihr eigenes, sondern als ein jenes der Mitgliedstaaten anzusehen wäre. Handelt infolge Einflußnahme nicht die Gemeinschaft, sondern ein Mitgliedstaat

---

891 Vgl. HARTWIG, Die Haftung der Mitgliedstaaten für Internationale Organisationen, S. 270 – 272.

892 In diesem Sinne HIRSCH, The Responsibility of International Organizations Towards Third Parties, S. 171.

oder alle Mitgliedstaaten gemeinsam, scheidet eine „mittelbare“ Haftung für die Pflichtverletzung der Gemeinschaft aus[893].

Die Grundsätze der „mittelbaren“ Haftung vermögen daher weder für den Regelfall[894] noch ausnahmsweise eine Haftung der Mitgliedstaaten für die Pflichtverletzungen der Gemeinschaft zu begründen[895].

c) Die Haftung der Mitgliedstaaten für die Gemeinschaft nach den Grundsätzen der Durchgriffshaftung im nationalen Gesellschaftsrecht

HARTWIG zieht, wie vor ihm SEIDL-HOHENVELDERN[896], zur Begründung einer Haftung der Mitgliedstaaten für Internationale Organisationen die von ihm anhand der Analyse einzelner nationaler Rechtsordnungen[897] gefundenen und durch den IGH in seiner Entscheidung im Barcelona Traction-Fall[898] fest-

---

[893] In diesem Sinne ist auch PITSCHAS, Die völkerrechtliche Verantwortlichkeit der Europäischen Gemeinschaft und ihrer Mitgliedstaaten, S. 84, zu verstehen, der das Kontrollkriterium als Tatbestand für eine „indirekte“ Haftung der Mitgliedstaaten unter anderem deshalb für ungeeignet hält, weil die Eigenständigkeit und damit die Völkerrechtssubjektivität der Gemeinschaft von der unkontrollierten Ausübung der ihr übertragenen Kompetenzen abhängt.

[894] Vgl. HARTWIG, Die Haftung der Mitgliedstaaten für Internationale Organisationen, S. 279.

[895] PITSCHAS, Die völkerrechtliche Verantwortlichkeit der Europäischen Gemeinschaft und ihrer Mitgliedstaaten, S. 84.

[896] SEIDL-HOHENVELDERN, ÖZöR XI (1961), S. 497, 506, zieht die Grundsätze des nationalen Gesellschaftsrecht für einen Durchgriff – allerdings ohne weitergehende Erläuterungen - heran: „Eine Ausnahme von den erwähnten Rechtsfolgen einer freiwilligen Anerkennung einer Internationalen Organisation könnte sich nur ergeben, wenn die dadurch bedingte Verschlechterung der Stellung des Nichtmitgliedstaates unter Umständen vor sich gehen würde, die in analogen Fällen im innerstaatlichen Recht die Durchstoßung des Mitgliedschaftsschleiers gerechtfertigt erscheinen lassen würden.“

[897] HARTWIG, Die Haftung der Mitgliedstaaten für Internationale Organisationen, S. 119 ff.

[898] ICJ Reports 1970, S. 1 ff. Hier wandte sich Belgien in Ausübung diplomatischen Schutzes für seine Staatsangehörigen, die die Mehrheit einer nach kanadischem Recht gegründeten Gesellschaft mit einer Niederlassung in Spanien hatten und den durch spanische Maßnahmen erlittenen Schaden der Gesellschaft als eigenen Schaden geltend machten (umgekehrter Durchgriff). Der Gerichtshof verweist wegen des Charakters der juristischen Person auf das nationale Gesellschaftsrecht und legt insoweit eine in allen Rechtsordnungen in gleicher Weise anzutreffende Konzeption einer juristischen Person zugrunde, zu deren Wesen die Trennung ihrer Rechte und Pflichten von denen der Gesellschafter gehört. Er stellt jedoch auch fest, daß ebenso übereinstimmend Ausnahmen von diesem Grundsatz anerkannt sind: „(T)he law has recognized that the independent existence of the legal entity cannot be treated as an absolute. It is in this context that the process of ‚lifting the corporate veil‘ or ‚disregarding the legal entity‘ has been found justified and equitable in certain circumstances or for certain purpose.“ Er nennt den Formenmißbrauch, die Notwendigkeit des Schutzes

gestellten übereinstimmenden Grundsätze zum Haftungsdurchgriff bei Gesellschaften des Privatrechts mit eigener Rechtspersönlichkeit heran[899]. Die meisten Durchgriffsfälle ließen sich mit einer Widersprüchlichkeit zwischen der Behauptung einer eigenen Rechtspersönlichkeit der Gesellschaft und dem tatsächlichen Verhalten der Gesellschafter begründen, die diese Eigenständigkeit selbst nicht achten. So hafte ein Gesellschafter für die Verbindlichkeiten seiner Gesellschaft, wenn er gegen die von der Rechtsordnung vorgeschriebenen Formen für die Existenz einer Gesellschaft mit eigener Rechtspersönlichkeit verstößt[900].

Die Haftung der Gesellschafter für die Verbindlichkeiten der Gesellschaft als Konsequenz eines Verstoßes gegen die von der Rechtsordnung vorgeschriebenen Formen ist HARTWIG zufolge ein allgemeiner und in den verschiedenen nationalen Rechtsordnungen anzutreffender Grundsatz[901]. Mangels vorgeschriebener Formen im Völkerrecht legt er die von den Mitgliedstaaten selbst gesetzten Regelungen zugrunde, die die Internationale Organisation als eine von ihnen getrennte Rechtspersönlichkeit ausweisen[902]. Er verweist insoweit auf die (hier: finanziellen) Leistungspflichten der Mitgliedstaaten gegenüber der Internationalen Organisation, welche die Internationale Organisation in die Lage versetzen, ihre Verpflichtungen zu erfüllen[903]. Es sei widersprüchlich, wenn die Mitgliedstaaten sich einerseits auf die Eigenständigkeit der Internationalen Organisation berufen, andererseits sich jedoch über ihre Pflichten gegenüber der Internationalen Organisation hinwegsetzen könnten[904]. Im Gegensatz zum Estoppel-Grundsatz trete die Bindung der Mitgliedstaaten im Rahmen ihrer Verpflichtungen gegenüber Dritten nach den Grundsätzen des Haftungsdurchgriffs im nationalen Gesellschaftsrecht unabhängig davon ein, ob eine Vertrauensbetätigung stattgefunden habe[905].

---

derer, die ihr Vermögen der Gesellschaft anvertraut haben und die Gesetzesumgehung, ICJ Reports 1970, S. 1, 39.

899 HARTWIG, Die Haftung der Mitgliedstaaten für Internationale Organisationen, S. 296 ff.

900 HARTWIG, Die Haftung der Mitgliedstaaten für Internationale Organisationen, S. 297, er läßt dabei dahinstehen, ob es sich hierbei um eine Haftung des Gesellschafters für eigenes Verhalten oder für ein Verhalten der Gesellschaft handelt; wesentlich sei, daß die Konstruktion der auf dem vorderen Plan agierenden Gesellschaft in diesen Fällen die Einstandspflicht der Gesellschafter nicht ausschließe, vgl. S. 144.

901 HARTWIG, Die Haftung der Mitgliedstaaten für Internationale Organisationen, S. 302; in der deutschen Literatur werden vor allem vier Fallgruppen unterschieden: Unterkapitalisierung, Formenmißbrauch, Sphärenvermischung und Fremdsteuerung, vgl. dazu aaO, S. 125 – 132.

902 HARTWIG, Die Haftung der Mitgliedstaaten für Internationale Organisationen, S. 297.

903 HARTWIG, Die Haftung der Mitgliedstaaten für Internationale Organisationen, S. 299 ff.

904 HARTWIG, Die Haftung der Mitgliedstaaten für Internationale Organisationen, S. 301.

905 HARTWIG, Die Haftung der Mitgliedstaaten für Internationale Organisationen, S. 302 f.

Fraglich ist jedoch, ob in den Regelungen des nationalen Gesellschaftsrechts zu den Bindungen der Gesellschafter im Rahmen ihrer gesellschaftlichen Verpflichtungen gegenüber Dritten allgemeine Rechtsprinzipien gesehen werden können, die der Übertragung in das Völkerrecht fähig sind. Die als dritte neben dem Vertrags- und Gewohnheitsrecht in Art. 38 Abs. 1 lit. c des IGH-Statuts genannte Rechtsquelle des Völkerrechts, die „allgemeinen Rechtsgrundsätze“, sind anerkannte Rechtsprinzipien, die allen oder doch den meisten nationalen Rechtsordnungen gemeinsam sind und dort eine inhaltsgleiche Objektivierung erfahren haben[906]. Die Übertragung der im Zusammenhang mit den nationalen Gesellschaften gefundenen allgemeinen Grundsätze ins Völkerrecht begegnet jedoch schwerwiegenden Einwänden. Hier kommen allein die Grundsätze in Betracht, die für alle oder die meisten nationalen Rechtssysteme von grundlegender Bedeutung sind oder Leitprinzipien dieser Rechtsordnungen darstellen und aufgrund ihres Regelungsbereichs auf das Völkerrecht übertragbar sind, nicht dagegen die aus diesen Grundsätzen herleitbaren übereinstimmenden Normen[907]. Damit ist entgegen HARTWIG nicht die Konsequenz eines Verstoßes gegen die dem Institut der juristischen Person zugrundeliegenden Normen[908], sondern allein das dieser Rechtsfolge zugrundeliegende Rechtsprinzip entscheidend. Insoweit ist bereits höchst fraglich, ob sich aus den innerstaatlichen Rechtsordnungen hinreichend konkrete allgemeine Rechtsgrundsätze im Sinne von Art. 38 Abs. 1 lit. c des IGH-Statuts herausdestillieren lassen, welche über ein bloßes Rechtsmißbrauchsverbot hinausführen[909]. Darüber hinaus macht der unterschiedliche Entwicklungsgrad der beiden Rechtsgebiete eine Übertragung unmöglich; das völkerrechtliche Deliktsrecht ist viel weniger durchgeformt als das nationale. Ebenso verhält es sich mit dem Recht der Internationalen Organisationen im Verhältnis zum nationalen Gesellschaftsrecht. Das Völkerrecht schreibt weder Organisationstypen oder -prinzipien noch die Bereitstellung einer bestimmten Kapitalmasse oder Publizitätserfordernisse als Voraussetzung einer Haftungsbeschränkung vor[910]. In einem Fall wie im Barcelona Traction-Fall, der eine internationale Fragestellung mit Bezug zu einem nationalen Phänomen, nämlich eine Gesellschaft nach nationalem Recht, zum Gegenstand hatte, erscheint die Heranziehung allgemeiner Rechtsprinzipien nationaler Rechtsordnung angemessen. Hier haben wir es jedoch nicht mit einem nationalen Phänomen zu tun; Internationale Organisationen haben ihren Ursprung im Völkerrecht[911]. Anders als bei der Identifizierung von Staat und staatseigenen

[906] Vgl. HEINTSCHEL VON HEINEGG, in: Ipsen, Völkerrecht, S. 199, Rn. 1 und S. 200, Rn. 5

[907] HEINTSCHEL VON HEINEGG, in: Ipsen, Völkerrecht, S. 199, Rn. 3.

[908] HARTWIG, Die Haftung der Mitgliedstaaten für Internationale Organisationen, S. 302.

[909] HERDEGEN, ZaöRV 47 (1987), S. 537, 551.

[910] MENG, ZaöRV 45 (1985), S. 324, 331; HERDEGEN, ZaöRV 47 (1987), S. 537, 551; KLEIN, La responabilité des organisations internationales, S. 492.

[911] Vgl. HIGGINS, AIDI 66-I (1995), S. 247, 287 und 417.

Unternehmen, wo es um die Regeln völkerrechtlicher Zurechnung geht[912], fehlt bei den Regeln zum Haftungsdurchgriff bei nationalen Gesellschaften jeder Bezug zum Völkerrecht.

Darüber hinaus kann HARTWIGS Konstruktion eine Haftung Spaniens im vorliegenden Fall jedenfalls nicht begründen. Fraglich ist insoweit nämlich, ob die Mißachtung der Kooperationspflicht durch Spanien bereits ein den Haftungsdurchgriff rechtfertigendes widersprüchliches Verhalten beinhaltet. Das widersprüchliche Verhalten im Rahmen der Durchgriffshaftung nach nationalem Recht setzt voraus, daß dieses Verhalten, wie bereits zuvor bei der Identifizierungsfrage und bei der Vertrauenshaftung die materielle Eigenständigkeit der formell unabhängigen Einheit beeinträchtigt. Entscheidend ist somit nicht allein die Tatsache, daß die Mitgliedstaaten gegen ihre Leistungspflichten gegenüber der Gemeinschaft, die deren materielle Eigenständigkeit begründen, verstoßen, sondern ob die Mißachtung dieser Pflicht die materielle Eigenständigkeit der Gemeinschaft beeinträchtigt und damit einen Widerspruch zur durch die Anerkennung von Dritten geschaffenen formellen Eigenständigkeit der Gemeinschaft bedeutet. Indem die Mitgliedstaaten ihre Leistungspflichten gegenüber der Internationalen Organisation mißachten, spielen sie jedoch, entgegen HARTWIG, noch nicht ihre Macht als „Herren der Verträge" zur Disposition über die Gemeinschaft aus[913]. Die Mitgliedstaaten bleiben der Gemeinschaft gegenüber zur Kooperation verpflichtet und damit der Rechtsmacht der Gemeinschaft unterworfen[914]. Anders als bei den Gesellschaften des Privatrechts ist die Gemeinschaft in der Lage, einen Verstoß ihrer Mitglieder gegen die ihr zugrundeliegenden Normen selbst zu sanktionieren. Durch eine bloße Mißachtung der Kooperationspflicht wird ihre Eigenständigkeit daher noch nicht angetastet. Dies wäre erst dann der Fall, wenn ein Mitgliedstaat seine Kooperation endgültig verweigert und damit die Rechtsmacht der Gemeinschaft ins Leere laufen ließe oder die Mitgliedstaaten als Herren der Verträge diese Kooperationspflicht abschaffen würden[915].

---

912 Vgl. 3. Kapitel, B., I., 1., c).

913 Vgl. HARTWIG, Die Haftung der Mitgliedstaaten für Internationale Organisationen, S. 301, er räumt insoweit jedoch ein, daß eine Abdeckung aller Eventualität nicht gefordert werden könne und somit nicht gleich ein Verstoß gegen die Mindesteinlagepflicht ins Feld geführt werden könne, wenn im Einzelfall eine Verbindlichkeit offen bliebe, vgl. aaO, S. 304.

914 Vgl. 3. Kapitel, B., I., 1., c), bb), (2), (b) und 3. Kapitel, B., II.

915 Vgl. 3. Kapitel, B., I., 1., c), bb), (2), (b) und 3. Kapitel, B., II.

III. Ergebnis

Im Ergebnis ist festzustellen, daß sich ein Grund für die Haftung Spaniens für die Pflichtverletzung der Gemeinschaft weder dem speziell für Internationale Organisationen geltendem Völkerrecht noch dem allgemeinen Völkerrecht entnehmen läßt. Die Mitgliedstaaten haften auch im Zusammenhang mit den Pflichtverletzungen der Gemeinschaft ausschließlich für eigenes pflichtwidriges Verhalten[916].

Ein solches pflichtwidriges Verhalten eines Mitgliedstaates im Zusammenhang mit der Pflichtverletzung der Gemeinschaft kommt jedoch nur dann in Betracht, wenn die Nichterfüllung der Gemeinschaft darauf zurückzuführen ist, daß er der Gemeinschaft die Mittel entzogen hat, um ihre Verbindlichkeiten selbständig erfüllen zu können. Nach den Grundsätzen der Identifizierung von Staaten und von ihnen geschaffenen juristischen Personen hätten die Vertragspartner der Gemeinschaft in diesem Fall das Recht, die formale Rechtsform der Gemeinschaft als von ihren Mitgliedstaaten getrennte Rechtsperson außer Acht zu lassen und den Mitgliedstaat als Beteiligten der Rechtsbeziehung unmittelbar für die Nichterfüllung in Anspruch zu nehmen. Darüber hinaus könnte der in seinem Vertrauen auf die materielle Eigenständigkeit der Gemeinschaft enttäuschte Vertragspartner der Gemeinschaft, den Mitgliedstaat nach den Grundsätzen der Lehre von estoppel unmittelbar dafür in Anspruch nehmen, daß er der Gemeinschaft die Mittel zur selbständigen Erfüllung ihrer Verbindlichkeiten entzogen hat. Insoweit scheidet eine Haftung Spaniens im Verhältnis zu den Vertragspartnern der Gemeinschaft wegen Verletzung der Kooperationspflicht gegenüber der Gemeinschaft jedenfalls aus.

---

[916] Vgl. KLEIN, La responsabilité des organisations internationales, S. 426 ff., 519 f.; HERDGEN, ZaöRV 47 (1987), S. 535, 551 ff.; PERNICE, AVR 26 (1988), S. 406, 419 f.; CONZE, Die völkerrechtliche Verantwortlichkeit der Europäischen Gemeinschaft, S. 71.

4. Kapitel: Schlußbetrachtung

Die auswärtige Tätigkeit der Gemeinschaft im Bereich der Fischerei hat, bedingt durch die Überfischung der Ressourcen und die Ausweitung der ausschließlichen Wirtschaftszonen, in den letzten Jahren eine erhebliche Bedeutung erlangt. Sie hat zahlreiche Abkommen zur Bestandserhaltung auf Hoher See sowie zum Austausch von Fangrechten mit dritten Staaten geschlossen.

Eine Außenkompetenz der Gemeinschaft zum Abschluß völkerrechtlicher Verträge im Bereich der Fischerei, läßt sich den Bestimmungen des Gemeinschaftsrechts nicht ohne weiteres entnehmen. Die ausdrücklichen Regelungskompetenzen der Gemeinschaft im Bereich der Fischerei halten keine ausdrücklichen Vertragsschlußkompetenzen bereit. Der EuGH hat jedoch in seinem Kramer-Urteil zumindest für die völkerrechtlichen Abkommen der Gemeinschaft zum Schutz der Ressourcen auf Hoher See eine ungeschriebene Vertragsschlußkompetenz der Gemeinschaft aus den internen Rechtsetzungsbefugnissen der Gemeinschaft abgeleitet. Die durch die Rechtsprechung des EuGH eingeführte Erweiterung ausdrücklicher Außenkompetenzen um ungeschriebene Außenkompetenzen der Gemeinschaft ist seit ihren Anfängen in der Kritik. Der EuGH hatte zunächst in seinem AETR-Urteil eine interne Rechtsetzungsbefugnis der Gemeinschaft um eine ungeschriebene Außenkompetenz mit der Begründung erweitert, daß das auf der Grundlage der internen Rechtsetzungsbefugnis erlassene Sekundärrecht durch den Abschluß des in Frage stehenden Abkommens durch die Mitgliedstaaten beeinträchtigt werden könne. In seinem Kramer-Urteil stellte er fest, daß die Gemeinschaft zum Abschluß des fraglichen Abkommens jederzeit auf der Grundlage der internen Rechtsetzungsbefugnis zum Schutz der Fisch-Ressourcen auf Hoher See befugt sei. Er begründete dies damit, daß eine entsprechende interne Regelung die auf Hoher See fischenden Angehörigen dritter Staaten umfassen und daher durch den Abschluß eines völkerrechtlichen Abkommens begleitet werden müsse, um wirksam sein zu können. Entgegen der Ansicht einiger Autoren folgt der EuGH damit jedoch nicht der Theorie von der Parallelität von Innen- und Außenkompetenz, indem er eine interne Rechtsetzungsbefugnis ohne weiteres um eine ungeschriebene Außenkompetenz ergänzt. Insoweit wäre eine Kritik mit Hinweis auf das Prinzip der begrenzten Einzelzuweisung berechtigt. Er bedient sich hier, wie bereits in seinem AETR-Urteil, der Lehre von den implied powers, wonach sich eine ausdrückliche Kompetenz um eine ungeschriebene Kompetenz ergänzen läßt, soweit letztere erforderlich ist, um erstere wirksam umsetzen zu können. Für die bilateralen Abkommen der Gemeinschaft über den Erwerb von Fangrechten in Drittstaatengewässern läßt sich eine ungeschriebene Außenkompetenz der Gemeinschaft nach den Grundsätzen des EuGH wegen der materiellen Beschränkung interner Regelungsbefugnisse auf die Materien innerhalb des räumlichen Geltungsbereichs des Vertrages bzw. entsprechender völkerrechtlicher Nutzungsrechte der Mitgliedstaaten jedoch nicht begründen. Allerdings kommt hier aufgrund ständiger Übung und in der BA 1985 zum Ausdruck kommender Rechtsüberzeugung eine gewohnheitsrechtliche Geltung der in der „Haager Entschließung" noch politisch begründeten Zuständigkeit der Gemeinschaft in Betracht. Die Rechtsgrundlage für den Abschluß eines völkerrechtlichen Abkommens durch die Gemeinschaft ergibt sich im Verhältnis zu den Vertragspartnern aus dem Völkerrecht, welches die Rechte und Pflichten statuiert, die den völkerrechtlichen Verkehr und damit auch das Recht der Verträge regeln. Das Völkerrecht findet nur auf die Subjekte Anwendung, die der Völkerrechtsordnung unterstellt sind. Spätestens seit dem Bernadotte-Gutachten des IGH aus dem Jahre 1949 ist inzwischen allgemein anerkannt, daß Internationale Organisationen, wie die Gemeinschaft, neben den Staaten als den klassischen Subjekten des Völkerrechts Träger völkerrechtlicher Rechte und Pflichten und damit Völkerrechtssubjekte sein können. Mangels allgemeinen Zuweisungsaktes der Staaten findet das Völkerrecht jedoch nur in dem Maße und nur im Verhältnis zu dem Völkerrechtssubjekt Anwendung, welches der Internationalen Organisation durch kongruenten Rechtsakt völkerrechtliche Rechte und Pflichten zugewiesen hat. Der Abschluß eines völkerrechtlichen Vertrages mit der Gemeinschaft enthält insoweit implizit die Erklärung des Vertragspartners, daß das völkerrechtliche Vertragsrecht Anwendung finden soll.

Insbesondere für den Fall, daß die sich aus einem solchen Gemeinschaftsabkommen ergebenden Verpflichtungen verletzt bzw. nicht erfüllt werden, stellt sich die Frage, wer, die Gemeinschaft oder die Mitgliedstaaten oder beide, dafür von den Vertragspartnern der Gemeinschaft zur Verantwortung gezogen werden kann. Diese Frage stellt sich auch im Hinblick auf das Vorgehen Kanadas gegen den spanischen Trawler „Estai", das im Jahre 1995 den kanadisch-spanischen Fischereistreit auslöste. Die Maßnahmen Kanadas gegen den spanischen Trawler können, abgesehen von dem Verstoß gegen das Gewaltverbot, nur dann gerechtfertigt sein, wenn Spanien den Vertragspartnern der Gemeinschaft gegenüber dafür haftet, daß seine Fischer die NAFO-Vorschriften überschritten haben. Nach dem Grundsatz der Haftung für eigenes völkerrechtswidriges Verhalten setzt dies voraus, daß Spanien den Vertragspartnern der Gemeinschaft gegenüber verpflichtet ist, dafür zu sorgen, daß seine Fischer die NAFO-Vorschriften einhalten. Schließt ein Drittstaat einen Vertrag mit der Gemeinschaft, erkennt er die Gemeinschaft als von ihren Mitgliedstaaten getrenntes Völkerrechtssubjekt an. Die Mitgliedstaaten sind nach geltendem Völkerrecht in den Vertragsverhältnissen der Gemeinschaft grundsätzlich als „Dritte" anzusehen, die gemäß Art. 35 WVK II nicht ohne ihr Einverständnis gebunden werden. Der besonderen Beziehung der Mitgliedstaaten zu ihrer Internationalen Organisation wird jedoch insoweit Rechnung getragen, als eine Bindung der Mitgliedstaaten an die Verträge ihrer Internationalen Organisation gemäß Art. 74 Abs. 3 WVK II im Einzelfall nicht ausgeschlossen ist. Sie setzt jedoch voraus, daß die formale Rechtsform der Internationalen Organisation als von ihren Mitgliedstaaten getrennte Rechtspersönlichkeit für die Vertragspartner ausnahmsweise unbeachtlich ist. Dies ist nach den insoweit herangezogenen Grundsätzen der Identifizierung von Staat und staatseigenen Unternehmen dann der Fall, wenn aufgrund der Ermächtigung einer vom Staat getrennten juristischen Person staatliche Funktionen wahrzunehmen oder aufgrund des sich aus der Stellung des Staates im Organisationsgeflecht ergebenden Einflusses im Verhalten der formal von ihm zu trennenden juristischen Person der Wille und damit die Gewalt des hinter ihr stehenden Staates zum Ausdruck kommt. Die Funktion der Gemeinschaft reicht jedoch wegen ihrer Aufgabe, die gemeinschaftlichen, harmonisierten Interessen der einzelnen Mitgliedstaaten wahrzunehmen, über die bloße Wahrnehmung der Summe „übertragener" staatlicher Aufgaben hinaus. Aus der Stellung der Mitgliedstaaten als Mitglieder der Gemeinschaft ergibt sich keine Möglichkeit der Einflußnahme. Soweit sie das Recht haben ihren Willen zu äußern, ist dieser nur Teil des Gemeinschaftswillens und daher nicht mit ihm identisch. Im Hinblick auf die erforderliche Mitwirkung bei der Erfüllung der Verträge sind die Mitgliedstaaten der Rechtsmacht des Gemeinschaftsrechts unterworfen. Die Gemeinschaft verfügt damit über eigene Mittel, um ihre Verbindlichkeiten unabhängig von einem entsprechenden Willen der Mitgliedstaaten erfüllen zu können. Die verschiedenen sich aus ihrer Stellung als Mitglied nach den Organisationsstrukturen ergebenden Mitwirkungsrechte und Mitwirkungspflichten der Mitgliedstaaten begründen damit keine Einflußnahme, sondern sind die Grundlage ihrer materiellen Eigenständigkeit. Die formale Trennung der beiden Rechtspersönlichkeiten bleibt daher trotz ihrer besonderen Beziehung zueinander für die Vertragspartner der Gemeinschaft beachtlich, solange sich die Mitgliedstaaten der Gewalt der Gemeinschaft nicht entziehen, indem sie sich aus dem durch die Organisationsstrukturen ergebenden Beziehungsgeflecht lösen und damit die materielle Eigenständigkeit der Gemeinschaft beeinträchtigen. Die bloße Mißachtung der Kooperationspflicht durch Spanien reicht jedoch nicht aus, um seine Identifizierung mit der Gemeinschaft zu begründen. Solange die Mitgliedstaaten sich nicht endgültig weigern ihrer Kooperationspflicht nachzukommen, bleibt die Gemeinschaft in der Lage, ihre Verbindlichkeiten zu erfüllen. Die Mitgliedstaaten sind den Vertragspartnern gegenüber auch nicht unmittelbar zur Kooperation mit der Gemeinschaft verpflichtet. Sie sind den Vertragspartnern gegenüber nach der Lehre von estoppel nur insoweit gebunden, als sie der Gemeinschaft ihre Mittel zur eigenständigen Erfüllung ihrer Verbindlichkeiten nicht entziehen dürfen.

Die von Dritten anerkannte formale Rechtsform der Gemeinschaft als von ihren Mitgliedstaaten getrennte Rechtspersönlichkeit bedeutet ferner, daß eine Haftung der Mitgliedstaaten für die Pflichtverletzungen der Gemeinschaft nur dann in Betracht kommt, wenn das Völkerrecht eine Norm bereit hält, die den Grund für eine Haftung der Mitgliedstaaten aufzeigt. Eine solche Regel läßt sich jedoch weder dem sich speziell für Internationale Organisationen entwickeltem Völkerrecht entnehmen, noch läßt sich eine solche in Anlehnung an geltende Regeln für das Haftungsverhältnis mehrerer voneinander getrennter Völkerrechtssubjekte, die wie die Gemeinschaft und ihre Mitgliedstaaten in einer besonderen Beziehung zueinander stehen, gewinnen. Der Grundsatz der Haftung des Bundes für seine Gliedstaaten erfaßt nur die Fälle, in denen die Gliedstaaten keine eigenständige völkerrechtliche Stellung im Verhältnis zu Dritten haben. Die diesem Grundsatz zugrundeliegende Situation der Gliedstaaten ist daher mit jener der Gemeinschaft nicht zu vergleichen, die im Verhältnis zu ihren Vertragspartnern selbst Träger der verletzten völkervertraglichen Pflicht ist. Eine Haftung der Mitgliedstaaten nach den Grundsätzen der „mittelbaren" Haftung scheidet deshalb aus, weil die gefundenen haftungsbegründenden Kriterien, soweit sie eine „mittelbare" Haftung überhaupt überzeugend zu begründen vermögen, der Beziehung der Gemeinschaft und ihrer Mitgliedstaaten nicht immanent sind. Insbesondere scheidet auch die Einflußnahme durch Kontrolle oder Zwang als Anknüpfungspunkt für eine „mittelbare" Haftung der Mitgliedstaaten aus. Nach den Organisationsstrukturen haben die einzelnen Mitgliedstaaten keine Möglichkeit Einfluß auf die Tätigkeit der Gemeinschaft zu nehmen. Nehmen sie Einfluß, indem sie sich der Rechtsmacht der Gemeinschaft entziehen, kann das Verhalten der Gemeinschaft mangels Handlungsfähigkeit nicht mehr als ihr eigenes angesehen werden, sondern als ein jenes des Einfluß nehmenden Mitgliedstaates; eine „mittelbare" Haftung scheidet daher selbst für den Fall der mitgliedstaatlichen Einflußnahme auf das pflichtwidrige Verhalten der Gemeinschaft aus. Auch die Grundsätze der Durchgriffshaftung nach nationalem Gesellschaftsrecht können mangels Übertragbarkeit auf Internationale Organisationen nicht als Grundlage für eine Haftung der Mitgliedstaaten für die Nichterfüllung der Gemeinschaft herangezogen werden.

Die sich aus den Organisationsstrukturen der Gemeinschaft ergebende besondere Beziehung der Mitgliedstaaten zur Gemeinschaft bietet somit keinen

Ansatzpunkt für eine Haftung der Mitgliedstaaten für die Pflichtverletzungen der Gemeinschaft. Als Grundlage der materiellen Eigenständigkeit der Gemeinschaft bestätigt die Beziehung der getrennten Rechtspersönlichkeiten zueinander vielmehr den Grundsatz der Haftung für eigenes pflichtwidriges Verhalten auch im Verhältnis von Gemeinschaft und Mitgliedstaaten gegenüber Dritten. Das heißt, eine Haftung der Mitgliedstaaten im Verhältnis zu den Vertragspartnern der Gemeinschaft kommt nur dann in Betracht, wenn sich insoweit ein pflichtwidriges Verhalten der Mitgliedstaaten im Zusammenhang mit der Pflichtverletzung bzw. Nichterfüllung der sich aus einem völkerrechtlichen Abkommen ergebenden Verbindlichkeiten der Gemeinschaft nachweisen läßt. Dies wäre etwa dann der Fall, wenn die Nichterfüllung der Gemeinschaft darauf zurückzuführen ist, daß die Mitgliedstaaten der Gemeinschaft die sich aus den Organisationsstrukturen ergebenden Mittel entzogen haben, um ihre Verbindlichkeiten selbständig erfüllen zu können. Nach den Grundsätzen der Identifizierung von Staaten und von ihnen geschaffenen juristischen Personen hätten die Vertragspartner der Gemeinschaft in diesem Fall das Recht, die formale Rechtsform der Gemeinschaft als von ihren Mitgliedstaaten getrennte Rechtsperson außer Acht zu lassen und die Mitgliedstaat als Beteiligte der Rechtsbeziehung unmittelbar für die Nichterfüllung in Anspruch zu nehmen. Darüber hinaus könnte der in seinem Vertrauen auf die materielle Eigenständigkeit der Gemeinschaft enttäuschte Vertragspartner der Gemeinschaft, die Mitgliedstaaten nach den Grundsätzen der Lehre von estoppel unmittelbar dafür in Anspruch nehmen, daß sie der Gemeinschaft die Mittel zur selbständigen Erfüllung ihrer Verbindlichkeiten entzogen haben. Die bloße Mißachtung der Kooperationspflicht durch die Mitgliedstaaten vermag eine solche Pflichtverletzung im Verhältnis zu den Vertragspartnern der Gemeinschaft jedoch nicht zu begründen.

Diese Lösung hat den Vorteil, daß sie sowohl der von ihren Mitgliedstaaten getrennten Völkerrechtspersönlichkeit der Gemeinschaft als auch der Souveränität der Mitgliedstaaten in vollem Umfang Rechnung trägt und zugleich den Umstand berücksichtigt, daß die Mitgliedstaaten sich aus eigener Machtvollkommenheit aus der die Eigenständigkeit der Gemeinschaft begründenden Beziehung zum Nachteil Dritter lösen können und dann selbstverständlich nach dem Grundsatz der Haftung für eigenes völkerrechtswidriges Verhalten dafür einzustehen haben.

Für den vorliegenden Fall ergibt sich daraus, daß das völkerrechtswidrige Verhalten Kanadas gegenüber dem spanischen Trawler nicht gerechtfertigt ist. Spanien ist Kanada gegenüber nicht unmittelbar verpflichtet durch entsprechende nationale Maßnahmen gegenüber ihren Fischern die Einhaltung der NAFO-Vorschriften sicherzustellen. Insoweit hätte sich Kanada zunächst an die

Gemeinschaft wenden müssen, die nach dem NAFOÜ verpflichtet ist, entsprechende Maßnahmen gegenüber ihren Mitgliedstaaten zu ergreifen, um diese zu entsprechenden Maßnahmen gegenüber ihren Fischern anzuhalten. Für die Nichterfüllung dieser Verpflichtung haftet die Gemeinschaft ihren Vertragspartnern gegenüber allein.

Literaturverzeichnis

AGO, ROBERTO,
La responsabilità indiretta nel diritto internazionale, Padua 1934, veröffentlicht in: Ago, Scritti sulla responsabilità internazionale degli Stati I, Camerino 1978

ders.,
L'occupazione bellica di Roma e il Trattato lateranese, in: Istituto di Diritto internazionale e straniero della Università di Milano, Commuunicazioni e Studi II, Mailand 1945

ANZILOTTI, DIONISIO,
Lehrbuch des Völkerrechts, Band 1, deutsche Übersetzung von Cornelia Bruns und Karl Schmid, Berlin, Leipzig 1929

ders.,
La responsabilité internationale des Etats à raison des dommages soufferts par des étrangers, o.O., o.J.

APOLLIS, GILBERT,
Le régime communautaire d'accès aus lieux de pêche et aux stocks halieutiques, AFDI XXIX (1983), S. 646 ff.

BARBERIS, JULIO A.,
Nouvelles questions concernant la personnalité juridique internationale, RdC 179 (1983 I), S. 145 ff.

BARILE, PAOLO,
Note a teorie sulla responsabilità indiretta degli Stati, Annuarion di diritto comparato e di studi legislativi XXII, No. 3 (1948), S. 443 ff.

BEREZOWSKI, CEZARY,
Les problèmes de la subjectivité internationale, in: Mélanges offerts à Juraj Andrassy, Den Haag 1968, S. 31 ff.

BERNHARDT, RUDOLF,
Die Europäische Gemeinschaft als neuer Rechtsträger im Geflecht der traditionellen zwischenstaatlichen Rechtsbeziehungen, EuR 1983, S. 199 ff.

BINDSCHEDLER, RUDOLF L.,
Die Anerkennung im Völkerrecht, AVR 9 (1961/62), S. 377 ff.

BLECKMANN, ALBERT,
Europarecht. Das Recht der Europäischen Union und der Europäischen Gemeinschaften, 6. Auflage, Köln, Berlin, Bonn, München 1997, (zit.: Bearbeiter, in: Bleckmann, Europarecht)

ders.,
Völkerrecht, 1. Auflage, Baden-Baden 2001

ders.,
Die Kompetenz der Europäischen Gemeinschaft zum Abschluß völkerrechtlicher Verträge, EuR 1977, S. 109 ff.

ders.,
Zur Verbindlichkeit des allgemeinen Völkerrechts für internationale Organisationen, ZaöRV 37 (1977), S. 107 ff.

BÖCKSTIEGEL, KARL-HEINZ,
Der Staat als Vertragspartner ausländischer Privatunternehmen, Frankfurt am Main 1971

ders.,
Der Durchgriff auf den Staat bei Verträgen im internationalen Wirtschaftsverkehr - Einige neue Entwicklungen, in: Festschrift für Ignaz Seidl-Hohenveldern, Köln, Berlin, Bonn, München 1988, S. 17 ff.

BOOß, DIERK,
Probleme der gemeinsamen Fischereipolitik, in: Krämer, Hans R. (Hrsg.), Die wirtschaftliche Nutzung der Nordsee und die Europäische Gemeinschaft, Baden-Baden 1979, S. 35 ff.

BORCHARD, EDWIN MONTEFIORE,
The Diplomatic Protection of Citizens Abroad or the Law of International Claims, New York 1915

BOTHE, MICHAEL,
„Soft Law" in den Europäischen Gemeinschaften, in: Festschrift für Hans-Jürgen Schlochauer, Berlin, New York 1981, S. 761 ff.

ders.,
Streitkräfte internationaler Organisationen, Köln, Berlin 1968

ders.,
Die Stellung der Europäischen Gemeinschaften im Völkerrecht, ZaöRV 37 (1977), S. 122 ff.

BOUVE, CLEMENT L.,
Russia's Liability in Tort for Persia's Breach of Contract, AJIL 6 (1912), S. 389 ff.

BOWETT, D. W.,
The Law of International Institutions, 3. Auflage, London 1975

BOYLE, ALAN E.,
State Responsibility and International Liability for Injurious Consequences of Acts Not Prohibited by International Law: A Necessary Distinction?, ICLQ 39 (1990), S. 1 ff.

BREITENMOSER, STEPHAN,
Die Europäische Union zwischen Völkerrecht und Staatsrecht, ZaöRV 55 (1995), S. 951 ff.

BRIE, SIEGFRIED,
Theorie der Staatenverbindungen, Breslau 1886

BYWATER, MARION,
Les Anglais et la pêche, RMC 1978, S. 111 ff.

CAHIER, PHILIPPE,
Le problème des effets des traités à l'égard des Etats tiers, RdC 143 (1974 III), S. 589 ff.

CALLIESS, CHRISTIAN/ RUFFERT, MATTHIAS (Hrsg.),
Kommentar des Vertrages über die Europäische Union und des Vertrages zur Gründung der Europäischen Gemeinschaft - EUV/EGV, 2. Auflage, Neuwied, Kriftel 2002 (zit.: Bearbeiter, in: Calliess/Ruffert, Kommentar zu EU-Vertrag und EG-Vertrag)

CARROZ, JEAN/ PROBST, YÜRG,
Personnalité juridique internationale et capacité de conclure des traités de l'O.N.U. et des institutions spécialisées, Paris 1953

CHIU, HUNGDAH,
The Capacity of International Organisations to Conclude Treaties, and the Special Legal Aspects of the Treaties so Concluded, Den Haag 1966

CONZE, ALBRECHT,
Die völkerrechtliche Haftung der Europäischen Gemeinschaften, Baden-Baden 1987

DÖRR, OLIVER,
Die Entwicklung der ungeschriebenen Außenkompetenz der EG, EuZW 1996, S. 39 ff.

D'ORVILLE, MICHAEL,
Die rechtlichen Grundlagen für die gemeinsame Zoll- und Handelspolitik der EWG, Köln, Berlin, Bonn, München 1973

DRISCOLL, D. J./ MCKELLAR, N.,
The Changing Regime of North Sea Fisheries, in: Mason, Christopher M. (Hrsg.) The Effective Management of Resources: The International Politics of the North Sea, London 1979, S. 125 ff.

DUISBERG, CLAUS J.,
Perspektiven der Seerechtsentwicklung, EA 1985, S. 373 ff.

DUPUY, RENE-JEAN,
Le droit des relations entre les organisations internationales, RdC 100 (1960 II), S. 457 ff.

ders.,
L'application des règles du droit international général des traités aux accords conclus par les Organisations international (Quatorzième Commission), Rapport provisiore et definitif du 20 mars 1972, AIDI 55 (1973), S. 214 ff.

EAGLETON, CLYDE,
The Responsibility of States in International Law, New York 1928

EISEMANN, PIERRE MICHEL. ,
Crise du Conseil international de l'étain et insolvabilité d'une organisation intergouvernementale, AFDI 31 (1985), S. 730 ff.

ENCYCLOPEDIA OF PUBLIC INTERNATIONAL LAW,
Bernhard, Rudolf (Hrsg.),
Band III, Amsterdam, Lausanne, New York, Oxford, Shannon, Singapore, Tokyo 1997 (zit.: Bearbeiter, EPIL III),
Instalment 5, Amsterdam, New York, Oxford 1983 (zit.: Bearbeiter, EPIL, Instalment 5),
Instalment 10, Amsterdam, New York, Oxford, Tokyo 1987 (zit.: Bearbeiter, EPIL, Instalment 10)

EUROPÄISCHE KOMMISSION, Generaldirektion Fischerei,
Die neue gemeinsame Fischereipolitik, Amt für amtliche Veröffentlichungen der Europäischen Gemeinschaften, Luxemburg 1994

FAßBENDER, BARDO,
Die Völkerrechtssubjektivität internationaler Organisationen, ÖZöRV 37 (1986/87), S. 17 ff.

FASTENRATH, ULRICH,
Verbotene Eigenmacht? Die „Estai" am Haken kanadischer Patrouillenboote, FAZ vom 15.3.1995

FELLBUSCH, HELLA,
Die wirtschaftspolitischen Ansichten George Berkeley's, Bonn 1948

FRANKFURTER ALLGEMEINE ZEITUNG,
Artikel vom 14.3.1995, Die EU sieht zunächst von Sanktionen gegen Kanada ab, S. 1

FRANKFURTER RUNDSCHAU,
Artikel vom 11.3.1995, Kanada kapert spanischen Trawler, S. 2

FUß, ERNST-WERNER,
Die Befugnis der Europäischen Wirtschaftsgemeinschaft zum Abschluß völkerrechtlicher Verträge mit Drittstaaten, DVBl. 1972, S. 237 ff.

GEIGER, RUDOLF,
Vertragsschlußkompetenzen der Europäischen Gemeinschaft, JZ 1995, S. 973 ff.

GIARDINA, ANDREA,
Communità europea e stati terzi, Napoli 1964

GILSDORF, PETER,
Die Außenkompetenzen der EG im Wandel - Eine kritische Auseinandersetzung mit der Praxis und Rechtsprechung, EuR 1996, S. 145 ff.

GINTHER, KONRAD,
Die völkerrechtliche Verantwortlichkeit internationaler Organisationen gegenüber Drittstaaten, Wien, New York 1969

GLAESNER, HANS JOACHIM,
Voraussetzungen der internationalen Handlungsfähigkeit der Europäischen Gemeinschaften, in: Glaesner, Hans Joachim, Das Recht als Gestaltungsmittel der Politik der Europäischen Gemeinschaften - Ausgewählte Aufsätze und Vorträge, S. 61. ff

GUTZWILLER, MAX,
Die sog. Internationalen Juristischen Personen, Mitt. d. Dt. Ges. f. VR, Heft 12 (1933), S. 116 ff.

GRABITZ, EBERHARD/ HILF, MEINHARD (Hrsg.),
Das Recht der Europäischen Union, Kommentar Band II, Loseblatt, München, Stand: 22. Ergänzungslieferung August 2003 (zit.: Bearbeiter, in: Grabitz/Hilf, Das Recht der Europäischen Union, Kommentar II)

von der GROEBEN, HANS/ THIESING, JOCHEN/ EHLERMANN, CLAUS-DIETER (Hrsg.),
Kommentar zum EU-/EG-Vertrag,
Band 1, 5. Auflage, Baden-Baden 1997 (zit.: Bearbeiter, in: Groeben/Thiesing/ Ehlermann, Kommentar zum EU-/EG-Vertrag, Band 1)
Band 5, 5. Auflage, Baden-Baden 1997 (zit.: Bearbeiter, in: Groeben/Thiesing/ Ehlermann, Kommentar zum EU-/EG-Vertrag, Band 5)

GROTIUS, HUGO,
Mare Liberum sive de jure quod Batavis Competit ad Indicana Commercio, 1608, veröffentlicht in englischer Sprache in: Brown Scott, James (Hrsg.), The Freedom of the Sea or the right which belongs to the Dutch to take part in the East Indian Trade, New York 1916

GROUX, JEAN/ MANIN, PHILIPPE,
Die Europäischen Gemeinschaften in der Völkerrechtsordnung, Amt für amtliche Veröffentlichungen der Europäischen Gemeinschaften, Luxemburg 1984

HARTWIG, MATTHIAS,
Die Haftung der Mitgliedstaaten für Internationale Organisationen, Berlin, Heidelberg, New York 1991

HERDEGEN, MATTHIAS,
Bemerkungen zur Zwangsliquidation und zum Haftungsdurchgriff bei internationalen Organisationen, ZaöRV 47 (1987), S. 537 ff.

VON DER HEYDTE, FRIEDRICH AUGUST FRHR.,
Rechtssubjekt und Rechtsperson im Völkerrecht, in: Festschrift für Jean Spiropoulos, Bonn 1957, S. 237 ff.

HIGGINS, ROSALYN,
The Legal Consequences for Member States of the Non-Fulfilment by International Organizations of Their Obligations Towards Third Parties, AIDI 66-I (1995), S. 252 ff. und AIDI 66-II (1996), S. 233 ff.

HILLGRUBER, CHRISTIAN,
Die Aufnahme neuer Staaten in die Völkerrechtsgemeinschaft, Frankfurt am Main u.a. 1998

HIRSCH, MOSHE,
The Responsibility of International Organizations Towards Third Parties. Some Basic Principles, in: Legal Aspects of international law, Volume 20, Niederlande 1995

HOFFMANN, GERHARD,
Der Durchgriff auf die Mitgliedstaaten internationaler Organisationen für deren Schulden, NJW 1988, S. 585 ff.

IPSEN, HANS PETER,
Europäisches Gemeinschaftsrecht, Tübingen 1972

IPSEN, Knut,
Völkerrecht, 4. Auflage, München 1999, (zit.: Bearbeiter, in: Ipsen, Völkerrecht)

KASME, BADR,
La capacité de l'Organisation des Nations Unies de conclure des traités, Paris 1960

KEGEL, GERHARD,
Rohstoff- und Rüstungskredite, JZ 1951, S. 385 ff.

KHADJAVI-GONTARD, BARDIA/ HAUSMANN, RAINER,
Zurechenbarkeit von Hoheitsakten und subsidiäre Staatshaftung bei Verträgen mit ausländischen Staatsunternehmen - Die Iran-Problematik, RIW 1980, S. 533 ff.

dies.,
Haftungsdurchgriff auf ausländische Staaten - Zur subsidiären Haftung der Islamischen Republik Iran für vertragliche Verbindlichkeiten ihrer Staatsunternehmen, RIW 1983, S. 1 ff.

KLEIN, FRIEDRICH,
Mittelbare Haftung im Völkerrecht, Frankfurt am Main 1941

KLEIN, PIERRE,
La responsabilité des organisations internationales dans les ordres juridiques internes et en droit des gens, Brüssel 1998

KÖCK, HERIBERT FRANZ,
Die „implied powers" der Europäischen Gemeinschaften als Anwendungsfall der „implied powers" internationaler Organisationen überhaupt, in: Festschrift für Ignaz Seidl-Hohenveldern, Köln, Berlin, Bonn, München 1988

KOERS, ALBERT W.,
The European Economic Community and International Fisheries Organisations, LIEI 1984, S. 113 ff.

KOLOSOW, JURI MICHAILOWITSCH,
Die Verantwortlichkeit im internationalen Recht, Moskau 1975

KORTE, HEINRICH,
Grundfragen der völkerrechtlichen Rechtsfähigkeit und Handlungsfähigkeit der Staaten, Berlin-Grunewald 1934

KRAUßER, HANS-PETER,
Das Prinzip begrenzter Ermächtigung im Gemeinschaftsrecht als Strukturprinzip des EWG-Vertrages, Berlin 1991

KRÜCK, HANS,
Völkerrechtliche Verträge im Recht der Europäischen Gemeinschaften, Berlin, Heidelberg, New York 1977

KUNZ, JOSEF,
Privileges and Immunities of International Organizations, AJIL 41 (1947), S. 828 ff.

LECHELER, HELMUT,
Die Pflege der auswärtigen Beziehungen in der Europäischen Union, AVR 32 (1994), S. 1 ff.

LEWIN, D. B./ KALJUSHNAJA, G. P.,
Völkerrecht, (Ost-) Berlin 1967

LINARD, ANDRÉ,
Der Fischfang - Ein Verdrängungskrieg. Immer mehr Schiffe jagen immer weniger Fisch, Le Monde Diplomatique, die tageszeitung/WoZ, Juni 1995, S. 19

LÖRCHER, GINO,
Der Abschluß völkerrechtlicher Verträge nach dem Recht der drei Europäischen Gemeinschaften (E.G.K.S., E.W.G. und E.A.G.), Bonn 1965

MANIN, PHILIPPE,
La convention de Vienne sur le droit des traités entre Etats et organisations internationales ou entre organisations internationales, AFDI XXXII (1986), S. 454 ff.

MANN, F. A.,
Staatsunternehmen in internationalen Handelsbeziehungen, RIW 1987, S. 186 ff.

ders.,
Die juristische Person des Völkerrechts, ZHR 152 (1988), S. 303 ff.

DE MARTENS, LEO,
Traité de droit international I, Paris 1883

MCFADDEN, ERIC J.,
The Collapse of Tin: Reconstructuring a Failed Commodity Agreement, AJIL 80 (1986), S. 811 ff.

MENG, WERNER,
Internationale Organisationen im völkerrechtlichen Deliktsrecht, ZaöRV 45 (1985), S. 324 ff.

MONTAG, FRANK,
Der Widerstand Großbritanniens gegen die Schaffung einer Europäischen Fischereiordnung, EuR 1982, S. 63 ff.

MORELLI, GAETANO,
Nozioni di diritto internazionale, 7. Auflage, Padua 1967

MOSLER, HERMANN,
Die Erweiterung des Kreises der Völkerrechtssubjekte, ZaöRV 22 (1962), S. 1 ff.

MÜLLER, HANS-JÜRGEN,
Grundsätze der völkerrechtlichen Verantwortlichkeit internationaler Organisationen, Potsdam-Babelsberg 1977

MÜLLER, JÖRG P.,
Vertrauensschutz im Völkerrecht, Köln, Berlin 1971

MÜLLER, WOLFGANG,
Trau schau wem! Oder: Von der zivilrechtlichen Verantwortlichkeit der Mitgliedstaaten internationaler Organisationen, NJW 1991, S. 2175 ff.

V. MÜNCH, INGO,
Das völkerrechtliche Delikt, Frankfurt am Main 1963

DO NASCIMENTO E SILVA, G. E.,
The 1986 Vienna Convention and the Treaty-Making Power of International Organizations, GYIL 29 (1986), S. 68 ff.

NETTESHEIM, MARTIN,
Die Vertragsschließungskompetenz der Europäischen Atomgemeinschaft, Köln 1963

NEUE ZÜRCHER ZEITUNG,
Artikel vom 7.4.1995, Neue Eskalation im Disput Kanadas mit der EU, S. 1;
Artikel vom 7.4.1995, Spaniens Fischer protestieren gegen Kanada, S. 1

NICOLAYSEN, GERT,
Zur Theorie von den implied powers in den Europäischen Gemeinschaften, EuR 1966, S. 129 ff.

NITSCH, NICOLAS,
Les accords de pêche entre la Communauté et les Etats tiers, RMC 1980, S. 425 ff.

NÖLL, HANS-HEINRICH,
Die Völkerrechtssubjektivität der Europäischen Gemeinschaften und deren Bindung an das allgemeine Völkerrecht, Baden-Baden 1986

NOLTING, EKKEHARD,
Hoheitliche Eingriffe als Force Majeur bei internationalen Wirtschaftsverträgen mit Staatsunternehmen?, RIW 1988, S. 511 ff.

NONNENMACHER, CAROL,
Das EG-Fischereiregime als supranationale Ressourcenordnung, EuR 1989, S. 30 ff.

O'CONNELL, DANIEL PATRICK,
International Law, Band 1, 2. Auflage, London 1970

OPPENHEIM, L./ LAUTERPACHT, H.,
International Law, Band I, 8. Auflage, London 1955

OPPERMANN, THOMAS,
Europarecht, 2. Auflage, München 1999

PERNICE, INGOLF,
Die Haftung internationaler Organisationen und ihrer Mitarbeiter, AVR 26 (1988), S. 406 ff.

PESCATORE, PIERRE,
Les relations extérieures des Communautés européennes, RdC 103 (1961 II), S. 1 ff.

PETERSMANN, ERNST U.,
Auswärtige Gewalt, Völkerrechtspraxis und Völkerrechtsbindung der Europäischen Wirtschaftsgemeinschaft, ZaöRV 35 (1975), S. 213 ff.

PITSCHAS, CHRISTIAN,
Die völkerrechtliche Verantwortlichkeit der Europäischen Gemeinschaft und ihrer Mitgliedstaaten. Zugleich ein Beitrag zu den völkerrechtlichen Kompetenzen der Europäischen Gemeinschaft, Berlin 2001

POLAK, M. V.,
Die Haftung des Bundesstaates für seine Gliedstaaten, ÖZöR I H. 1-5 (1948), S. 382 ff.

RAMA-MONTALDO, MANUEL,
International Legal Personality and Implied Powers of International Organizations, BYIL XLIV (1970), S. 111 ff.

REIMANN, CARSTEN,
Ökologische Intervention im internationalen Recht - „Umweltmandat" und Einsatz von Zwang in staatsfreien Räumen, Natur und Recht 1997, S. 16 ff.

RIAD, FOUAD A. M.,
L'entreprise publique et semi-publique en droit international privé, RdC 108 (1963 I), S. 561 ff

ROJAHN, ONDOLF,
Die Fischereigrenze Islands vom 1. September 1972 im Lichte maritimer Abgrenzungsprinzipien des Internationalen Gerichtshofs, AVR 16 (1974/75), S. 37 ff.

ders.,
200 sm-Wirtschaftszone, Meeresfreiheit und Hochseefischerei – Völkerrechtliche Entwicklungen, GYIL 19 (1976), S. 73 ff.

ROLIN, HENRI,
Les principes de droit international public, RdC 77 (1950 II), S. 309 ff.

ROZAKIS, CHRISTOS L.,
Treaties and Third States: a Study in the Reinforcement of the Consensual Standards in International Law, ZaöRV 35 (1975), S. 1 ff.

SACHS, MICHAEL (Hrsg.),
Grundgesetz Kommentar, 3. Auflage, München 2003 (zit.: Bearbeiter, in: Sachs, Grundgesetz Kommentar)

SASSE, CHRISTOPH,
Zur auswärtigen Gewalt der Europäischen Wirtschaftsgemeinschaft – Besprechung des AETR-Urteils des EuGH vom 31.3.1971, EuR 1971, S. 208 ff.

SCERNI, MARIO,
Responsabilità degli Stati, Digesto Italiano XI (1939), S. 474 ff.

SCHERMERS, HENRY G.,
International Institutional Law, Alphen aan den Rijn 1980

ders.,
Liability of International Organizations, 1 LJIL 14 (1988), S. 1 ff.

SCHERMERS, HENRY G./ BLOKKER, NIELS M.,
International Institutional Law, 3. Auflage, Den Haag 1997

SCHIEDERMAIR, HARTMUT,
Effektive Herrschaftsgewalt und Rechtsfähigkeit im Völkerrecht, JA 1984, S. 638 ff.

SCHNEIDER, HARTMUT,
Die gemeinsame Fischereipolitik der Europäischen Gemeinschaften, Köln, Berlin, Bonn, München 1988

SCHNEIDER, Johannes W.,
Treaty Making Power of International Organizations, Genf, Paris 1959

SCHOCKWEILER, FERNAND,
L'exécution des arrêts de la Cour, in: Festschrift für Pierre Pescatore 1987, S. 613 ff.

SCHRÖDER, MEINHARD,
Die Kodifikation des Vertragsrechts internationaler Organisationen, AVR 23 (1985), S. 385 ff.

SEIDL-HOHENVELDERN, IGNAZ,
Rechtsbeziehungen zwischen Internationalen Organisationen und den einzelnen Staaten, AVR 4 (1953/54), S. 30 ff.

ders.,
Die völkerrechtliche Haftung für Handlungen internationaler Organisationen im Verhältnis zu Nichtmitgliedstaaten, ÖZöR XI (1961) S. 497 ff.

ders.,
Der Rückgriff auf die Mitgliedstaaten in Internationalen Organisationen, in: Festschrift für Hermann Mosler, Berlin, Heidelberg, New York 1983, S. 881 ff.

ders.,
Corporations In and Under International Law, Cambridge 1987

SEIDL-HOHENVELDERN, IGNAZ/ STEIN, THORSTEN,
Völkerrecht, 10. Auflage, Köln 2000

SEIDL-HOHENVELDERN, IGNAZ/ LOIBL, GERHARD,
Das Recht der Internationalen Organisationen einschließlich Supranationalen Organisationen, 7. Auflage, Köln, Berlin, Bonn, München 2000

SERICK, ROLF,
Rechtsform und Realität der juristischen Personen, Berlin, Tübingen 1955

SEYERSTED, FINN,
Objective International Personality of Intergovernmental Organizations, Nordisk Tidsskrift for International Ret 1964, S. 1 ff.

SPIROPOULOS, JEAN,
Traité théoretique et pratique de droit international public, Paris 1933

STADLMEIER, SIGMAR,
Die „Implied Powers" der Europäischen Gemeinschaften, ZöR 52 (1997), S. 353 ff.

STIER-SOMLO, FRITZ (Hrsg.),
Handbuch des Völkerrechts, 2. Band, 4. Abt., Die Staatenverbindungen, Stuttgart 1929 (zit.: Bearbeiter, in: Stier-Somlo, Handbuch des Völkerrechts, 2. Band, 4. Abt.)

STRUPP, KARL,
Wörterbuch des Völkerrechts, Band I, Berlin, Leipzig 1924 (zit.: Bearbeiter, in: Strupp, Wörterbuch des Völkerrechts, Band I)

STRUPP, KARL/ SCHLOCHAUER, HANS-JÜRGEN (Hrsg.),
Wörterbuch des Völkerrechts,
Band II, Berlin 1961, (zit.: Bearbeiter, in: Strupp-Schlochauer, Wörterbuch des Völkerrechts, Band II)
Band III, Berlin 1962, (zit.: Bearbeiter, in: Strupp-Schlochauer, Wörterbuch des Völkerrechts, Band III)

TOMUSCHAT, CHRISTIAN,
Die auswärtige Gewalt der EWG erhält feste Konturen, EuR 1977, S. 157 ff.

ders.,
Völkerrechtliche Grundlagen der Drittlandsbeziehungen der EG, in: Hilf/ Tomuschat (Hrsg.), EG und Drittstaatenbeziehungen nach 1992, S. 139 ff.

TRIEPEL, HEINRICH,
Die Hegemonie. Ein Buch von führenden Staaten, Stuttgart 1938

TUNKIN, GRIGORY,
Völkerrechtstheorie, deutschsprachige Ausgabe, Berlin (West) 1972

ders.,
The Legal Nature of the United Nations, RdC 119 (1966 III), S. 1 ff.

VERDROSS, ALFRED,
Theorie der mittelbaren Staatenhaftung, ÖZöR I H. 1-5 (1948), S. 388 ff.

ders.,
Theorie der mittelbaren Staatenhaftung, ZöR 21 (1941), S. 283 ff.

VERDROSS, ALFRED/ SIMMA, BRUNO,
Universelles Völkerrecht, 3. Auflage, Berlin 1984

DE VISSCHER, CHARLES,
La responsabilité des Etats, in: Bibliotheca Visseriana, II, 1924, S. 105 ff.

VITTA, EDOARDO,
Responsabilità degli Stati, Novissimo Digesto Italiano XV (1968), S. 734 ff.

VITZTHUM, WOLFGANG GRAF,
Die Europäische Gemeinschaft und das internationale Seerecht, AöR 111 (1986), S. 33 ff.

WARBRICK, COLIN/ MCGOLDRICK, DOMINIC,
Current Developments - Public International Law, ICLQ 44 (1995), S. 927 ff.

WEISSBERG, GÜNTHER,
The International Status of the United Nations, New York, London 1961

WOLFRUM, RÜDIGER,
Die Internationalisierung staatsfreier Räume, Berlin, Heidelberg, New York, Tokyo 1984

ders.,
Die Europäische Gemeinschaft als Partei seerechtlicher Verträge, AVR 32 (1994), S. 315 ff.

WYTRHLIK, JOSEF,
Eine Stellungnahme des Reichskanzlers Bismarck zu dem Problem der mittelbaren Staatenhaftung, ZöR 21 (1941), S. 273 ff.

ZANK, WOLFGANG,
Wann geht der Fisch aus?, Die Zeit, 21.4.1995, S. 13

ZEMANEK, KARL,
Internationale Organisationen als Handlungseinheiten in der Völkerrechtsgemeinschaft, ÖZöR VII (1956), S. 335 ff.

ders.,
Das Vertragsrecht der Internationalen Organisationen, Wien 1957

Kölner Schriften zu Recht und Staat

Herausgegeben von
Hartmut Schiedermair und Bernhard Kempen

Band 1 Bernhard Kempen: Die deutsch-polnische Grenze nach der Friedensregelung des Zwei-plus-Vier-Vertrages. 1997.

Band 2 Hans-Georg Maaßen: Die Rechtsstellung des Asylbewerbers im Völkerrecht. Überlegungen zu den völkerrechtlichen Rahmenbedingungen einer europäischen Asylrechtsharmonisierung. 1997.

Band 3 Udo Fink: Kollektive Friedenssicherung. Kapitel VII UN-Charta in der Praxis des Sicherheitsrats der Vereinten Nationen. 1999.

Band 4 Stephan Grigolli: Sprachliche Minderheiten in Italien, insbesondere Südtirol, und in Europa. Der Gebrauch der Sprache vor Behörden und Gerichten und die Vergabe öffentlicher Stellen. 1997.

Band 5 Uta Stoy-Schnell: Das Bundesverfassungsgericht und die Corte costituzionale. Ein Vergleich der Verfassungsgerichtsbarkeiten in Deutschland und Italien. 1998.

Band 6 Christian Hillgruber: Die Aufnahme neuer Staaten in die Völkerrechtsgemeinschaft. Das völkerrechtliche Institut der Anerkennung von Neustaaten in der Praxis des 19. und 20. Jahrhunderts. 1998.

Band 7 Jochen Seitz: Planungshoheit und Grundeigentum. Die verfassungsrechtlichen Schranken der städtebaulichen Entwicklungsmaßnahmen. 1999.

Band 8 Jochen Herbst: Rechtskontrolle des UN-Sicherheitsrates. 1999.

Band 9 Kristin Möller: Die Beschaffung naturschutzrechtlicher Ausgleichsflächen im Baurecht. 1999.

Band 10 Klaus Löffelbein: Genehmigungsfreies Bauen und Nachbarrechtsschutz. Die baurechtlichen Anzeige- und Freistellungsverfahren der Länder aus nachbarlicher Sicht. 2000.

Band 11 Patrick Mittmann: Die Rechtsfortbildung durch den Gerichtshof der Europäischen Gemeinschaften und die Rechtsstellung der Mitgliedstaaten der Europäischen Union. 2000.

Band 12 Martin R. Albus: Zur Notwendigkeit eines Internationalen Umweltgerichtshofs. Zugleich eine Analyse der Staatenpraxis zum Internationalen Umwelthaftungsrecht und der Rechtsschutzmöglichkeiten bei grenzüberschreitenden Umweltbeeinträchtigungen. 2000.

Band 13 Irene Baur: Die Haftung der Europäischen Zentralbank. 2001.

Band 14 Tobias R. Ehlen: Zentralisierungsmöglichkeiten der deutschen Börsenaufsicht. 2003.

Band 15 Ulrich Steiner: Wertsicherungsklauseln. Zur Europarechtskonformität des neuen § 2 PaPkG. 2003.

Band 16 Stephanie Vogel: Der Prüfungsumfang des Bundesverfassungsgerichts bei Verfassungsbeschwerden am Beispiel der Kunstfreiheitsrechtsprechung. 2004.

Band 17 Thomas Schmidt: Deutsche Hochschulräte. Begriff, Darstellung und rechtliche Analyse. 2004.

Band 18 Kirsten Schmalenbach: Die Haftung Internationaler Organisationen im Rahmen von Militäreinsätzen und Territorialverwaltungen. 2004.

Band 19 Gunter Warg: Von Verteidigung zu kollektiver Sicherheit. Der Nato-Vertrag *auf Rädern*. 2004.

Band 20 Bernhard Kempen / Yvonne Dorf: Bodenreform 1945–1949. Eine verfassungsrechtliche Neubewertung. 2004.

Band 21 Jeanette Nolte: Die völkerrechtliche Vertragspraxis der EG und die Haftung der Mitgliedstaaten am Beispiel der Fischereipolitik. 2004.

Wolfram Wormuth

Die Bedeutung des Europarechts für die Entwicklung des Völkerrechts

Frankfurt am Main, Berlin, Bern, Bruxelles, New York, Oxford, Wien, 2004. 408 S.
Studien und Materialien zum Öffentlichen Recht.
Herausgegeben von Herbert Bethge. Bd. 22
ISBN 3-631-51943-5 · br. € 68.50*

Das Verhältnis zwischen Völker- und Europarecht ist seit jeher, spätestens aber seit dem *Costa/ENEL*-Urteil des EuGH umstritten. Eine systematische Analyse der institutionellen und strukturellen Besonderheiten des Europäischen Gemeinschaftsrechts im Vergleich zu klassischem Völkerrecht kann im Hinblick auf diese alte Streitfrage Klarheit schaffen. Untersucht wird ferner, auf welchen Ebenen und auf welche Art und Weise das Europarecht bis dato den Status bestehender und die Herausbildung neuer völkerrechtlicher Normen beeinflußt hat. Eine Antwort wird schließlich auf die Frage gegeben, inwieweit die Europäischen Gemeinschaften und die Europäische Union Staaten in anderen Teilen der Erde als Modelle für die Errichtung vergleichbarer Organisationen zur regionalen (Wirtschafts-)Integration dienen oder gedient haben.

Aus dem Inhalt: Die Bedeutung des Europarechts *als solchem* für die Entwicklung des Völkerrechts · Die Bedeutung des Europarechts für die Entwicklung des Völkerrechts als Folge der Außenbeziehungen der EG/EU und der Mitgliedstaaten · Die EG/EU als konkretes Integrationsmodell für Staaten in anderen Regionen der Welt

Kolibri 360 GmbH
Ferdinand-Jühlke-Straße 7
99095 Erfurt, Deutschland
produktsicherheit@kolibri360.de

Druck:
CPI Druckdienstleistungen GmbH
im Auftrag der
Kolibri 360 GmbH
Ferdinand-Jühlke-Str. 7
99095 Erfurt